변화의 반복

변화의 반복
트라우마를 가로지르는 마음의 지도

초판 1쇄 인쇄 2025년 10월 02일
초판 1쇄 발행 2025년 10월 10일

지은이	권요셉
발행인	강영란
사업총괄	이진호
발행처	샘솟는기쁨
주소	서울시 중구 수표로2길 9 예림빌딩 402 (04554)
대표전화	02-517-2045
팩스(주문)	02-517-5125
홈페이지	https://blog.naver.com/feelwithcom
전자우편	atfeel@hanmail.net
편집위원	김건우
편집	박관용 권지연
사진	이진호
디자인	트리니티
제작	아이캔
물류	신영북스

ⓒ 권요셉, 2025
979-11-92794-72-3 (03180)

이 책은 저작권법에 따라 보호를 받는 저작물이므로 무단 전재와 무단 복제를 금합니다.
잘못된 책은 구입하신 곳에서 바꿔 드립니다.
책값은 뒤표지에 있습니다.

변화의 반복

권요셉 지음

The Affect Cartographies for Traversing Trauma

트라우마를 가로지르는
마음의 지도

샘솟는
기쁨

추천사

가상적 글쓰기
희망의 선언

　기독교 심리학자로서 트라우마 회복에 반드시 필요한 중요한 시사점을 발견하게 한 『변화의 반복』은 깊은 마음의 울림과 실제적인 치유의 길을 제시하는 탁월한 역작이다. 저자가 남수단에서 겪은 전쟁의 참혹한 경험과 그로 인해 얻은 외상 후 스트레스 장애(PTSD)를 솔직하게 고백하며 시작되는 이야기는, 그 자체로 강력한 메시지가 된다.

　저자는 자신의 증상을 질병이 아닌, 치유의 길을 열어 주는 '돌파구로서의 붕괴'라고 해석하고, 이는 증상을 억압하고 없애려 하기보다, 그 신호에 귀 기울이며 자신을 알아차리고 성장해 가는 과정의 시작으로 바라보게 한다.

　특히 트라우마의 원인이 개인의 내면에만 있지 않고 사회적, 이념적 흐름과 복합적으로 얽혀 있다는 '분열분석'의 관점을 제시한다. 이 독특한 접근법은 자신의 상처가 단순히 개인의 실패가 아님을 깨닫게 하여 깊은 죄책감에서 벗어나게 돕는다.

저자는 글쓰기, 즉 '가상적 글쓰기'를 통해 트라우마적 감각을 변형하고 긍정적 에너지를 생성하는 과정을 구체적으로 설명한다. 이는 하나님께서 주신 창조성과 회복의 능력을 활용하는 실천적 모델로서 궁극적으로 외부의 기준이 아닌, 스스로의 존재를 확언하며 주체성을 확립하는 과정을 강조한다. 상처받은 이들이 주체성을 되찾고, 하나님 안에서 온전한 자기 모습으로 거듭날 수 있는 희망의 선언이다.

『변화의 반복』은 깊은 공감과 함께 실제적인 치유의 길 안내서이다. 트라우마를 겪은 가족·배우자·부모·청소년 지도자와 지역 공동체 리더에게 좋은 길잡이가 될 것이다. 이 책을 강력히 추천한다.

채규만 | 성신여대 심리학과 명예교수, 한국 및 미국 임상심리 전문가, 트라우마 치료 전문가

『변화의 반복』은 전쟁이라는 극단적 사건 속에서 발생한 트라우마 경험을 개인적 서사와 학문적 탐구를 긴밀히 연결하여 풀어낸 독창적인 저작이다. 저자 권요셉은 남수단 내전의 현장에서 가족과 함께 겪은 생생한 경험을 바탕으로, 트라우마를 단순한 심리적 상처가 아닌 '존재론적 전환의 사건'으로 분석한다. 특히 분열분석의 이론적 틀을 활용하여 트라우마를 재구성하는 과정은 심리치료 및 상담학, 나아가 사회·철학적 연구에도 의미 있는 기여를 한다.

이 책의 가장 큰 학문적 의의는 트라우마를 '개인의 내면적 문제'로 한정하지 않고, 가족·공동체·사회적 맥락 속에서 발생하고 작동하는 복합적 과정으로 조망한다는 점이다. 저자는 트라우마가 개인의 심리적 균열로만 설명될 수 없으며, 사회적 욕망과 제도적 억압, 역사적 맥락 속에서 생성·작동함을 보여 준다. 이러한 관점은 기존 임상심리학적 접근을 넘어, 트라우마 연구의 다학제적 확장 가능성을 열어 준다. 그뿐만 아니라 내러티브를 핵심으로 하는 인문치료의 이론 및 실천 연구의 토대를 마련한다.

김영순 | 인하대 사회교육과 교수, 인하대 다문화융합연구소 소장

『변화의 반복』은 우리 가족의 트라우마 탈출기이기도 하고, 그 여정에서 시작된 변화의 기록이다. 예하는 예술로, 나는 비폭력대화와 예술치료로, 남편은 분열분석으로. 각자의 방식으로 PTSD에서 탈출했다.

그런데 이 책을 읽고 나서, 우리 가족이 분열분석의 과정에 있었다는 것을 알았다. 일상에서 매일 조금씩 변화를 만들어갔던 사소한 경험들이 모두 분열분석의 과정이었다. 9년 전과 지금을 비교하면 거대한 변화가 있었지만 매일의 차이를 인식하지 못했다. 미시적인 차이들이 새로운 마음을 만들고, 그렇게 사소해 보이는 변화들로 트라우마를 바꿔나갔다. 작은 변화의 반복이 새로운 영토를 만들어냈다.

전쟁같은 크고 거대한 트라우마가 아니더라도, 우리는 애착관계에서, 일터에서 심지어 스쳐 지나가는 만남에서도 트라우마를 경험한다. 이런 작은 트라우마들이 쌓이면서 어느덧 전쟁만큼이나 우리를 지치게 한다. 크고 작은 심리적 어려움을 겪어 변화가 필요한 모든 이들에게 『변화의 반복』을 추천한다.

이진숙 | 임상심리사, 비폭력대화 강사, 통합예술심리상담사

차례

추천사   5
프롤로그   10

PART 1   사건
우연한 사건이 나를 바꾸다

1. 사건의 기록   14
2. 사건이란 무엇인가   39
3. 배치 속의 트라우마   43
4. 모든 것은 연결되어 있다: 리좀   54

PART 2   증상
이념을 뚫고 나온 몸의 힘

1. 돌파구로서의 붕괴   60
2. 문제는 이념   71
3. 과거는 현재보다 거대하다: 시간성   78
4. 몸의 힘   91

PART 3   욕망
내가 원하는 것들을 누가 정했나

1. 욕망의 흐름   96
2. 욕망과 트라우마   108
3. 욕망의 현행화와 분열화   120

PART 4 정동
배치는 정동을 만들고 정동은 배치를 바꾼다

1. 정동을 생산하는 글쓰기 기계   134
2. 정동을 둘러싼 움직임   147
3. 이질발생   160
4. 정동을 둘러싼 재배치   172

PART 5 특이화
고유하고 자유로운 나를 만드는 과정

1. 가상적 글쓰기   180
2. 나를 만드는 특이성   190
3. 현행화   207

PART 6 실존적 자기 확언
변화를 반복하면 변화가 내가 된다

1. 변화의 반복   224
2. 비가역화   251

에필로그   입구와 출구는 다를 수 있다   278
참고 문헌   282

프롤로그

전쟁이 났다.

내가 일으킨 것이 아니었다. 그저 나는, 그 자리에 있었을 뿐이었다. 대부분의 트라우마는 이런 예상치 못한 이유로 발생한다. 단지 그 자리에 있었다는 이유로. 아무런 행동도 하지 않았는데 당하는 극심한 피해, 이것이 트라우마의 정체다.

그래서 트라우마는 미리 대비할 수 없다. 스트레스를 동반하며 당한 사람을 변형시킨다. 의식하지 못하게 서서히 변형시키기도 하지만, 완전히 다른 사람처럼 만들어 버리기도 한다. 전쟁을 경험한 뒤 내 감정, 내 성격, 내 생각, 내 삶은 전혀 다른 것이 되었다.

트라우마 피해자들을 수년 동안 상담했으면서도 정작 나의 트라우마는 깊은 곳에 묻어 두고 있었다. 계속 내가 무엇인가를 잘못했다는 생각, 혹은 해야 할 무엇인가를 하지 않았다는 생각이 들어서 회피하고 있었다. PTSD(Post Traumatic Stress Disorder)[1]를 겪고 있는 내담자들이 동일한 반응을 보일 때면 나는 그 내담들에게 말했다.

"그건 당신이 일으킨 일이 아닙니다. 당신 책임이 아니에요."

하지만 정작 나는 모든 일이 내 책임인 것만 같았다. 인지적으로는 '내가 아무런 행동도 하지 않았는데 극심한 피해를 겪고 있다'는 것을 알았지만 심정적으로는 나에게 책임을 돌리고 있었다. 오랜 시간 그랬다.

나를 위해서, 아니 내 가족과 공동체를 위해서라도 더는 그럴 수 없다. 이제 내 트라우마를 꺼내서 해명해 보려고 한다. '전쟁 이전의 나'로부터 분열된 '지금의 나'를 해명하기 위한 과정 중에 분열분석을 만났다. 이 책은 분열분석으로 내 트라우마를 해명해 가는 여정의 기록이다.

저자 권요셉

---

[1] PTSD는 트라우마 후 스트레스 장애를 의미하며, 트라우마는 PTSD를 만든 사건을 의미한다. 종종 이 두 용어를 일치시켜 사용하는 경우가 있으나 이 책에서는 구분하여 사용한다.

PART 1   사건

우연한 사건이
나를 바꾸다

1.
사건의 기록

7월 2일 토요일

연속되는 총성에 잠을 깼다. 새벽 2시. 종종 사냥꾼들의 총성이 울릴 때가 있었지만 이런 야밤에 울린 적은 없었다. 게다가 사냥하는 소리라면 이렇게 연속적으로 울리지 않는다. 이건 사냥 소리가 아니다. 전쟁이 났나? 1시간 남짓 총성이 이어졌다. 다행히 아내와 예하는 깨지 않았다.[2] 아내와 예하에게는 말하지 않는 것이 좋겠다.

점심 즈음에 사람들이 하나둘 찾아왔다. 우리의 안부를 묻고 눈치를 살폈다. 총성 소리에 놀라서 우리가 떠날까 봐 걱정하는 듯했다. 아무도 총성의 원인이나 정황을 말해 주지 않았는데, 카미스[3]만 정황을 자세히 전해 주었다. 밤새 반군이 쳐들어와서 교

---

[2]   2016년 우리 가족은 아내와 나, 딸 예하까지 세 사람이 함께 남수단에 있었다.

전이 있었다고 했다. 카미스는 세 명의 경찰이 죽고 경찰서에 있던 70여 정의 총기를 빼앗겼다며 호탕하게 떠들었다.

사람이 죽고 총기를 빼앗겼다면 좋은 일은 아닐 텐데. 무슨 마음에서인지 카미스는 아무렇지도 않은 듯, 떠들어 대곤 먹을 것이 있냐고 물었다. 나도 아무렇지 않은 듯 아내에게 먹을 것을 내 달라고 부탁했다. 다행히 아내는 총성에 관한 이야기를 알아듣지 못했다.

7월 3일 주일

새벽 2시. 어제와 같은 시각, 총성이 이어졌다. 총성 방향이 어제와 달랐다. 부르파얌(Bur Payam)[4] 방향이었다. 어제보다 더 길게 이어졌다. 어제는 연속으로 1시간이었다면 오늘 새벽은 5분 정도 격렬하게 들리다가 5분 정도 쉬고 또 5분 정도 격렬하게 이어지는 패턴을 반복했다. 다행히 아내와 예하는 깨지 않았다. 아내와 예하가 깰까 봐 잠들지 못했다. 아니, 총성이 혹시라도 가까워질까 봐였던가.

아침 식사 후, 예배 준비를 마치고 부르파얌에 가려고 차를 타려는데 카미스가 찾아왔다. 오늘 부르파얌에 갈 거냐고 물었다. "주일인데 당연하지. 주일예배 통역하러 온 거 아니야?" 아내의 대답에 카미스가 어젯밤에 정부군이 부르파얌에서 반군을 소탕했다고 전했다. 어젯밤에 총소리 못 들었냐며. 아내가 놀라 나에게 물었다. 나는 "응, 들었어" 하고 대수롭지 않게 반응했다. 더

---

3   카미스: 아랍어 선생이다.
4   부르파얌: 남수단 동남부 지역에 위치한 행정 구역으로 선교하던 부족이기도 하다.

자세히 물어볼까 봐 바쁜 척, 부르파얌으로 떠날 채비를 했다.

부르파얌에서의 예배는 다른 주일보다 더 뜨거웠다. 설교 주제가 '예수님의 은혜'였다. 비를 얻기 위해 비의 제사장(Rainmaker)에게 소와 염소를 바치는 부르파얌 사람들에게 은혜로 주시는 구원의 소식이 감동이었나 보다. 사람들은 설교 도중에 "후루루루루!" 하고 특유의 휘파람을 불며, 흥겨움을 표현했다. 하나님의 사랑을 이해하고 받아들이는 것 같아 그 감동이 내게도 전해졌다.

예배 후에도 그 감동이 이어졌다. 갑자기 모두 일어나 춤을 추며 찬양했다. 나는 그저 웃으며 멀뚱멀뚱 쳐다보는데, 아내는 사람들 사이로 같이 들어가서 함께 춤을 추었다. 그 모습이 보기 좋아서 끝나지 않기를 바랐다. 그렇게 1시간 동안 춤추며 놀았다. 정해진 율동도 아니고, 멋있는 동작도 아닌데 부끄럽지도 않고 그저 흥겨웠다. 몸을 흔드는 게 부끄러운 건 나뿐인 것 같았다. 오직 나만 멀뚱멀뚱 서 있었다. 모두 하늘로 뛰며 몸을 흔들었다.

교회 지도자 교육 시간에 고린도전서 13장을 통해 사랑이 무엇인지를 가르쳤다. 사랑의 실천으로 구제를 시작하자고 제안했다. 모두 기대하고 기뻐했다.

그러다가 갑자기 사람들이 흩어졌다. 교회 지도자들도 다급히 돌아가며 내게 "빨리 가라"라고 했다. 비난슈[5]도 다급히 가려고 해서 무슨 일이냐고 물었더니 군인들이 부족민들을 소집했다고 했다. "왜?" 하고 물었더니 "부르파얌에 반군이 있는지를 확인

---

5   비난슈: 부족어 통역사이다.

하려고 한다"고 했다. "내가 가서 도와줄까?"라고 제안했더니 "너는 빨리 가는 게 좋다"고 했다.

부족 마을(부르파얌)에서 나오는데 체크포인트에 군인들이 가득했다. 이 지역에서 이렇게 많은 군인을 본 것은 처음 있는 일이었다. 평소 이곳을 지키던 오보테는 평소 같지 않게 잔뜩 굳은 표정이었다. 군인들이 우리에게 다가오자 오보테가 막아섰다. 그리고 뭔가를 그들에게 설명했다. 멀어서 들리지는 않았지만 대충 짐작하건대 우리를 좋게 말해 주고 있는 듯했다. 그들은 우리를 보내 주었다. 오보테는 우리를 보고 웃어 보였지만 뭔가 슬프고 두려운 표정이었다. 늘 하얀 이를 드러내며 웃던 친구였는데, 오늘은 그 웃음이 나를 더 불안하게 했다.

집에 도착하고 곧 샌더르가 찾아왔다. 오자마자 우리의 안부를 물었다. 정부 관료이다 보니 나도 샌더르에게 총성에 대해 물어보려던 차였다. 그런데 내가 묻기도 전에 잠깐 우간다에 나갔다 오는 것이 어떠냐고 권했다. 이미 상당수 외국인들이 남수단을 빠져나갔다고 했다. 샌더르의 말로는 반군 캠프가 부르파얌 오시또 보마에 있었다고 했다. 믿기지 않았다. 오시또 보마라면 내가 웬만한 곳은 다 돌았는데 반군 기지가 있을 만한 곳은 본 적이 없었다. 샌더르는 부족민들이 정부군에게 반군에 대한 정보를 주지 않아서 반군을 색출해 내지는 못하고 반군 캠프만 불태웠다고 했다.

샌더르가 돌아가고 나서 아내와 이 상황에 대해 이야기를 나누었다. 나는 상황이 심각한 것 같으니 샌더르의 제안대로 우간다에 잠깐 나갔다가 오자고 했다. 그러나 아내는 선교사로서 이곳에 남아야 한다는 의지가 강했다. 밤에 일어난 총성을 듣지 못해서인지 아내는 현 상황을 대수롭지 않게 여기는 것 같았다. 늘 그랬지만 각별한 주님의 은혜가 필요하다.

7월 4일 월요일

새벽에 또 총성이 이어졌다. 총성이 들린 시간은 짧았지만 확실히 더 가까워졌다. 아침이 되고 아내에게 남수단을 나가는 문제에 대해 다시 언급했지만, 아내가 남고자 하는 마음이 강경해서 설득하기 어려웠다. 가장으로서 가족을 지키는 것과 선교사로서 부족민들과 교회를 지키는 것 사이에 갈등이 크다.

정황을 파악하고 싶었는데, 마침 아침 일찍 오비트르[6]가 찾아와서 탈출 계획이 없냐고 물어 왔다. 오비트르는 서양인들과 중국인들은 이미 다 나갔고, 인도인들도 오늘 혹은 내일 중으로 나갈 계획이라고 했다. 나도 고민 중이라고 했더니 오비트르가 같이 나가자며 탈출로를 확인해 놓는 것이 좋겠다고 제안했다.

나는 아내에게 비자 문제로 국경에 볼일이 있다고 하고 오비트르와 함께 탈출로를 확인하기 위해 차를 몰고 국경 쪽으로 달렸다. 가는 길에 시체들이 종종 보였다. 전쟁이 시작됐다는 것이 현실감 있게 다가왔다. 시체를 지나쳐 갈 때마다, 등골과 마음에 공포심이 자리 잡았다.

전투가 있었던 지역들도 지나쳐 갔다. 시체를 치우는 사람들이 보였다. 우리를 경계하며 총을 겨누는 이들도 있었다. 차를 세웠다간 당장이라도 총을 맞을 것만 같았다. 혹시 아내에게 돌아가지 못할까 봐 걱정되었다. 내 목숨이 걱정이 되었다기보다

---

6 오비트르: 동네 숙박업소 매니저이다.

아내와 예하만 남겨질 상황이 두려웠다.

국경에 도착했지만 국경은 닫혀 있었다. 국경 앞에 못 보던 군인이 있었다. 늘 국경에서 나를 반겨 주던 유십이 보이지 않아서 불안했다. 나는 군인에게 유십을 만나게 해 달라고 했다. 군인은 우리를 막사로 안내하고 유십을 불렀다. 다행히 유십이 있었다.

"헤이, 형제. 왔어?"

늘 자신감 넘치는 굵은 목소리. 유십이 들어왔다. 보자마자 악수를 청하고 곧 나를 끌어안았다.

"파인애플은?"

나는 흑인들 앞에서 좀처럼 주눅 들지 않는데 유십은 늘 나를 주눅 들게 했다. 굵직한 저음, 분명한 발음, 그리고 붉은 눈. 충혈된 건지 원래 빨간 건지 늘 붉었다.

"오늘은 파인애플 없는 거야?"

"너무 급하게 오느라 못 사 왔어. 딸과 아내가 토릿에 남아 있어. 데리고 올 테니까 통과하게 해 줘."

나는 책상 위에 5백 달러를 올려놨다. 그런데 유십은 5백 달러를 얌전히 내 손에 쥐어 줬다.

"아니지. 형제, 지금 남수단은 전쟁이야. 그냥 총만 딱콩 쏘아 대는 게 아냐. 탱크가 막 지나다닌다고. 집들은 다 무너지고. 다시 여기까지 오리라는 보장이 없어. 여기까지 온 건 운이 좋았어. 지금 가장 좋은 건 네가 여기 남아서 혼자라도 우간다로 가는 거야. 그리고 대사관에 요청해서 아내와 딸을 구하는 거지."

굵직한 저음. 유십의 저음은 신뢰감을 준다. 유십은 내 눈을 계속 응시했다. 그리고 하얀 이를 드러내며 웃었다. 이가 드러나

자 피부는 더욱 진한 검정이 되었다. 나는 아무 말도 하지 않았지만 내가 그럴 의사가 없다는 것을 알았는지 말을 바꿨다.

"하지만 그럴 리가 없겠지. 좋아. 일단 가. 아내와 딸을 데리고 오면 통과시켜 줄게. 그러나 난 움직이지 않는 것을 권하고 싶어. 만약에 운이 좋아서 아내가 있는 곳까지 무사히 가면, 아내와 딸과 함께 꼭꼭 숨어. 그게 제일 좋아. 가능하다면 우간다에 있는 한국대사관에 도움을 요청해."

난 우간다 국경까지 오면서 목숨을 걸겠다고 생각한 적은 없다. 그냥 탈출로를 확보하겠다고 생각했을 뿐이었다. 내 목숨을 걸어야 한다고 상상한 적은 없다.

"가라니까."

유십의 두툼한 입술이 내게 말하는 순간 포성이 유십의 목소리를 뒤덮었다. 포성 뒤로 총성이 이어졌다. 나는 다리를 뗄 수 없었다. 유십은 문밖으로 나가서 총성 방향을 바라보았다.

"이봐, 형제. 다시 생각해 보니까, 지금은 때가 아니야. 잠시 기다려야겠어. 안 그러면 여길 떠나자마자 죽을 테니까. 아, 농담이야 농담."

포성은 점점 격렬해지고 두꺼워졌다. 그리고 빨라졌다. 총성에 단발이 없다. 어디서부터 어디까지가 이어진 총성인지 알 수 없게 그냥 연발의 총성이 계속되었다. 발을 뗄 수 없었다. 앉을 수도 없었다. 그냥 서 있는 것이 내가 할 수 있는 유일한 일이었다. 총성이 끝나고 한참이 지나고 나서야 나는 정신을 차리고 차에 올랐다. 오비트르는 갈등하는 것처럼 보였다.

"오비트르, 그냥 여기 남을래?"

내가 오비트르의 마음을 읽고 물었지만 그도 곧 차에 올랐다.

"두고 온 게 많아. 나도 이럴 줄은 몰랐어."

나는 급히 아내와 딸이 있는 곳으로 차를 몰았다. 그러다가 도로 중간이 군인들에 의해 막혀 있는 것이 멀리서 보였다. 국경으로 올 때만 해도 열려 있었는데, 그사이 변화가 있었다. 아마도 국경에 있을 때 들렸던 총성이 그 군인들의 것이었나 보다. 오비트르는 나보고 차를 돌리라고 했다. 그러나 나는 차를 돌리는 것이 오히려 이상하게 보일 것 같아서 그대로 직진했다. 오비트르는 그들이 군인이 아니라 반군이라고 말했다. 나는 구분이 가지 않았는데, 오비트르 눈에는 달라 보였나 보다.

주춤하는 사이, 군인들이 하늘로 총을 쏘며 다가왔다. 오비트르와 나는 군인들의 손짓대로 차에서 내렸다. 내가 선교사인 것과 정치적 견해가 없다는 것을 밝혔지만 분위기는 험악했다. 나는 샌더르가 만들어 준 장기 비자와 선교사 소속증을 보여 주었다. 그 증서들을 들고 자기들끼리 험악하게 소리 지르며 싸웠다. 영어도 아랍어도 아니었다. 어느 부족인지 가늠이 되지 않았다. 내가 싸우는 그들에게 다가가려 하자 오비트르가 나를 잡았다.

"지금은 그냥 있는 게 좋아."

나는 초조했지만 그대로 있었다. 곧 군인 한 사람이 내게로 다가와서 증서를 돌려주고 어서 가라고 했다. 나는 반군과의 만남이 오히려 좋은 기회가 될 수도 있겠다고 생각하고, 그 반군에게 "만약에 반군을 다시 만났을 때 내가 통과할 수 있는 증서 같은 것을 줄 수 있냐"며, "그런 게 있다면 사고 싶다"고 했다. 그러자 그 반군은 나에게 가만히 물었다.

"돈을 준비하겠다는 거야?"

나는 가만히 고개를 끄덕였다. 그러자 그 반군이 말해 주었다.

"선교사, 내가 충고 하나 할게. 돈이 없는 척해라, 살고 싶으면. 지금은 그런 게 통할 때가 아냐. 돌아가."

그 반군의 말에 나는 다소 부끄러운 생각이 들었다. 유십도 반군도 돈을 받지 않았다. 평소에는 돈을 요구하는 남수단 군인들을 욕했는데, 오늘은 오히려 내가 돈으로 해결하려고 했고 그들은 돈을 받지 않았다.

집에 돌아오니 아내와 딸이 반겨 주었다. 장시간의 운전으로 인해 무릎이 아팠다. 예하와 아내는 내 무릎을 주물러 주었다. 둘 다 무사해서, 그리고 나도 오비트르도 무사해서 얼마나 다행인지 모른다. 하나님의 보호하심이었다고 감사 기도를 올렸다. 유십도 그렇고, 그 반군도 그렇고, 좋은 사람들을 만났다. 그냥 죽었어도 전혀 이상하지 않을 하루였다.

7월 5일 화요일

새벽에 또 총소리가 들렸다. 이번에는 포격 소리도 함께였다. 훨씬 더 가까워졌다. 정말 전쟁 소리[7]가 하루하루 다가왔다. 사흘째 한잠도 자지 못했다. 다행히 아내와 예하는 잠이 깊이 들어서 총포 소리를 듣지 못하는 것 같다. 밤에 예하가 총포 소리에 잠시 깼지만 곧 다시 잠들었다. 깼던 것은 다행히 기억하지 못하는 것 같았다.

시장에 먹을 것을 사러 가 보았다. 물건들이 줄었고 가격은 다섯 배가 올랐다. 아내는 기아에 허덕이는 현지인들에게 계속 먹을 것을 주었다. 말릴 수는 없었지만 마음 깊은 곳에서는 어떻

---

7   총포 소리를 말한다.

게 막아야 할지 고민했다. 더불어 전쟁이 장기화되고 먹을 것이 없어질 때 우리 집에 쟁여 놓은 식량들을 분배하거나 나눠야 할지 우리 가족이 먹기 위해 지켜야 할지 고민이 되었다.

이런 고민이 현실이 되기 전에 전쟁이 끝나거나 우리가 탈출해야 한다는 생각이 굳어졌다. 예하가 이런 험악한 분위기를 눈치채지 못하게 하기 위해 구슬치기와 자치기를 같이 했다. 아무 일 없는 듯이.

7월 6일 수요일

새벽에 매우 가까운 곳에서 총성이 들렸다. 분명히 마을 근접한 곳이었다. 총성은 길게 이어졌다. 다행스럽게도 아내와 예하는 여전히 잘 자고 있었다.

해가 뜨고 나서 피해가 있는지 확인하려고 거리를 둘러보는 중에 카미스의 아내를 만났다. 울고 있었다. 카미스가 죽었다고 했다. 아랍어가 아니라 부족어로 말해서 정확하지 않았지만 문장에 담긴 '카미스'라는 단어에 묻은 느낌으로 알 수 있었다.

바로 카미스의 집으로 갔다. 가족들에게는 말하지 않았다. 죽은 카미스는 우리 집에 올 때 입던 빨간 셔츠를 입고 있었다. 유난히 멋을 내던 친구였다. 남자인데도 옷과 장신구를 좋아해서 평소에 재수 없다고 생각해 오던 친구였다. 아내가 농사를 짓고 늘 아내가 벌어 온 식량을 먹고 살던 친구였다.

죽은 건 카미스만이 아니었다. 살람의 일을 돕던 단이 죽었다. 늘 일하지 않고 모자 푹 눌러 쓰고 나무 밑에서 누워 자던 친구였다. 내가 선물해 준 MP3를 듣느라 아무것도 하지 않아서 몇 번이고 MP3를 빼앗겠다고 으름장을 놓곤 했다. 오투부라의 사촌 형도 죽었다. 오무노 가족의 생계를 책임지던 큰 형도 죽었다. 여기저기서 아는 얼굴들이 시체가 되어 있었다.

새벽에 들렸던 총성이 생각보다 가까운 곳이었다. 집들이 아예 통째로 무너졌다. 소똥과 흙으로 지은 집들이니 무너지는 게 당연한 건데, 문제는 사람들을 보호할 만한 건축물들이 아니었다. 아수라장이었다. 충격적인 건 이 많은 사람의 죽음에도 살아 있는 사람들은 덤덤했다. 공포랄 것도 없었다. 적막에 감정은 모두 감춰졌다. 울거나 통곡하기보다 덤덤하게 시체를 정리하는 모습이 더 많았다. 몇몇 아이들만이 울 뿐이었다.

내가 간단한 장례를 진행했다. 카미스의 가족들을 위로했다. 그러자 주변의 다른 사람들도 나에게 장례를 부탁했다. 그들은 기독교인들도 아니었지만 그대로 장례를 해 주었다. 모두가 천국에 이르기를 바라는 마음으로 천국에서 하나님이 함께하실 것임을 선언해 주었다. 그제야 우는 사람들이 나타났다.

뭔가 결단이 필요했다. 그래서 집에 돌아와 아내에게 현재 남수단 상황을 상세히 이야기했다. 그리고 탈출해야 할 것 같다고 했다. 그러나 아내는 여전히 강경했다. 어려울 때일수록 부족민들과 함께해야 한다며 오히려 나를 설득했다. 나는 탈출 계획을 세웠고 아내는 내일 부족으로 들어가서 목요 성경 공부 모임과 영어 학교를 열 계획을 세웠다. 내가 지금은 위험하니까 가지 않는 게 좋겠다고 했지만 아내는 사람들이 기다릴 거라 가야 한다고 했다. 뭐라고 설득해야 할지 막막하다.

샌더르가 다시 찾아왔다. 어서 나가야 한다고 했다. 자기도 곧 떠날 계획이라고 했다. 위험하다는 말만 반복했다. 아내도 심각한 분위기를 느낀 것 같았지만 남아야 한다는 생각은 변함이 없었다.

7월 7일 목요일

목요 모임과 영어 학교 때문에 부족 마을로 갔지만 폭우로 인해 부족 마을로 진입하지 못하고 돌아왔다.

부족 마을에서 돌아온 뒤, 아내는 부족 청소년 네 명을 데리고 살겠다고 집을 청소했다. 다반존과 아그네스, 오무노를 공부시키고 싶어 하는 아내의 마음을 알고 있어서, 그 희망을 꺾고 싶지 않았지만 지금은 우리 집에 누굴 들일 만한 상황이 아니었다. 지금은 다반존을 데리고 올 수 없다고 말하기 위해 서성이다가 즐겁게 청소하는 아내를 보고 그냥 포기했다. 그리고 예하의 불안을 덜어 주기 위해 버스커버스커 노래를 틀어 주고 〈벚꽃 엔딩〉을 함께 불렀다. 나중에는 악보를 펼쳐서 나는 기타를 치고 예하는 우쿨렐레를 치며 노래를 불렀다.

오후에는 탈출 계획을 세우기 위해 인도인들을 만났다. 그들은 반군과 정부군의 위치와 빠져나갈 경로가 있는 지도를 갖고 있었다. 나에게 나갈 계획이냐고 물었다. 인도인들은 나갈 사람들과 남을 사람들이 반반으로 나눠졌다. 남는 사람들은 이때야말로 돈을 벌 기회라고 했다. 떠날 사람들은 미친 짓이라고 했다. 이유는 다르지만 나와 아내의 대화 같았다.

어쨌든 만약을 대비해서 인도인들의 지도를 사진으로 찍어 놨다. 내가 대가를 지불하려고 했지만 그들은 받지 않았다. 그동안 잘해 준 것의 보답이라고 했다. 그리고 오늘 밤 대규모 폭격이 예정되어 있다는 소식을 들었다. 인도인들은 어디서 이런 정보를 얻는지 신기했다. 내가 물어보자 평소 교류하던 정보통이라고만 했다. 더 자세한 이야기는 해 주지 않았다.

7월 8일 금요일

7월 2일 이후 매일 총성이 들렸지만, 오늘 총성은 다른 때와 전혀 달랐다. 며칠간 계속되는 불면증 때문에 새벽 시간을 설교 준비와 기도로 보냈다. 기도를 했지만 작은 소리에도 혹시 총성이 아닌가 싶어서 민감하게 반응했다. 밤새 총성이 없어서 이제 좀 수그러드나 생각했다. 그리고 오전에도, 오후에도 총성이 없어서 이런 날도 있구나 싶어 하며 안심했다. 어제 인도인들이 했던 대규모 폭격이 있을 예정이라는 말을 비웃었다.

그런데 저녁 시간 즈음에 총성이 시작되더니 포성까지 더해져서 정말 총포 소리가 들려왔다. 거리도 아주 가까워졌다. 땅울림이 느껴질 거리였다. 우리는 모두 집 안으로 들어갔다.

주바(Juba)[8]에 있는 정은희 선교사님이 카톡을 보내왔다. 인터넷 접속이 왔다 갔다 했는데 다행히 연결되었다. 그곳에서는 바로 집 앞에서 포격이 있다고 했다. 탱크와 헬기가 동원되었다. 진짜 전쟁이다. 예하가 물었다. "이게 총소리야?" 나는 애써 아무렇지도 않은 듯 "응, 총소리야. 그런데 거리가 멀어서 우린 괜찮아"라고 대답했다. 아내는 정말 아무렇지도 않은지 살을 빼야 한다며 나가서 줄넘기를 했다.

나는 며칠째 잠을 못 잔 터라 정신이 몽롱하고 두통이 심했다. 아내는 땅이 울리는 이런 포격에도 아무렇지 않게 개들에게 밥을 주고 저녁을 준비했다. 진짜 아무렇지 않은 건지 아무렇지

---

8 주바: 남수단의 수도이자 가장 큰 도시이다.

않은 척을 하는 건지 구분할 수 없었다.

밥을 다 먹고 뒷정리를 한 아내는 주일학교 설교 준비를 했다. 아내에게 넌지시 물었다.

"우리 나가야 하는 거 아냐?"

아내는 정말 성의 없이 대답했다.

"그럼 예배는 누가 인도해. 교회는 어떻게 하고. 파족교회는 강 목사님이 가셔도 현지인 목사님 있잖아. 우리는 우리밖에 없는데 어떻게 가. 일단 이번 주일은 보내고 한 일주일 나갔다 오던지 하자."

너무 명료하고 간단한 대답에 나는 더 이상 물어보지 못하고 설교 준비를 시작했다. 준비를 하다 보니 벌써 아내와 예하는 잠들어 있었다. 총격과 포격은 새벽까지 계속되었다. 밖에 나가 보니 시야 안에 포격 불빛이 들어올 정도였다. 정말 하루이틀이면 바로 이곳을 덮칠 것 같았다. 해 뜰 즈음이 되어서야 총격과 포격이 멎었다. 그렇게 나는 또 밤을 꼬박 새웠다. 엿새째 한잠도 자지 못했다. 그런데 정신은 또렷하다.

7월 9일 토요일

아침이 밝자마자 현지인들이 찾아왔다. 피난 가지 않느냐고 물어보았다. 이미 이 지역 외국인들은 다 나갔다고 했다. AIM(Africa Inlavd Mission, 선교단체) 선교사 집에 거하는 찰스가 미국인 선교사 제프 부부만 남고 모두 나갔다고 전했다. 제프 부부도 곧 나간다며 우리도 나가야 하지 않겠냐고 물었다. 오비트르도 나가지 않을 거냐고 다시 연락해 왔다. 혹시 나갈 거라면 자기도 데리고 가 달라고 했다. 아내는 이 사람들의 제안에 아랑곳하지 않고 주일학교 설교 준비에 여념이 없었다.

나는 좀 더 현실을 직시해야겠다는 생각에 다시 인도인들을 찾아갔다. 늘 인도인들의 정보가 가장 정확하고 빨랐다. 인도인들 말로는 이미 차로 나가는 육로가 다 차단되었다고 했다. 피난 갔던 사람들도 돌아오는 상황이다. 그나마 왔다 갔다 하던 인터넷도 완전히 끊겨 버렸다.

"반군이 토릿 주변을 이미 다 장악해서 육로로 나가려던 사람들도 다 다시 돌아오고 있어. 육로로 나가려면 걸어서 가는 길밖에 없는데, 그마저도 가려면 지금 가야 할 걸."

인도인들의 정보대로라면 탈출로는 없다. '이미 늦었구나.' 아내에게 피난 가는 문제에 대해서 좀 더 심각하게 이야기해 보려고 집으로 서둘러 갔다. 아내는 내일 주일에 부족민들에게 나눠 줄 옷을 정리하고 있었다. 내게도 옷 정리를 거들어 달라고 보챘다. 나는 옷을 정리하며 지금 상황에 대해서 이야기했다. 하지만 아내는 여전히 대수롭지 않게 반응했다.

"육로가 차단됐다며. 그럼 못 나가는 거네. 어두워지기 전에 옷 정리 마쳐야 돼."

점심때가 지나자 오투부라가 찾아와서 군인이 다섯 명 죽고, 외국인도 다섯 명이 죽었는데 안 나갈 거냐고 했다. 죽은 외국인 중에는 미국인도 포함되어 있다고 했다. 아내는 강경하게 안 나간다고 확인해 줬다. 오투부라가 돌아가고 나서 샌더르가 또 찾아왔다. 육로가 차단되었다는 소식을 듣고 왔다. 어제 전투로 이 마을에서만 13명이 죽고 70여 명이 다쳤다고 했다. 수도에서는 3백여 명이 죽었다고 했다.

"요셉 목사. 이제는 나갈 길이 없어. 이젠 절대 움직이지 말고 집에 있어야 돼. 나는 헬기로 다른 지역으로 이동할 거야. 오늘이 마지막 만남일 수도 있어. 그리고 부르파얌에는 가지마. 로우도가 반군 캠프였던 터라 밤새 로우도에서 격전이 있었어. 또 전투가 벌어질 가능성이 높아."

샌더르는 비장하게 이야기하고 돌아갔다. 역시 정부 관료는 움직임이 다르구나 싶었다. 일주일을 못 잤더니 정신이 몽롱했다. 어제까지만 해도 또렷했는데 오늘은 좀 힘들다. 두통이 생겼다.

샌더르가 로우도에서 격전이 있었다는 말을 해서 로우도를 방문해야겠다고 생각했다. 가족에게는 로우도 토요 사역을 간다고 하고 로우도로 향했다. 아내도 간다고 하기에 혼자 다녀오겠다고 우기고 길을 나섰다. 로우도로 들어가는 길에 보니 비난슈가 달려오고 있었다. 내가 비난슈를 발견하고 차를 세웠다.

"무슨 일이야?"

비난슈는 어이가 없다는 듯이 웃었다.

"요셉. 넌 여기 있으면 안 돼. 빨리 탈출해."

비난슈가 내 소망을 바로 말했다. 그러나 나는 목사 흉내를 내고 싶었다. 아내의 말이 내 입에 빙의했다.

"목사가 어떻게 교회를 떠나?"

비난슈는 내 어깨를 툭툭 치며 말했다.

"이건 우리 일이야."

"너희 일이 내 일이야."

나도 비장한 듯 연기했다. 사실 비장하긴 했지만 내 비장함은 내 말의 비장함과 좀 다른 방향이었다. 나도 탈출하고 싶었지만 말은 그렇게 나오지 않았다.

"따라와 봐."

비난슈는 나를 데리고 로우도 뒤편으로 갔다.

"요셉!"

사람들이 몰려들었다. 여럿이 죽어 있었다. 아니, 여럿이라는 단어를 쓰기에는 좀 많은가? 표현하기 어려울 만큼 처참했다. 피비린내가 진하게 났다. 비난슈는 내 눈치를 살폈다.

"봤어? 알겠어? 왜 나가야 하는지? 널 여기로 끌어들이고 싶지 않아."

"장례는?"

"제사장이 할 거야."

"내가 할게."

뭐라도 해야 했다. 장례를 치르는데 눈물이 하나도 나지 않았다. 비난슈는 진심으로 나를 걱정해 주었다. 비난슈는 내내 걱정하며 나에게 '전쟁은 우리 일'이라며 돌아가라고 반복했다. 심지어 헤어질 때 마지막 건넨 말이 인사가 아니라 "어서 가!"였다.

집에 돌아와서는 아무 말도 하지 않았다. 정말 자고 싶은데 여전히 잠들 수가 없다. 아내와 예하는 곤히 잠자리에 들었다.

7월 10일 주일

밤새 총성은 없었다. 두통이 더 심해진 것 같다. 밤새 비가 왔다. 아마도 비 때문에 전투가 중단된 것이 아닌가 싶다. 나는 비를 보며 말했다.

"오늘 못 가겠지?"

아내는 아랑곳없이 부족으로 들어갈 준비를 했다. 아내가 부족의 상황을 알 리가 없었다.

"전쟁 중인데 누가 교회 오겠어?"

나는 가고 싶지 않아 말했지만, 아내의 대답은 정해져 있었다.

"그러니까 사람들은 더 교회로 오겠지."

에라 모르겠다, 하는 마음으로 차에 시동을 걸었다.

"탈출할 거 아니면 한번 가 보자. 우리 차는 사륜구동이니까."

비를 뚫고 차를 몰았는데, 예상대로 길이 정말 만만치 않았다. 바닥이 거의 물에 잠겨 버린 상태였다. 평소였으면 돌아가도 전혀 이상하지 않을 수준이었다. 수차례 차가 물에 빠졌지만 옷을 버려 가며 부족 마을까지 무사히 끌고 갔다.

부족 마을에 도착하자 이 전쟁 속에, 그리고 이 빗속에, 부족민들이 예배당에 모여서 우리를 기다리고 있었다. 그들을 봤을 때의 마음은 돌아가신 어머니가 살아 돌아온 것 같은 감격과 비슷한 정도였다. 아내는 보란 듯이 말했다.

"거봐, 다 와 있잖아."

예배는 어느 때보다 뜨거웠다. 지난주에 그리스도의 은혜와 사랑에 대해서 설교하고, 오늘은 신랑 되신 예수님을 설교했다. 모두들 천국에서 있을 예수님과의 혼인 잔치를 기대하는 마음으로 소리를 지르며 찬양했다. 박수와 환호가 끊이지 않았다. 설교 문장 문장마다 환호했다. 부족민들은 천국과 예수님과의 혼인을 정말로 믿었다. 설교하고 있는 나보다도 더 강하고 절실한 믿음으로 반응했다. 처음 들은 소식이기 때문일까? 부족민들의 반응에 감동한 나는 해서는 안 될 말을 하고 말았다.

"지금은 전쟁 중이고 외국인들은 모두 탈출했습니다. 그러나 저는 떠나지 않습니다. 저는 여러분과 함께 이곳에 있겠습니다. 주님이 이 자리에 우리와 있습니다."

이 말은 진심이었고 정말 이런 예배를 위해서 죽어도 좋다고 생각했다. 이 말을 한 순간 만큼은 전쟁 가운데에서도 남기로 결심한 아내의 마음을 이해할 수 있었다.

예배가 끝나고 아내의 진행으로 옷을 나눠 주었다. 그저 셔츠 하나씩이었는데 부족민들은 진심으로 기뻐했다. 옷을 무슨 보물 다루듯이 소중히 여겼다. 사람들은 돌아가면서 우리에게 "고맙다"는 말을 반복했다. 옷 때문인지 함께하겠다는 말 때문인지 모르겠지만 그 어느 때보다 더 많고 진심 어린 인사였다. 특히 마지막에 모니타와 수잔이 어설픈 영어 발음으로 "사랑합니다"라고 말해 주었을 때는 정말 주체가 안 되는 감동이 올라왔다. '사랑' 안에 담겨 있는 희락과 희생과 헌신을 가르쳐 온 날들이 스쳐 지나갔다. 정말 이들을 위해서 죽어도 좋다고 생각했다.

7월 11일 월요일

밤새 아무 일이 없었다. 9일 만에 잠시지만 잠을 잘 수 있었다. 여전히 깨어 있는 시간이 더 많기는 했지만 선잠이라도 잠을 잘 수 있다는 것이 얼마나 기분을 상쾌하게 했는지 모른다. 그래도 두통은 사라지지 않았다.

아내는 아침에 계란이 없는 것을 발견하고 나에게 계란을 사 오라고 시켰다. 계란을 사러 밖에 나갔는데 분위기가 심상치 않았다. 지금까지 본 적 없는 숫자의 군인들과 경찰들이 거리를 가득 메우고 있었다. 사람들이 뛰어다녔다. 로갈리가 뛰어가면서 나에게 소리 질렀다.

"여기서 뭐하는 거야! 어서 들어가!"

뭔가 심상치 않다고 느낀 나는 집으로 들어가 아내와 예하에게 "어서 방으로 들어가!" 하고 소리 질렀다. 바로 그때 총성과 포성이 들리기 시작했다. 소리가 가까웠다. 지금까지와는 달랐다. 바로 집 앞이었다. 필립은 미처 나가지 못하고 탁자 밑으로 숨었다. 과헤나는 자녀들을 지키겠다고 총성이 들리는 곳을 향해 뛰어나가려 하기에 내가 말렸다. 그러나 자녀들을 지켜야 한다며 총성이 들리는 밖으로 뛰어나갔다. 나는 혹시 모를 상황을 위해 차에 기름을 넣었다. 당장이라도 총탄이 내 머리를 뚫을 것 같아 자세를 납작하게 엎드리고 기름을 넣었다. 안에서 아내가 불렀다.

"뭐하는 거야 어서 들어와!"

머리 위로 총알이 날아다니는 게 느껴졌다. 포탄의 파편이 마당으로 날아 들어왔다. 나는 기름을 다 넣고 나서야 집 안으로 들어갔다.

혹시라도 창으로 총알이 날아들까 싶어 모두 바닥에 앉았다. 예하가 총소리와 포탄 소리를 못 듣게 하려고 노트북에 저장해 둔 예능 프로그램을 틀어 주고 헤드셋을 쓰게 했다. 그렇게 한참을 아무 말 없이 가만히 있었다. 밖에서 들리는 총성과 포성보다 군인들의 발자국 소리가 더 두려웠다. 탱크인지 장갑차인지 알 수 없는 체인 바퀴 소리가 들려왔다. 총탄이나 포탄이야 맞고 죽으면 그만이지만 군인들이 들어오면 무슨 봉변을 당할지 예측할 수 없었다.

이웃에서 비명 소리가 들려왔다. 누군가가 죽었든가 다쳤든가. 총성이나 포성 혹은 군인들의 발자국 소리보다도 더 무서운 건 이웃의 비명 소리였다. 아내가 물었다.

"누가 죽었나?"

"기도 소리 같은데."

아내를 안심시키려고 한 말인데 내가 말해 놓고도 너무 궁색했다.

이쯤 되니 누가 먼저랄 것도 없이 짐을 싸기 시작했다. 아내가 예하에게도 짐을 싸라고 했다. 짐을 싼다는 건 곧 이곳에서 탈출하겠다는 의지가 있다는 이야기다. 아내에게 굳이 확인하지 않아도 이곳을 탈출하겠다는 의지가 있다는 것을 알 수 있었다.

"카톡!"

인터넷이 끊긴 지 사흘째였는데, 갑자기 카톡이 들어왔다. 신기한 일이었다. 카톡을 확인해 보니 주우간다 한국대사관 참사관이 남수단 내의 한국인들을 카톡방으로 모았다. 그리고 구조 작업을 시작할 테니 각자의 위치와 한국인 수를 보고해 달라고 했다. 나는 아내에게 카톡을 보여 주고 탈출할지를 물었다. 아내는 고개를 끄덕였다.

나는 곧 주우간다 한국대사관에 이곳 상황을 전달했다. 그리고 나가고 싶지만 나갈 수 있는 육로가 차단되어 나갈 방법이 없다고 전했다. 주우간다 한국대사관에서 처음에는 수도 주바에 있는 한국인들을 먼저 구조하겠다고 했다. 그런데 인원 보고하는 가운데 "열 살 난 딸이 함께 있다"라고 했더니, 대사관에서 우리를 우선 구조하겠다고 전했다. 그 많은 주검을 보고도 울 수 없었는데 갑자기 울컥하고 눈물이 나려고 했다. 나는 아내에게 주우간다 한국대사관의 의견을 전했다.

"우리한테 먼저 비행기 보내 준다는데?"

서로 굳이 구체적인 이야기를 나눈 것은 아니지만 '이제 살겠구나' 하는 안도의 숨을 쉬었다.

아내는 침묵 속에 가만히 있는 나와 컴퓨터로 예능 프로그램을 보는 예하에게 예배하자고 제안했다. 우리는 총성과 포성 속에서 예배했다. '사망의 음침한 골짜기'라도 주님과 함께라면 기쁨으로 감당하겠다는 말씀을 나눴다. 예배 후 아내는 예하에게 만약에 아빠와 엄마가 죽을 경우의 대처 방안에 대해서 가르쳤다. 그리고 같이 예능 프로그램을 시청했다.

몇 시간이 지났을까? 전투가 멈춘 듯했다. 아내가 나가 보겠다는 것을 말렸다. 잠시 멈춘 것인지 정말 전투가 끝난 것인지 알 수 없었기 때문에 더 기다려 보는 것이 좋겠다고 했다. 아내는 끝났다고 판단했는지 나가서 식사 준비를 했다. 필립은 아직도 의자에 얼굴을 파묻고 떨고 있었다. 몇 시간을 이렇게 가만히 있었는지 일어나지 못했다. 부축해 일으켜 주고 이제 전투가 끝난 것 같다고 했더니 필립은 더 기다려 봐야 한다고 했다. 아내가 라면을 끓였고 필립도 같이 먹었다. 라면을 먹는 동안 더 이상 총성이 들리지 않았다.

라면을 다 먹은 후 필립이 나가 보겠다고 했다. 나도 밖을 확인해 봐야겠다는 생각에 필립이 나간 직후 뒤따라 나갔다. 길에 시체들이 보였고 사람들은 시체를 치웠다. 대부분의 시체들은 군복을 입은 사람들이었다. AIM교회에서 비명에 가까운 울음소리가 들렸다. 사람들이 AIM교회에 많이 모여 있던 관계로 총탄들이 그쪽으로 난사되었던 것 같다. 시체를 정리하는 사람들은 시체를 정리하고 기도하는 사람들은 기도했다. 시체들이 여기저기 끔찍하게 널려 있는데도 전체적인 분위기는 차분했다. 이미 여러 차례 이런 일을 겪었기 때문이리라.

집에 돌아와서는 아무렇지도 않게 행동했다. 밖의 상황을 알리고 싶지 않았다. 기분 전환을 위해 오랜만에 자치기를 하자고 했지만 예하는 짐을 싸기에 여념이 없었다. 밖에 나가 보겠다는 아내를 말렸다. 아직은 안전하지 않다고만 말했다. 잠시 후 군인들이 차를 타고 돌면서 확성기로 반군이 모두 소탕되어 모든 상황이 종료되었으니 안전하다고 방송했다. 그러나 보란 듯이 방송 1시간 후 또다시 총성과 포성이 터졌고 상당 시간 지속되었다.

주우간다 한국대사관으로부터 비행기 섭외와 남수단 착륙 허가를 위해 모든 인력이 동원되어 준비하고 있으니 염려 말고 기다리라는 연락이 왔다. 대사관에도 고맙고 통신사에도 고맙다. 평소에는 하루에 반나절은 통신이 안 되었는데 이런 비상시국에 오히려 통신이 끊어지지 않는 것이 신기했다. 하나님의 도우심이리라.

7월 12일 화요일

주우간다 한국대사관에서 보내 준 비행기가 선회하다가 착륙 허가를 받지 못하고 돌아갔다. 그리고 내일 오전에 착륙할 수 있도록 허가를 받았다고 연락이 왔다.

저녁 즈음에 다시 한 번 마을에서 전투가 벌어졌다. 아내의 제안으로 또 세 식구가 모여 기도하고 예배했다. 설교를 해야 했지만 설교할 수가 없었다. 그냥 멍한 채로 아무 생각이 들지 않았다. 거의 열흘을 제대로 잠들지 못했다. 두통이 밀려왔다. 예배 내내 내가 무슨 소리를 지껄였는지 기억나지 않는다. 알 수 없는 눈물이 나려는 것을 참았다. 예하가 없었으면 아내 앞에서 펑펑 울었을지도 모르겠다.

예배 후 예하와 아내는 피곤하다며 잠자리에 들었지만 나는 여전히 잠들 수 없었다. 혼자가 되고서야 기도와 묵상에 집중할 수 있었다. 누군가 죽어야 한다면 나만 죽여 달라고 기도했다. 그리고 가능하다면 나도 살려 달라고 기도했다. 로뎀나무로 달려간 엘리야가 계속 떠올랐다. 부르파얌 사람들이 계속 생각났다. 지난 주일에 "여러분과 남겠다"라고 했던 말이 떠올라 후회했다. 그들에게 제대로 작별도 못하고 헤어지게 된 것이 미안하고 억울하다. 왜 억울한지는 모르겠는데 억울하다. 부르파얌 사람들에게 존경스러운 목회자로 남고 싶었는데 도망자로 남을까 봐 걱정된다. 그래도 지금은 안전하게 탈출하는 것만 생각해야 한다.

사람들은 안전한 잠을 위해 UNMISS[9] 건물로 몰려갔다. 오비트르가 UNMISS 건물로 같이 가지 않겠냐고 물었다. 그러나 나는 집이 더 안전할 것 같았다. 아내와 예하가 자고 있는 집을 지켰다.

7월 13일 수요일

오비트르가 임시 공항까지 우리를 픽업해 주었다. 오비트르는 넌지시 자기도 함께 가고 싶다고 우리에게 요청했다. 그러나 조그마한 경비행기라 이미 자리가 가득 차 있는 상황이었다. 정말 미안하고 가슴 아팠지만 우리 능력으로 될 수 있는 일이 아니었다. 대신 오비트르에게 내 차를 가지라고 했다. 면허증과 증서를 넘겨주었다.

약속대로 오전 9시에 우리를 태울 비행기가 도착했지만 정부군인들이 총포를 앞세우고 우리를 막아섰다. 우리는 8시간 동안

---

[9] UNMISS: 남수단의 평화와 안전과 개발을 위한 UN 시설이다.

발이 묶였다. 주우간다 한국대사관에서 정부군에 보여 줄 여러 서류를 보내 주었고 이 소식을 들은 한인 회장이 직접 주바 관제탑까지 가서 설득했지만 될 일이 아니었다. 어떻게 일을 풀어 가야 하는지 알 수가 없었는데 같이 나가기로 했던 네덜란드 NGO 쪽에서 주지사에게 돈을 건네고서야 비행기 이륙 허가를 받을 수 있었다.

비행기는 우간다 아루아 공항에 안전하게 도착했다. 막상 남수단을 탈출하고 나니 아무런 생각이 들지 않았다. 뭘 해야 할지 몰랐다. 그저 먹먹했다.

2.
사건이란 무엇인가

    프랑스의 정신분석가이자 분열분석(Schizoanalysis)을 창시한 펠릭스 가타리(Félix Guattari)는 트라우마를 사건(Event)으로 보았다. 사건은 이전에 없던 것을 발생시킨다. 즉 변화를 가져온다. 사건은 사건 이전의 정체성을 흔들고 다른 것이 되는 통로를 연다. 분열분석 개념에서는 사건 이전과 이후에 차이가 없다면 그것을 사건이라고 하지 않는다. 미시적으로라도 반드시 어떤 변화가 발생해야 사건이라고 본다.
    우리 가족은 전쟁을 경험한 이후에 마치 다른 사람이 된 듯한 삶을 살았다. 슬픈 이야기에 5분도 채 안 되어 눈물을 흘릴 만큼 감성적이고 사람 만나기를 좋아하던 나는 전쟁을 경험한 뒤로, 아무리 슬픈 영화를 봐도 공감하기 어렵고 사람 만나는 것에 흥미를 갖기 어려웠다. 그리고 남수단과 관련한 부정적인 소식이 들려오면 전쟁 상황에서 경험했던 피 냄새 등의 감각들을 재경험하는 환촉(幻觸)과 환향(幻香)이 찾아오곤 했다.

일중독이라는 말을 들을 정도로 열정적이고 목표 지향적이던 아내는 전쟁을 경험한 뒤로, 삶에 대한 열정을 잃었다. 우울함과 죄책감에 오래 시달렸다. 그리고 장군 같은 대범함을 가진 사람이었는데 작은 소리에도 예민해지고 불안해했다.

통제하기 어려울 정도로 긍정적인 에너지가 넘쳤던 예하는 전쟁을 경험한 뒤로, 다가오는 미래에 대해 최악의 상황을 가정하며 매사에 부정적으로 반응했다. 그리고 주변에서 발생하는 모든 상황에 대한 책임을 자기에게 돌리고 자기가 감당하려고 했다. 이런 변화를 미루어 보면 우리 가족이 경험한 전쟁은 분명한 '사건'이었다.

사건은 감각적, 감정적, 신체적, 의식적, 의미적인 다양한 층위를 변화시킨다. 사건을 통한 변화를 감지하는 것은 고통을 감소시키는 데 도움이 되는 좋은 통찰이다. 사건은 익숙했던 감각과 감정의 교란, 의미의 전복, 사회적 질서 체계를 전환한다. 그렇기 때문에 사건을 겪는 사람들은 사건에 직면해서 분석하고 변화에 적극적으로 적응할 필요가 있다.

그러나 사건 이후 이렇게 다층적인 변화를 발견하는 것은 쉬운 일이 아니다. 심지어는 변화가 두려워서 의식적으로 변화를 거부하기도 한다. 그러면서 "나에게는 아무 일도 일어나지 않았다"라고 여기며 사건 이후 변화가 없었던 것처럼 살아가기도 한다.

나와 아내는 심리학을 전공하고 상담학 분야에서 종사했다. 심지어 PTSD 치료 경험도 다수 있었다. 무엇보다 자기인식에 대한 공부와 연구도 상당히 했던 터다. 그럼에도 불구하고 전쟁 경험과 그로 인한 우리 가족의 정서적인 변화에 직면하는 것은 쉬운 일이 아니었다. 분명히 전쟁 전과 후에 변화가 있었는데도 마치 '아무 일도 없었던 것처럼' 지내려고 했다. 그리고 사건 이전의 삶을 그대로 살아 내려고 노력했다.

그러나 우리는 이미 사건을 경험했고 그 이전의 상태로 돌아갈 수 없었다. 사건 이후의 나를 사건 이전으로 되돌리려는 시도는 고통을 가중할 뿐이었다. 회귀의 시도는 불가능했다. 이미 사건 이후의 의식은 새롭게 생성되었기 때문이다. 새로운 기억은 반드시 기억의 주체에 변화를 가져온다. 의식은 이미 변했는데, 변하기 전으로 되돌리려는 노력을 가하면 변한 의식은 변하지 않은 척 연기를 할 수밖에 없다. 이는 이중 괴리를 만들 뿐이다.

트라우마로 인해 변화를 경험하고 다시 트라우마 전으로 돌아갈 수 없다는 것은 전쟁 같은 빅 트라우마뿐 아니라, 부모나 연인과의 애착 문제에서 발생하는 반복적이고 지속적인 스몰 트라우마들도 마찬가지다. 밝고 명랑하던 사람이 2년간의 연애 후, 우울하고 내성적인 사람이 되는 사례가 얼마든지 발생한다. 이런 경우도, 스몰 트라우마의 반복으로 인해 사람이 변할 뿐 아니라 다시 트라우마 전으로 돌아가기도 어렵다.

그렇다면 사건은 부정적이기만 한가? 그렇지 않다. 사건이 우리를 불행하게 변화시킬 수 있다면 반대로 사건이 우리를 행복하게 만들 수도 있다. 사건으로 인해 통증을 얻었다면 새로운 사건을 통해 행복할 수도 있다는 의미이다. 사건은 전환점 또는 탈주선[10]을 만든다는 의미에서 변화인 것이지 불행을 만든다는

---

10   탈주선: 나의 욕망을 억압하는 것으로부터 벗어나는 개념이다. 자세한 내용은 171쪽을 참고하라.

의미에서의 변화가 아니다. 전쟁이라는 사건이 우리 가족을 부정 감정과 부정 사고로 이끌었지만, 우리는 그 이후에 분열분석을 통한 새로운 사건을 만들며 긍정적이고 진취적인 투사로서의 모습을 생성했다.

사건은 상실을 경험하는 아픔으로의 변화만이 아니라 새로운 것을 생성하는 힘이 있다. 그래서 사건은 우발적 사건으로서 'Accident'의 의미만이 아니라, 잠재성(Virtuality)[11]을 현실화하고 비가시적인 것을 가시적인 것으로 출현시키기 위해 의도적으로 만들어 내는 생성으로서의 'Event'이기도 하다. 분열분석에서는 사건으로 인한 충격 자체가 중요한 것이 아니라 그것이 어떻게 '사건화(Eventalization)'하느냐가 핵심이다. 부정적 전환이 가능하다면 긍정적 전환도 가능하다.

---

[11]　'Virtual'을 기반으로 두고 있는 단어를 잠재와 가상으로 상황에 맞게 번역한다. 자세한 내용은 192쪽을 참고하라.

3.
배치 속의 트라우마

 트라우마는 일종의 사건이다. 사건이 가진 속성을 모두 갖고 있다. 그러나 트라우마가 사건과 다른 것은, 단순히 개인의 내면적인 심리적 사건이 아니라 사회적 흐름과 결합된 복합적인 과정이라는 데 있다. 물론 사건도 하나의 원인으로만 발생하는 것이 아니라 다양한 연결을 통해 발생한다.

 그러나 가타리는 트라우마를 사건보다 더 견고하게 준비된 사회적 프로세스로 이해했다. 하나의 사건으로 발생한 것이 아니라 트라우마가 발생하기 전부터 시작해서 트라우마 사건 이후까지 이어져 온 사회적 흐름과 개인의 자율적 흐름 모두 함께 작동한 결과라는 의미이다. 즉 트라우마는 개인의 신경증적 구조에서만 발생하는 것이 아니라 가족, 공동체, 사회, 국가, 자본주의 체제 등의 사회적 욕망 속에서 구성되고 작동된다. 그래서 트라우마는 단순한 개인적 사건이 아니라 특정한 사회와 연결된 하나의 과정이다.

분열분석은 트라우마만을 사회와 연결된 과정으로 이해하는 것이 아니라 인간의 심리적 원리가 모두 사회와 연결된 과정이라고 이해한다. 이런 접근이 '분열분석'이라는 이름을 가지게 된 이유는, 분열분석 등장 이전의 심리치료처럼 유일한 자기나 근원적인 주체를 찾고자 하는 분석에 한정되지 않기 때문이다. 분열분석은 단 하나의 자기 혹은 주체를 찾는 데 목적을 두지 않고, 타자 혹은 사회와 연결접속하여 다양하게 분열되어 있는 자기를 모두 수용한다. 그리고 이 여러 개의 자기들을 서로 연결하고 자유롭게 접속하며 유동적으로 변형하는 데 가치를 두고 있다. 그래서 유일한 자기 혹은 주체를 찾기보다, 다양한 자기를 발견하고 연결접속하는 심리 구조를 생성하는 것을 목표로 한다.

목사나 선교사로서의 나만 나가 아니라 아버지로서의 나도 나이고 남편으로서의 나도 나이다. 이 여러 개의 나 중에 어떤 나가 진짜이고 어떤 나는 가면인가? 분열분석은 상담사, 목사, 선교사, 교수, 아빠, 남편 등을 모두 페르소나(가면)로 보지 않고 참 자기로 본다. 이러한 역할들이 상호침투[12]하며 연결접속하고, 사회가 전재(前在)한[13] 역할들을 넘어 새로운 자기를 연속적으로 생

---

[12] 분열분석은 상호침투(Osmose)와 상호작용(Interaction)을 구분한다. 상호침투는 서열이나 경계 없는 접속을 의미하며 상호작용은 서열이 있는 상황에서 인과론적 패러다임의 영향을 준다는 의미가 담겨 있다. 이 책에서는 사실상 이 둘을 뚜렷하게 구분해야 하는 지점은 없지만, 사회장과의 영향을 주고받는 것은 상호작용으로, 분열분석적으로 새로운 생성을 추구하는 접속은 상호침투로 사용했다.

[13] '주어진 조건'이라는 의미의 전제(前提)가 아니라 '먼저 존재했다'는 의미의 전재(前在)이다.

산해 낸다. 그래서 분열분석은 유일한 하나의 자기를 찾기보다 다양한 자기의 상호작용과 연결접속하는 과정을 통해 다양하고 다층적인 자기를 자유롭게 생성해 낸다.

분열분석은 진짜 나는 누구이고 왜 이 가면들을 쓰고 있는가를 고민하지 않고, 모두 진짜 나라고 인정한다. 내가 아버지로서 선교지를 탈출하기 위해 선교사로서의 나를 부정했다고 해서 나를 부정한 것이 아니다. 선교사로서의 나와 아버지로서의 나는 서로 연결하고 접속하며 유동적으로 변형된다. 그리고 트라우마 이후에 새로운 나를 생성한다. 아버지로서 선교사의 자리를 이탈하며 새로운 '나'가 생성된 것이다. 분열분석은 이렇듯 부정이 아니라 생성의 시각으로 나와 세상을 바라볼 수 있게 해 준다.

분열분석은 분열이라는 단어때문에 정신분열증(조현병) 환자들을 예찬하는 것 아니냐는 비판을 받기도 했다. 하지만 분열분석의 분열은 분열증 환자를 의미하는 용어가 아니다. 분열증 환자가 자아 통합이 붕괴되고 사고, 감정, 행동의 조정이 어려운 상태라면 분열분석에서 분열의 의미는 다중적이고 다층적으로 분열된 흐름 속에서 주체성을 자유롭게 재구성한다는 의미를 갖는다. 가타리는 이 부분을 정확하게 구분하며 정신분열증 환자는 오히려 분열 과정에 실패한 결과로 나타나는 것이라고 했다. 분열분석은 언어, 감정, 강도(Intensity), 신체 간의 배치 및 구성 등 삶의 다양한 흐름을 자유롭게 유동적으로 분열할 수 있도록 돕는다. 그 분열 과정에는 가짜와 진짜를 구분하지 않고 모두 자기의 생성으로서 접근한다.

이렇듯 분열분석은 가짜를 가리고 진짜를 드러내어 구조적 경계를 세우는 작업을 하지 않고, 구조 역시 하나의 흐름이라고 보고 다중성이 존재할 수 있음을 이해한다. 왜곡된 인지의 부정성에 집중하기보다, 왜곡된 인지도 그 사람의 하나로 보고 수용하며 그 왜곡에 있는 사회적 요구와 억압으로부터 탈주하고 무엇이 남고 무엇과 연결접속하는지 확인한다.

정신분석은 트라우마가 가족장을 중심으로 한 개인 정신의 결핍과 관련되어 있다고 보기 때문에, 가족장을 중심으로 결핍을 분석한다. 그러나 분열분석은 트라우마가 사회적 욕망의 배치와 흐름 속에서 발생한다고 보기 때문에, 사회장을 중심으로 욕망을 분석한다. 그래서 분열분석을 실천하려면 먼저 '사회장을 통해 흐르는 욕망'의 과정을 진단해야 한다. 다양한 자기는 다양한 욕망으로 인해 생성되기 때문이다.

욕망은 크게 사회적 욕망의 영역과 개인의 잠재적 욕망의 영역으로 나뉜다. 개인의 잠재적 욕망의 흐름을 차단하고 방해하는 것은 사회장, 즉 제도적 규범이나 권력 관계, 이데올로기일 수 있다. 이러한 사회장은 욕망의 투사 과정을 자기가 아닌 사회적 요구에 맞춰 제도화하고 잠재적 욕망이 실현되기 어렵게 차단한다. 사회적 요구는 본래 다원적이며 혼돈 상태였던 나 개인의 잠재적 욕망을 길들이고 통제하는 방식으로, 개인의 신체적 욕구를 무력화시키고 억압한다.

우연히 잠재적 욕망을 발현하여 사회적 욕망과 다른 길을 선택하는 사람들이 있다. 이런 사람들은 어떠한 계기나 사건으로 인해 사회적 요구로부터 탈주하고 나면 자기의 다양한 잠재적 욕망에 직면한다. 이렇게 발견한 다양한 잠재적 욕망을 중심으로 자기 삶을 새롭게 생성한다. 그리고 이렇게 생성된 자기를 다시 사회 장치들과 연결한다. 이 과정이 아주 간단히 설명한 분열분석의 과정이다.

프로이트(Sigismund S. Freud)나 라캉(Jacques Lacan)이 트라우마를 개인의 억압된 실재로 설명했다면, 가타리는 트라우마를 특정한 배치 속에서 작동하는 사회적 코드화의 결과로 보았다. 배치(Assemblage)란 서로 이질적인 요소들을 결합하여 기능적 실체를 형성하는 복잡하고 역동적인 네트워크를 의미한다. 코드화(Coding)란 이런 네트워크 속에서 사건이 일어나기 위해 진행되는 반복되어 온 형식이다. 예를 들어 백화점이 무너지는 트라우마적 사건이 벌어질 때는 허술한 설계, 부족한 자재, 백화점에 가고자 하는 사람들의 욕망, 백화점으로 사람들을 불러 모으는 광고, 허술한 건축이었지만 점검하지 않고 진행한 승인 과정 등이 배치였을 것이고, [건축자가 돈을 벌고 싶다 – 자재 비용을 아끼면 돈을 더 벌 수 있다고 생각한다 – 자재를 덜 사용한다 – 승인 권한자가 허술하게 점검한다 – 부족한 자재로 건축을 진행한다 – 겉모양이 화려한 것을 보고 광고를 크게 한다 – 사람들이 몰려든다]와 같은 흐름이 반복되어 드러난 것이 코드화이다.

그리고 고정된 배치와 반복된 코드들로 만들어진 사회적 규칙성을 '영토성'이라고 한다. 즉 트라우마는 그 사회의 영토성과 상관없이 개인적으로 발생한 사고가 아니라 영토성에 의해 필연적으로 발생한 사건이다.

내 사례를 기준으로 보자면, 우리 가족에게 발생한 트라우마적 사건은 독재를 원하는 남수단 대통령의 욕망과 그 독재를 몰아내고 권력을 차지하고자 하는 부통령의 욕망, 그 두 권력자를 통해 각자가 꿈꾸는 남수단을 이루고자 하는 정부군과 반군의 욕망, 남수단의 석유를 차지하고자 하는 중국의 욕망, 무기를 팔고자 하는 이스라엘의 욕망, 외국인이 교회를 세운 적 없고 학교가 없는 파얌(부족보다 작은 단위)에 교회와 학교를 세우고자 했던 아내와 나의 욕망 등의 배치로 벌어졌다.

이러한 관점에서 트라우마는 단일한 사건에 국한되지 않으며 기억, 감정, 신체감각, 환경적 맥락, 사회적 흐름, 국가적 상황, 세계의 역동이 중층적으로 구성된 복합적 사태들의 구조로 이해될 수 있다. 이러한 요소들은 서로 상호작용하며 영향을 주고받아 역동적이고 변화하는 경험을 만들어 낸다. 배치 개념을 통해 우리는 트라우마적 사건들의 다양성과 연결성을 인식할 수 있다. 트라우마는 사전적으로 개인의 자아와 현실감을 불안정하게 만드는 단편화된 개인적인 경험으로 정의될 수 있으나 분열분석에서의 트라우마는 사회적 흐름으로 인해 개인의 시간, 장소, 정체성의 일관된 감각이 붕괴되는 현상이다.

프로이트는 트라우마를 억압의 구조 안에서 해석했다. 그러나 가타리는 사회적인 코드화의 결과물로 이해했다. 억압이 단회적인 표현이라면 코드화는 과정적인 표현이다. 그래서 트라우마는 억압만으로는 이해할 수 없고 코드화를 이해해야 한다. 트라우마가 발생할 수밖에 없는 흐름을 분석할 수 있어야 한다는 의미이다.

프로이트·라캉적 전통에서 트라우마는 과거에 억압되었다가 현재에까지 특정한 방식의 PTSD로 '동일하게' 반복된다. 하지만 가타리에 따르면 트라우마는 과거의 특정한 배치에서 특정한 방식으로 기호화(Encoding)되며, 그것이 개별적인 시간과 배치 속에서 '차이 나게' 작동할 수 있다. 예를 들어 동일한 전쟁 경험을 겪은 두 사람이 전혀 다른 방식으로 트라우마를 경험하는 이유는,

그들이 속한 사회 정치적 배치가 다르기 때문이다. 또한 한 사람이 겪는 트라우마에 있어서도 10년 전 경험한 트라우마가 5년 전, 4년 전, 그리고 1년 전에 다른 시간과 다른 배치에서 다른 방식으로 '차이를 두며 반복'된다.

나에게 분열분석이 가장 필요했던 이유는 사회장 분석 때문이었다. 인간은 시상과 배외측 전전두엽, 전대상피질, 편도체의 복합 작동으로 어떤 사건이나 내 감정 상태에 대한 원인을 찾게 마련이다. 사회장 분석이 없었다면, 나는 트라우마의 원인을 찾기 위해 '내가 괜히 가족들을 데리고 남수단에 가서', '전쟁이 났는데도 아내가 안 나가서'와 같은 방식으로 개인에게 그 원인을 돌리고 메타인지[14]적인 이해를 못했을 것이다.

특히 내가 겪은 트라우마는 명백한 사회적 트라우마였고 사회장과의 연결고리가 분명했다. 분열분석은 사회적 트라우마만이 아니라 모든 심리적 문제가 사회장과 연결되어 있다고 보았기 때문에 나의 트라우마를 분석하기에는 분열분석이 가장 적절했다. 정신분석은 가족장을 결정적인 심리적 배경으로 간주한다. 그러나 분열분석은 사회장을 개인 심리의 배경으로 간주한다.

프로이트가 정신분석을 만든 지가 이미 백 년이 흘렀다. 그때는 가족 중심 사회여서 가족 중심적인 분석이 유효했을지라도 지금은 시대가 흘러 가족을 뛰어넘은 관계망이 많이 생겨났고, 사회로부터 직접적인 영향을 더 많이 받는다. 그래서 가족장 분석에서 사회장 분석으로 전환해야 할 필요가 있다. 현대에 있어

---

14   메타인지: 자기의 문제와 가능성, 한계를 치우치지 않고 적절하게 아는 인지를 말한다.

가족은 단지 사회의 논리를 소규모 영역에서 전파하는 전달 벨트에 불과하다.

　내가 경험한 전쟁 트라우마와 남수단 사람들이 경험한 전쟁 트라우마는 같은 것을 보고, 같은 경험을 했다 할지라도, 사회적 배치에 따라 동일하지 않다. 나는 한국이라는 배치로 옮겨 왔고 그들은 여전히 남수단이라는 배치에 있으며, 나는 그때와 다른 직업을 갖고 다른 사람들을 만나고 있지만 그들은 여전히 트라우마적 현장에서 트라우마 당시와 같은 직업을 갖고 같은 사람들과 함께 있다.

　트라우마는 개인의 것이 아니라 '집합적 배치(Collective Assemblage)'의 문제이기 때문에, 트라우마를 단순한 '개인의 무의식적 경험'으로만 보면 치료적 접근이 어렵다. 트라우마는 사회적 구조와 집합적 흐름 속에서 구성되기에 미디어, 정치, 사회, 경제적 시스템이 이러한 트라우마를 특정한 방식으로 조직하고 재생산하며 치료에도 영향을 줄 수 있다. 예를 들어 전쟁 트라우마는 단순한 개인적 고통이 아니라, 미디어와 정치적 담론 속에서 특정한 방식으로 활용된다. PTSD는 단순한 심리적 문제에 한정되기보다는 심리치료 산업, 약물 산업과 같이 그것을 다루는 산업과도 연결되며, 전쟁을 발생시킨 사회와 국가 안에서 트라우마가 일정한 방식으로 관리된다. 사회적 트라우마가 정치 사회적인 영향으로 치료가 늦어지거나 악화되기도 한다.

　내가 겪은 전쟁 트라우마의 경우, 남수단의 석유 이권을 둘러싼 중국의 국제적 관계에 의해 숨겨지거나 과장되기도 한다. 이런 정보들은 당연히 PTSD를 경험한 당사자들에게 영향을 줄 수밖에 없다. 심지어 트라우마는 현대 사회에서 하나의 상품처럼 코드화되고, 특정한 방식으로 유통되기까지 한다. 트라우마 사건 이후에도 트라우마는 단순한 기억의 억압으로만 나타나는 것이 아니라, 이렇듯 특정한 사회적 흐름 속에서 지속적으로 재코드화된다. 그래서 개인적 접근만으로는 치료적인 결과를 기대할 수 없으며, 사회와의 공명과 배치의 변화, 재코드화가 동반되어야 한다.

나 또한 교류분석과 연극치료를 실천하는 상담사였고, 심지어 사회적 트라우마로 인해 심리적인 고통을 겪고 있는 내담자를 상담하고 있었지만, 내 심리적인 문제는 내 문제이기 때문에 정확하게 분석했는지, 정의된 문제를 어떻게 해결할지 결정하기에 판단이 흐려질 것 같아서 다른 상담사를 찾았다. 그러나 만나는 상담사들은 상담 과정에서 내가 겪은 트라우마에 대한 치료를 위해 나의 개인적인 감정과 나의 개인적인 서사만을 반복해서 분석했다. 한 달 혹은 두 달도 아니었다. 2~3년에 걸친 분석이었지만 여전히 제자리걸음이었다.

전쟁 이후 나는 왜 변했을까? 나는 왜 그렇게 반응했을까? 내 증상은 왜 생긴 것일까? 이 질문의 반복이었다. 이유도 알았고, 원리도 이해됐고, 그동안 나도 그렇게 해 왔다. 과거에 있었던 일들의 반복에서 같은 상처 혹은 상처를 딛고 일어설 힘을 찾으려고 했다. 과거의 나에게서 원인이든 열쇠든, 무엇인가를 찾으려고 했다.

그러나 트라우마가 발생했던 시기의 내 일기를 몇 번이고 살펴봐도, 그 안에는 나의 생애 서사가 미미하게 드러날 뿐이었다. 나는 그 자리에 있었을 뿐이었고, 포탄은 외부에서 날아왔다. 군인들이 마을을 밀고 들어왔다. 내가 할 수 있는 일은 탈출로를 알아보기 위해 국경을 다녀오는 정도, 혹은 교회에 갈지 말지를 정하기 위해 아내와 싸우는 정도였다. 원인은 명확했다. 나는 그저 거기에 있었고, 그들이 전쟁을 일으켰다. 그리고 나는 심리적인 피해를 입었다. 도대체 내가 무엇을 했길래, 내 서사를 그렇게도 심도 있게 분석해서 이 트라우마를 치료하고자 하는 것일까?

사건은 일시적으로 발생하기도 하지만 긴 시간에 걸쳐서 나타나기도 한다. 교통사고는 일시적인 사건이 될 수 있다. 전쟁은 며칠 혹은 몇 년의 사건이 된다. 데이트 폭력이나 부모로부터의 학대는 수년 혹은 평생에 걸친 사건이 된다. 물론 여기서의 시간은 객관 시간을 의미한다. 그 사건 속에 있는 사람에게는 객관 시간과 상관없이 길고 긴 시간일 수도 있고, 찰나와 같은 시간일 수도 있다. 만약에 내가 겪은 트라우마가 수년 혹은 수십 년에 걸쳐서 형성된 것이라면 내 서사를 그렇게도 심도 있게 분석하는 것을 이해할 수 있다. 그러나 나의 변화는 명확하게 열흘간의 전쟁을 기점으로 발생했다. 그렇다면 분석의 대상은 나의 서사가 아니라 그 열흘 동안 연결접속된 각종의 사회적 사태들이어야 한다.

사회장을 분석하지 않는 이유는 아마도 사회는 바꿀 수 있는 대상이 아니라고 생각하기 때문일 것이다. 그러나 트라우마를 둘러싼 사회적 배치를 분석하지 않으면 트라우마의 원인을 정확히 규명하기 어려워진다. 트라우마가 사회적 사태이고, 그렇기 때문에 사회적, 국가적 책임이라는 주장은 우리나라에서는 생소할 수 있지만 국제적 수준에서는 당연한 주장이다. UN '피해자 정의 원칙 선언(Declaration of Basic Principles of Justice for Victims of Crime and Abuse of Power)'은 "국가는 트라우마 피해자에게 적절한 법적,

심리적 지원과 배상을 제공해야 할 의무가 있다"고 밝힌다. 이에 노르웨이, 스웨덴, 아이슬란드, 덴마크, 이스라엘, 독일, 핀란드 등의 국가들에서는 PTSD 치료에 대한 국가 책임 시스템을 갖고 있다.

4.
모든 것은 연결되어 있다: 리좀

 나의 PTSD는 나와 아내의 욕망과 남수단의 정치 상황, 북수단과 중국의 석유에 대한 이해관계 등이 연결 종합되어 새롭게 생성된 결과물이다. 나의 PTSD를 새로 생산하기 위해, 마치 플라스틱 컵을 생산하는 '기계적 조합'처럼 남수단, 북수단, 중국의 정치 상황과 나의 선택들이 서로 맞물려 들어갔다.
 가타리는 사건을 설명하기 위해 구조라는 개념 대신 이처럼 '기계'라는 용어를 사용하여 다양한 요소와 과정을 연결하는 흐름을 설명한다. 구조는 상황을 이미 만들어져 있던 구조적 틀 안에서 해석한다. 즉 트라우마가 반복성인지 복합성인지, 혹은 개인적인지 집단적인지, 역사적인지, 이미 구조화된 틀 안에서 해석하는 방식을 구조적이라고 한다. 분열분석의 등장 이전까지는 구조적 틀 안에서 해석하는 것이 자연스러웠다.
 그러나 가타리는 사건을 더 정확하게 분석하기 위해서는 이미 만들어진 구조 안에서 보는 것이 아니라, 구조로 인한 판단을 중지하고 사건 그 자체로 돌아가기 위해, 그 사건을 둘러싸고 있는 배치가 어떻게 연결접속되었는지를 중점적으로 보았다. 그렇게 연결접속되는 배치가 각자의 역할을 하며 맞물려 움직여 하나의 사건을 생산하기 때문에 '기계'라고 불렀다.

이를테면 구조적으로 '아버지'는 어떤 상황에서도 고정된 아버지라는 개념이 있는데, 기계적으로 '아버지'는 어떤 자녀들이 배치되느냐에 따라 개념이 달라진다. 구조적 아버지는 늘 엄하다고 한다면, 기계적 아버지는 자녀가 나이 듦에 따라 달라지고 자녀의 행동과 반응에 따라 달라질 수 있다. 그래서 분열분석은 내가 속한 구조를 분석하기보다, 내 주변의 배치에 따른 '기계적 변화의 반복'을 분석한다. 사회는 개인의 정신에 영향을 미치기 때문에 사회적 기계가 어떻게 개인의 주체성에 영향을 주는지를 분석할 수 있다.

PTSD 치료에서 트라우마 이후의 심리적 관리에 대하여 개인의 책임과 내적 변화에 집중하도록 하는 방식은 PTSD를 병리로 간주하고 '치료해야 할 문제'로 보는 경향이 있다. 분열분석은 트라우마적 사건에서 문제 해결로 이어지는 선형적 경로를 따르는 PTSD 치료 접근법에 의문을 제기한다. 트라우마적 기억은 개인의 단일한 내러티브로 포착될 수 있는 것이 아니라 서로 연결되고 접속된 사회적 배치와 사건들의 집합으로 이해해야 한다.

이렇게 서로 연결되고 접속되어 있는 관계를 '리좀(Rhizome)'이라고 한다. 프랑스 철학자 질 들뢰즈(Gilles Deleuze)와 가타리가 함께 발전시킨 리좀 개념은 트라우마에 대한 이해를 더욱 심화할 수 있게 한다. 일반적으로 리좀은 나무형과 구분하여 설명한다.

나무형은 오직 하나의 뿌리를 두고 뿌리 – 기둥 – 줄기 – 나뭇잎으로 계층화되며, 오직 하나의 원인만을 추구한다. 반면에 리좀은 땅속 줄기식물을 의미하는 말로, 뿌리는 각각 달라도 줄기가 서로 연결되어 서열적이지 않고 상호 의존적이면서 주체적이고 독립적인 성격을 띤다. 리좀형은 감자와 같은 뿌리식물처럼 서로 연결되어 있어서 비계층적이며 네트워크적이어서, 서로 영향을 주고 다양한 진입점과 탈출점을 지닌다. 리좀 식물은 사실상 뿌리와 줄기의 구분이 어렵고, 자유롭고 유동적으로 서로 접속하며, 중심이 없이 각자가 중심이 되어 번지고 얽히며 새로 생성된다.

분열분석 입장에서는 트라우마를 하나의 병리가 아니라 배치로 바라보며, 그 리좀적 성격을 이해함으로써 더 효과적인 치료적 접근법을 구축한다. 트라우마를 새로운 연결과 변형을 가능하게 하는 과정적이고 창조적인 영역으로 이해할 가능성을 열어주고, 변화하고 재구성되는 하나의 과정으로 바라볼 것을 요구한다.

나무형 구조

리좀형 구조

나는 선교사로서의 정체성과 목회자로서의 정체성이 매우 강력한 나무형으로 자리 잡고 있었다. 그 안에는 기독교적 신앙뿐 아니라 한국 교회가 특이하게 갖고 있는 선교사에 대한 시선도 큰 몫을 했다. 나의 PTSD 극복 과정은 어떤 측면에서 나무형 철학에서 리좀형 철학으로의 이행이었고, 새로운 존재가 '되는' 유동적 과정이었다. PTSD는 특정한 시간과 공간 혹은 관념에 강박적으로 몰입되는 결과로 나타난다. 분열분석은 유동적이고 자율적인 인간을 추구하기 때문에 트라우마에 주요한 변화를 가져다 준다. 특히 나의 종교적 신념은 숙명과 당위 혹은 운명 같은 성격을 갖고 있어서, 종교적 신념과 깊이 결부된 나의 트라우마는 더 강박적으로 나를 몰아붙였다. 그 결과로 PTSD를 겪고 있는 나에게 분열분석이 가져다주는 유동적 인간으로의 변화 과정은 분명하게 큰 도움이 되었다.

어떤 측면에서 트라우마는 사회의 무엇과 연결접속되어 새롭게 생성된 결과물이다. 새롭게 생성된 정신 반응이기 때문에, 트라우마는 내 안에 머물러 있던 범주화된 분류에 저항한다. 또한 다양한 경험 차원으로 확산되며, 예측하지 못한 연결과 교란을 발생시키고, 종종 개인을 현재의 기능적 상태에서 '트라우마의 시간' 혹은 과거로 되돌리는 작용을 한다. 트라우마적 기억은 본질적으로 '시간적 침입(Temporal Incursion)'으로 작용하여, 과거가 현재를 침범하고 미래를 위협하는 방식으로 작동한다. 과거의 사람들뿐 아니라 현재의 사람들과 배치들, 미래의 사람들과 배치들까지 모두 엮여 있다. 사회장의 연결접속은 공간에서만 이루어지는 것이 아니라 이렇게 시간성 안에서도 일어난다.

그래서 PTSD는 단일하게 환자를 치료하는 데서 끝날 수 없고 상호 영향을 미치며 연결되어 있는 관계망을 모두 분석하고, 사회적으로 연결접속된 배치들과 시간성의 연결접속에 상호침투하며 함께 변화해야 한다. 트라우마는 우연히 발생한 사건이고 PTSD는 그 결과로 생성된 산물이지만, 인간은 다시 사회에 영향을 주고 배치를 바꿔서 의지적인 사건으로 새로운 나를 생성할 수 있다. 사건으로서의 전쟁을 넘어설 수 있는 사건을 만드는 작업이 바로 분열분석이다.

PART 2   증상

이념을 뚫고 나온 몸의 힘

1.
돌파구로서의 붕괴

첫 번째 증상

전쟁을 경험한 직후부터 1년 동안은 신체적으로 문제가 많아서 정신적인 것에 신경 쓸 여력이 없었다. 전쟁이 진행된 열흘 동안 한잠도 못 잤고 초긴장 상태에 있었기 때문에, 몸이 전체적으로 망가져 있었다. 애간장이 녹는다는 느낌, 심장과 간이 스산하고 아린 느낌이 전쟁 때부터 시작해서 한국에 와서까지 계속되었다.

한국에 도착한 직후 온몸에 열이 올라서 병원에 갔더니, 간 수치가 갑자기 2천까지 솟았다. 2천은 간암일 때 나타나는 수치라고 했다. 그러나 다행히 간암은 아니었다. 의사는 간 수치가 비정상적이고 원인을 알기 어렵다고 했다. 아무리 스트레스가 심해도 이 정도 수치는 나오지 않는다고 했다.

대장에서는 일곱 개의 이상 형태 선종이 발견됐다. 그중 두

개는 3센티미터 정도 크기였다. 조직검사 결과 암은 아니었지만, 의사 말로는 아프리카에 계속 있었으면 암이 되었을 가능성이 높다고 했다. 치료를 받자 며칠 만에 간 수치는 4백 선에서 안정되었다. 2~4백 선을 1년 가까이 유지하다가 40~80 정도로 떨어졌을 즈음, 심리적인 문제가 발생하기 시작했다.

첫 심리적 증상은 환촉이었다. 벌레가 기어다니는 느낌.

남수단에서 나는 전쟁 외에도 여러 위험을 겪었다. 2미터 가까이 되는 킹코브라, 살모사, 황제전갈, 갈색전갈 떼, 표범, 1미터가 넘는 거대 도마뱀, 폭우, 가뭄, 말라리아 등. 이 모든 것이 하나같이 힘들었지만 무엇보다도 힘들었던 건 벌레와의 싸움이었다. 한두 군데 물리는 게 아니라 수십 수백 군데를 물렸다. 하루는 아내 등이 온통 빨갛게 부어올라서 피부병인 줄 알았더니 모두 모기에 물린 자국이었다. 모기만이 아니었다. 이름을 알 수 없는 각종 벌레들이, 어떤 증상을 일으키는지 알 수도 없는 벌레들이 늘 우리 피부에 기어다녔다. 처음에는 끔찍했지만 시간이 지나면서 가려움은 그냥 생활의 일부가 되었다. 벌레가 피부에 기어다니는 게 보여도 떨쳐 내기 귀찮을 정도였다.

그럼에도 정말 공포스런 상황이 있었는데 그건 개미 떼가 출현할 때였다. 4월이 되면 땅개미들이 날개를 달고 공중으로 올라왔다. 그냥 몇 마리 올라오는 게 아니라 하늘을 메울 정도로 가득해진다. 처음 날아다니는 개미 떼를 만났을 때의 공포를 잊을 수가 없다. 개미가 날아오르기 시작하면 아내와 예하를 방 안으로 들여보내고 벌어진 문틈을 막았다. 그 사이 개미 떼가 날아들어와 내 몸을 메웠다. 메웠다는 표현이 적절하다. 벽이 온통 검은색으로 변했다.

눈과 코로 들어가지 않게 하기 위해 조치를 취해야 했다. 아내와 예하가 있는 방 문틈을 막고 에프킬라 두 개를 꺼내서 뿌리기 시작했다. 밤새 네 통의 에프킬라를 뿌렸지만 다 죽일 수는 없었다. 내 온몸은 개미에게 물린 자국으로 부어올랐다. 다행히도 두 번째 개미 떼의 습격부터는 미리 문틈을 모두 막아 공격에 대비할 수 있었다.

벌레와 개미 떼의 습격이 내게 정신적인 피해를 주지는 못했다. 습격이 없을 때는 아무렇지도 않게 살아갔다. 전쟁이 나고 한국으로 돌아와서도 벌레에 대한 기억이 나를 고통스럽게 만들지는 않았다. 오히려 한국에 잘 적응해서 모기 한 마리만 왱왱거려도 견딜 수가 없게 되었다. 아프리카에서 수백 마리의 모기들을 대체 어떻게 견뎠는지 알 수 없을 지경이었다.

그렇게 한국에 잘 적응하며 살던 어느 날, 잠을 자는데 온몸에 벌레가 기어다니는 느낌이 들었다. 나는 벌떡 일어나 온몸을 털어 냈다. 그리고 불을 켰다. 아내가 "왜? 무슨 일이야?" 하고 물었고, 나는 "벌레가 물었어"라고 대답했다. 그러나 아무리 찾아도 벌레는 보이지 않았다. 물린 자국도 없었다. 아내도 "이불 빤지 얼마 안 됐는데"라고 말하며 이불을 살펴보았다. "벌레가 당신을 좋아하나 봐. 나는 괜찮은데." 아내는 졸립다는 듯이 다시 이불 속으로 들어갔다. 나는 계속 이불을 살펴보았지만 벌레를 발견할 수는 없었다.

그 뒤로도 벌레가 내 몸을 기어다니는 느낌이 계속 났다. 그런데 눈에는 보이지 않았다. 느낌이 너무 선명해서 이불을 살펴봐도 벌레는 없었다. 내 피부를 자세히 살펴봐도 벌레는 없었다. 벌레가 기어다니는 느낌이 드는데 눈에는 보이지 않았다.

어느 날 남수단에서 우간다로 피난한 한 부족민으로부터 우리가 있었던 부족의 아이들이 반군에게 납치되었다는 소식을 들었다. 누가 납치되었는지 알아보고 싶었으나 알아보지 않았다. 전화 한 통이면 알아볼 수도 있었으나 알아보지 않았다. 납치된 아이들의 이름이 선명해지면 내가 너무 힘들 것 같았다. 그저 안전하길 기도했다. 그날 밤 잠을 자는데 몸의 감각이 이상했다. 벌레가 기어다니는 느낌이 아니었다. 구더기 같은 것이 피부를 뚫고 나오는 느낌이었다. 이 느낌은 아프리카에서도 경험해 본 적이 없었다. 나는 벌떡 일어나서 온몸을 털어 냈다. 몸에는 구더기가 없었다. 얼굴에서도 구더기가 피부를 뚫고 나오는 느낌이 들었다. 화장실로 달려가서 불을 켰다. 그리고 거울을 보았는데 아무것도 없었다. 매끄러운 얼굴이었다. 그런데 여전히 구더기가 피부를 뚫고 나오는 느낌이 들었다.

환촉. 다행히 환각은 없었다. 환촉만 있었다. 눈에 보이지 않으니 이 느낌이 가짜라는 것을 이성적으로는 알겠는데 감각이 선명했다.

다음 날 피부과를 찾아갔다. 나의 증상을 예상하고 있었지만 그래도 확인해 보고 싶었다. 예상대로 피부과에서는 정신과 진료를 권했다. 심리학을 공부한 연한이 꽤나 되었는데도 막상 나에게 이런 증상들이 찾아오니 당황스러웠다.

나는 트라우마 치료를 위해 정신분석과 인지치료[15]를 받았다. 이 과정을 통해 증상 자체에는 이렇다 할 만한 진전이 없었지만,

---

15   인지치료: 왜곡된 인지에 관해 논박을 통해 수정하는 방식으로 치료하는 상담 기법이다.

몇 가지 증상의 원인을 발견하는 데는 도움을 받았다. 나에게는 여러 미해결 감정이 있었다. 죄책감과 수치심, 불안과 공포가 서로 엉켜 있었다. 남수단에 두고 온 부족민에 대한 미안함과 우리 가족만 빠져나왔다는 죄책감, 도망쳤다는 수치심과 전쟁 현장에 대한 공포와 불안. 이런 상반되는 감정들이 서로 부딪혀서 분열되는 상황이었다. 정신분석과 인지치료가 나름의 도움은 되었으나 나 개인의 심리적 문제로만 접근하는 방식과 가족 관계를 중심으로만 분석해서 근본적인 문제는 해결되지 않았다.

나는 가족의 문제로 트라우마가 찾아온 것이 아니었는데, 정신분석에서는 계속 가족 관계를 분석하거나 개인적인 수준의 인지와 정동 상태만 점검했다. 물론 가족이 지지체계를 만들어 줄 수 있는지, 연결감을 확보할 수 있는지를 알아보기 위한 차원에서 점검해야 하는 것은 사실이지만, 트라우마 치료 과정에 어린 시절의 부모님 이야기를 수개월 동안 진행하거나 가족들과 지난주에 뭘 했는지를 이야기하는 데 시간을 허비하는 것이 힘들었다. 인지치료에서는 사실과 생각을 구분하고 나의 강점을 찾고 내 개인적인 심리의 체계를 의식화했다. 그리고 내 증상을 확인하고 그 증상들이 일반적 혹은 보편적이지 않다는 사실 확인을 계속할 수 있었다.

그러나 거기까지였다. 내가 느끼는 환촉이 소위 '비정상'이라는 것은 나도 충분히 알고 인식하고 있었다. 그것을 지속적으로 재확인하는 것이 증상을 나아지게 하지는 않았다.

정신분석과 인지치료 전문가들은 내 트라우마를 직접 들추기보다 PTSD를 극복할 수 있는 심리적 자원을 개발하거나 오류들을 수정하는 데 집중하고자 했다. 하버드대 임상심리학자인 리처드 맥날티(Richard McNally)나 신체감각훈련을 통한 PTSD 치료를 개발한 얀이나 피셔(Janina Fisher)의 경우, 트라우마 사건을 들춰내는 작업은 재외상화(Re-traumatization)를 만든다고 주장한다. 아마도 나를 치료했던 상담사들은 이런 이론을 따르는 것 같았다. 트라우마적인 고통을 가능한 한 우회하며 다뤘다. 그러나 『트라우마』의 저자 주디스 허먼(Judith Herman)이나 『몸은 기억한다』의 저자 베셀 반 데어 콜크(Bessel van der Kolk)의 경우, 트라우마 기억을 말하는 것이 중요하다고 보는 입장이다. 나는 내 치료 과정을 통과하면서 리처드 맥날티의 입장에서 주디스 허먼의 입장으로 바뀌게 되었다.

그렇다고 이 치료들이 전체적으로 효과가 아예 없었다는 건 아니다. 실력 있는 상담사들이었고, 각 치료들이 갖고 있는 나름의 효과들이 있었다. 그러나 그건 내 심리 자원을 강화하는 것에 대한 효과였지 트라우마에 대한 건 아니었다. PTSD를 발생시키는 데 영향을 미치는 것은 과거의 기억뿐 아니라 현재에 다가오는 작고 큰 스트레스들, 미래에 대한 예측들이다. 분열분석을 만나기 전에 진행했던 치료 과정들은 과거 트라우마에 대한 기억을 치료한다기보다 현재에 다가오는 작고 큰 스트레스들을 줄여주고 상황을 인식하게 만들어 주는 데 효과적이었다. 다만 나의 PTSD는 다른 종류의 문제였다. 모든 환경을 바꾸는 전면적인 작업이 필요했다. 그래서 나는 스스로 이 트라우마 문제를 해결할 방법을 찾기로 했다.

두 번째 증상

전쟁이 난 며칠 후 가장 치열한 전투가 있었던 날, 아내와 딸을 방 안에서 나오지 못하게 하고 나는 밖을 나가 봐야 했다. 전투 후의 상황도 살펴야 했고, 먹을 것이 없어서 시장에 가던 길에 급히 돌아왔던 터라 다시 먹을 것을 구하러 나가야 했다.

그러나 나는 밖을 나가서 먹을 것을 구해 올 수가 없었다. 여기저기서 울음소리가 들려왔고 남자들은 시체를 치우고 있었다. 여자들은 피가 가득 물든 흙을 빗자루로 쓸었다. 피인지, 진흙인지 구분할 수 없었다. 땅이 붉은 흙으로 되어 있었기 때문에 땅에서 빨간 피 색깔은 사라졌지만 피의 비릿한 냄새는 사라지지 않고 내 코를 자극했다. 나는 시체들을 볼 수가 없었다. 시체가 무서워서가 아니었다. 내가 아는 얼굴일까 봐 바라볼 수 없었다. 영화를 보면 선교사들이 얼른 달려가 함께 시체를 나르며 도와주곤 하던데, 나는 그대로 멈춰서 움직일 수가 없었다. 무위의 상태. 아무것도 할 수 없는 상태였다. 가끔 내담자들에게서 억압으로 인한 무위 상태를 본 적이 있다.

'그때 나는 어떻게 치료했더라? 왜 무위가 나타나는지 부모와의 역동을 분석하고….'

하지만 현재 상황에서는 그런 방식의 접근들이 아무짝에도 쓸모없었다. 신체감각훈련, 나비포옹법[16] 등의 단어들이 눈앞을 지나갔지만, 앞에 시체가 즐비한 상황에 나비포옹법을 하고 있을 수는 없었다. 그냥 멈춰 있었다. 침을 삼키고 눈물을 닦고서야 집으로 돌아갈 수 있었다. 그 눈물이 주검들에 대한 슬픔에서 흐른 것인지, 나도 저렇게 될지도 모른다는 두려움 때문인지, 내

---

[16] 나비포옹법: 트라우마로 인한 불안이 발생했을 때 양팔을 가로질러 쇄골에 얹고 두드려 줌으로써 불안을 줄여 주는 긴급 조치이다.

가족이 저렇게 되고 나만 남을까 봐 생긴 불안 때문인지 그건 구분이 되지 않았다. 그 뒤로 또 전투가 있고 다시 시체가 나올 때는 정신 차리고 적극적으로 도왔다. 장례를 치러 주기도 하고 함께 울어 주기도 했다. 그러나 그 피 냄새는 적응이 되지 않았다.

한국에 돌아오고 2년이 지난 뒤에 두 번째 증상이 발생했다.

첫 번째 증상도 완전히 사라지지 않은 상태였다. 벌레가 기어 다니는 느낌은 어느 정도 적응이 되어서 트라우마라 할 것도 아니었다. 환촉은 내게 일상이 되었고 정신분석과 인지치료를 받은 덕분인지, 약화되어서 증상을 어느 정도 다스릴 수 있었다. 몸 몇몇 군데와 광대뼈 부분에서 구더기가 피부를 뚫고 나오는 느낌이 종종 발생했는데 제법 참을 만했다. 특히 광대뼈 부분은 환촉이 심해서 긁지 않고는 견디기 힘들었다.

가끔 사람과 대화 중이거나 설교할 때 환촉이 시작되면 집중력이 떨어지고 인상이 구겨져서 오해를 사기도 했다. 그러나 횟수가 현저히 줄었고 대체로 통제가 가능했다. 나는 남수단에 관한 나름의 정리를 하고 싶어서 남수단 사람들의 이야기를 글로 쓰기 시작했다. 예전보다 남수단을 떠올리는 것이 쉬워졌다.

그렇게 증상이 사라질 거라고 기대하던 어느 날이었다. 밥을 먹는데 빨간 핫소스가 식탁에 올라왔다. 핫소스를 보니 갑자기 피비린내가 올라왔다.

'왜 이러지?'

피비린내가 너무 역겨워서 속에서 구토가 나오려고 요동을 쳤다. 처음 있는 일이었다. 핫소스를 가렸지만 여전히 피비린내가 가시지 않았다. 핫소스에서 자꾸 피비린내가 났다. 핫소스의 붉은 모양을 보니 남수단에서 죽어 가던 사람들이 흘리던 피가 연상되었다. 손님이 와 있는 상황이라 참으려고 노력했지만 도저히 참을 수 없었다. 나는 화장실로 달려가서 계속 구역질을 했다. 몇 시간이 흘러도 여전히 코에서 피비린내는 가시지 않았다. 속이 부글거리고 뒤집어진 느낌이었다.

새로운 증상이 발생하자 다시 상담을 시작했다. 이번에는 정신분석이나 인지치료가 아니라 트라우마 전문가를 만났다. 전문가는 나에게 트라우마 체계치료[17]를 적용했다. 이 치료에서는 안정화와 체계적 지지를 위한 환경을 구축하기 위해 훈련했다. 트라우마 체계치료를 받으며 '나아질 수도 있겠다'는 생각을 했다. 나중에 분열분석을 연구할 때, 트라우마 체계치료에서 했던 작업들이 일부 도움이 되기도 했다.

그러나 내 일상은 반복되었고, 증상의 변화는 없었다. 트라우마 체계치료를 통해 했던 안정화 기법, EMDR[18] 등의 신체감각훈련은 사실, 치료에 돌입하기 전부터 나 스스로 수년 동안 하고 있던 것들이었다. 나름의 도움은 받았지만 결정적인 변화는 없었다. 증상을 통제하는 데서 그쳤다. 붉은색을 보면 구역질이 순간순간 올라왔다. 증상을 통제하는 것만으로는 부족했다. 결국은 임시적인 봉합일 뿐이고 현재 증상을 봉합하면 새로운 증상이 다시 나타났다. 무의식을 탐색하고 미해결된 서사와 감정을 해결할 필요가 있었다. 이론적으로야 알고 있는 일이었지만 내담자가 아니라 나에게 적용하려니 쉽지 않았다.

---

17   트라우마 체계치료: 트라우마로 인해 정서 조절에 실패한 심리 체계를 돌봄 체계 구축을 통해 치료하는 상담 기법이다.
18   EMDR: 안구 운동을 통해 PTSD를 완화하는 치료 기법이다.

두 번째 증상이 발생하고 며칠 동안 깊은 묵상에 잠겼다. 내가 해결해야 할 문제였다. 그래서 그동안 철학으로만 공부했던 분열분석을 나에게 실천적으로 적용해 보기로 결정했다.

내 박사학위 논문은 라캉의 정신분석을 다뤘다. 원래 가타리의 분열분석을 연구하고 싶었지만 당시 분열분석을 지도할 수 있는 학교가 없었다. 그래서 가타리의 스승인 라캉을 전공했다. 비록 전공은 라캉이었지만 분열분석 관련 자료는 계속 읽고 있었고, 분열분석으로 트라우마를 치료한 해외 논문들도 관심 있게 보고 있던 터였다. 분열분석으로 트라우마를 치료했던 논문들을 통해, 내 증상이 단순히 개인의 심리적 상태가 아니라 주체와 사회적, 기계적 맥락의 상호침투 속에서 발생했다는 것을 이해하게 되었다. 이를 해결하기 위해서는 다양한 흐름을 이해하고, 재구성하며, 새로운 연결을 실험하는 과정이 필요했다.

분열분석적 트라우마 치료 논문들을 읽으면서 분석한 결과, 내 증상은 내가 선교사이자 목회자라는 사회적 맥락과 무관하지 않았다. 여기에 선교사와 목회자에게 부여된 사회적 맥락의 이해가 나에게 어떤 감정을 만들었는지, 그 감정에 나는 어떻게 반응했는지에 따라 트라우마를 내 안에서 처리하는 정도가 달라진다. 감정에 사회적 영향이 있다는 의미이다.

이 문제 정의에 앞서 기독 교회가 선교사와 목회자를 어떻게 정의하는지, 그리고 선교사 집단과 목회자 집단이 생명과 선교 및 목회 대상에 대해서 어떻게 대해야 한다고 간주하고 있는지 등의 집단 내 분위기를 메타적으로 분석하고 그에 대해 나 스스로 의문을 던지는 작업이 필요했다. 이렇게 내가 속해 있고 그동안 내 가치관과 이데올로기의 중심에 있던 집단에 의문을 던지는 것은 심적으로 매우 어려운 일이었다. 그러나 의문을 던지는 작업이 필요하다고 생각했다.

이 문제 정의를 발견하고 분석하고 이해하는 데만 해도 상당한 시간이 걸렸다. 나뿐 아니라 내가 분열분석을 적용한 내담자들도 마찬가지이다. 일반적인 심리 상담에서는 주호소 문제를 정리하는 데 1시간 혹은 길어도 2시간 정도 걸린다. 그러나 분열분석은 문제 정의를 하는 데 상당한 시간이 걸릴 수밖에 없다. 사회적 맥락과 그 맥락을 내담자가 어떻게 수용하는지를 봐야 하기 때문이다. 그래서 문제 정의는 종종 데이터 수집 및 연결 이후에 이루어지기도 한다.

2.
문제는 이념

　분열분석은 증상이 하나의 원인에서 발생한다고 보지 않는다. 증상은 배치에서 발생한다. 프로이트가 증상의 원인을 콤플렉스로 봤다면 가타리는 증상의 원인을 배치로 보았다. 증상은 배치 안에서 발생하며, 배치의 구성 방식에 따라 생성되거나 해소될 수 있다. 증상은 개인의 내면에 고정된 문제가 아니라 다양한 사회적, 욕망적 흐름들의 배치 속에서 나타나는 산물이다.

　앞서 살펴본 것처럼 배치는 서로 다른 이질적인 요소들이 결합해서 전체를 이루는 방식이다. 배치에는 가족이나 직장 동료 등의 사회적 관계들, 다양한 욕망들, 사회적 환경, 물리적 환경, 사용하는 언어 체계, 물질들, 욕망의 흐름을 차단하거나 흐르게 하는 요소들, 소속된 집단, 시간, 장소 그리고 이념 등을 모두 포함한다. 증상이 배치라는 의미는 증상을 둘러싼 이러한 배치적 요소들을 모두 분석해야 한다는 의미이다. 이런 요소들이 어떤 형태로 배치 및 배열되었는지에 따라 특정한 표현, 즉 증상이 나타난다.

나의 증상이 나타나는 시점은 남수단 뉴스를 들었을 때, 남수단에 관한 설교를 할 때 등 남수단과 연결된 것들이 배치될 때였다. 첫 번째 증상 환촉이 나타난 것은 부족의 아이들이 반군에게 납치되었다는 소식을 들었을 때였다. 두 번째 증상 환향이 나타난 것은 남수단 관련 설교를 하고 남수단 관련 글을 쓰기 시작했을 때였다. 그리고 빨간 음식들, 전쟁 상황을 보여 주는 뉴스들까지. 이런 배치들을 하나하나 탐색하다가 이 배치들이 만들어질 때마다 갖는 나의 감정을 찾았다. 죄책감이었다. 이 배치들은 단지 증상뿐만 아니라, 죄책감을 생산해 내고 있었다. 그리고 그 죄책감을 만드는 동력에는 소명에 관한 나의 종교적 이념과 가족에 대한 이념의 충돌이 있었다.

이념의 충돌은 욕구나 욕망의 충돌보다 더 큰 타격을 준다. 가타리는 이념을 개인이 자신의 삶을 구성하는 것이 아니라 국가, 민족, 계급, 성별 등의 주어진 코드에 따라 살아가도록 조건화하는 '망상'이라고 보았다. 여기서 말하는 망상은 단순히 병리적인 의미가 아니라, 사회적 현실을 형성하고 욕망을 조직하는 방식이라는 의미이다. 가타리가 들뢰즈와 함께 쓴 『안티 오이디푸스』에서는 아예 이념 대신 망상이라는 단어를 쓰면서 "망상은 개인적인 것이 아니라 본질적으로 정치적"이라고 했다.

가타리는 이념을 외부 권위에 종속시키는 하나의 배치로 보았다. 그래서 이념적 재현(Representation) 체계는 주체의 표현과 다양성을 병리화하거나 억압한다. 이념은 개인의 욕망을 억압하고 사회적 욕망을 추구하거나 생산하게 만든다. 이를테면 부자가 되어야 행복하다는 자본주의적 이념이 지금 당장 행복을 누릴 수 있는 가족과의 시간을 미루고 돈을 버는 데 대부분의 시간을 소비하게 만든다. 부자가 되어야 행복하다는 이념이 사살상 지금 가난한 나에게 적용되는 것인지 알 수 없으나 모두가 그렇게 살아가기 때문에 따라간다. 이렇게 모두가 대부분 그렇다고 생각하고 따라가는 것을 '몰적(Molar)'이라고 부르고, 내가 실체적으로 누리는 나만의 사소하고 미시적인 행복을 '분자적(Molecular)'이라고 한다. 분자적인 것은 최소 단위로 분열시킨 것이고 몰적인 것은 모두가 그렇다고 하는 보편적인 것이다. 이념은 몰적인 결과물이다. 자본주의적 이념은 돈을, 기독교적 이념은 희생을 추구하고 생산한다.

가타리는 증상이 발생하는 배치에 대하여 베이트슨(Gregory Bateson)의 이중구속 이론을 자주 언급했다. 이중구속은 하나가 다른 하나를 부정하며 발생하는 딜레마를 의미한다. 베이트슨은 조현병자들의 문화를 연구하다가 부모들이 자녀에게 놀기도 잘 놀고 공부도 잘하는 것을 요구하거나, 놀지도 말고 공부도 하지 말라는 등 자녀들을 이러지도 저러지도 못하는 상태에 몰아넣을 때, 정서적 문제가 발생한다는 것을 발견했다.

가타리는 베이트슨의 이중구속 이론을 확장하고 재구성하여 배치 이론을 발전시켰다. 가타리의 관점에서 이중구속은 하나의 배치이며, 욕망의 통제 장치다. 베이트슨의 이론처럼 단지 두 개의 메시지만 충돌하는 것이 아니라 다양한 욕망과 다양한 메시지들이 충돌하는 배치가 발생할 수 있다. 그런 의미에서 이중구속을 넘어 다중구속 상태에 놓일 수 있다. 그래서 이중구속은 '기계적 배치 속에서 발생하는 욕망의 고립과 차단'의 여러 형태 중

하나일 뿐이다.

 베이트슨은 가족 내에서 이중구속이 많이 발생한다고 보았지만 가타리는 가족뿐 아니라 사회적으로 작동하는 다양한 욕망들이 다중구속 상태를 만들 수 있다고 보았다. 나는 가족에 대한 이념과 종교적 이념 사이에서 이중구속 상태에 있었다. 욕망의 충돌은 선택이 가능했지만 이념의 내적 충돌은 나를 이중구속으로 끌고 갔다. 욕망은 내가 자율적으로 선택할 수 있지만 이념은 외부에서 들어와 내가 자발적으로 예속된 것이기 때문이다.

 나는 전쟁 당시에 가족을 지켜야 한다는 가장으로서의 역할과 부족 교회의 교우들과 함께해야 한다는 선교사로서의 역할 사이에서 이중구속 상태에 놓였었다. 그리고 한국에 와서도 남수단에 돌아갈 수 없는 환경과 죄책감, 남수단 사람들이 여전히 힘들다는 소식 등이 나를 다중구속 상태로 몰아넣었다. 나를 이렇게 다중구속 상황으로 몰아넣은 것은 물리적인 것이 아니라 이념이었다. 이념적 의미에서 이중구속 상태는 계속되었다.

 아내에게 무섭다고 이야기한다고 해서 상황이 더 나빠지는 것은 아니었을 텐데. 가장의 위신과 체면 때문이었는지 표현하지 않은 공포의 감정들이 더 오랫동안, 더 강력하게 내 안에만 유별나게 남아 있었던 것 같다.

 이념은 대립되는 것에 대한 억압을 동반한다. 나에게는 가족에 대한 이념, 종교적 이념, 반전 이념, 공동체주의적 이념, 자본주의 이념이 뒤섞이고 충돌했다. 나는 현실을 이념에 더 가깝게 발전시키기를 원하는 욕망도 있었다. 특히 나는 매우 이념적인 인간이어서 이념을 위해서 현실을 포기하는 것도 강행하곤 했다. 나에게 이념적 다중구속은 현실적 다중구속보다 더 강력했다. 이념은 하나의 원리 아래서 다른 것들을 통합하는 구조를 갖는데 나는 충돌하는 여러 이념이 섞여 있으니 심리적 어려움을 겪을 수밖에 없었다.

모든 이념이, 혹은 모든 이념의 이중구속이 증상을 만드는 것은 아니다. 사회가 구성한 이념과 상관없이 개인이 분자적으로 갖고 있는 이념도 있다. 신념이라고 부르든, 가치관이라고 부르든, 개인이 생성하는 이념들은 사회가 구성한 이념과 굳이 일치할 필요는 없다. 물론 개인의 이념이 사회적 이념의 권력에서 벗어나기는 어렵다. 내가 아무리 나 혼자만의 굳건한 신념을 새롭게 만든다고 해도 내가 속해 있는 사회에서 영향받은 종교적, 정치적, 윤리적, 자본주의적 이념들로부터 결코 자유롭지 못하다. 그렇다고 사회적으로 규정된 이념을 그대로 갖고 있는 것도 아니다. 사회적 이념과 나의 분자적 욕망 사이에서 혼돈과 질서의 상호침투를 통해 개인적인 이념들이 생성된다.

이렇게 생성된 이념은 옳고 그름의 답이 있는 것은 아니다. 이런 과정에서 생성된 이념은 답을 정하지 않고 질문으로 사유한다. '내 신념이 맞을까?' '내 행동이 내 가치관에 맞는 걸까?' '내 신념이 문제를 만들고 나를 혹은 가족을 더 힘들게 하면 어쩌지?'와 같은 수많은 질문이 내 신념 혹은 가치관을 타고 흘러간다. 그러면서 내 이념들은 다양화된다. 이러한 방식으로 변화 가능하고 서로 연결해 나가는 여러 이념이 내 안에 존재하는데 이런 것이 분열분석적인 이념들이다. 분열분석적 이념이란 질문하는 것이지 답을 주는 것이 아니다. 이 방식은 이념을 유동적이게 만든다. 답은 어떤 상황에서도 단 하나의 길만을 제시하지만 질문은 상황에 따라 여러 길을 만들 수 있다. 상황에 따라 다른 질문이 나오고 질문은 이념을 확장하거나 움직이게 할 수 있다.

또한 분열분석적 질문은 하나의 답을 요구하는 방식으로 답이 있는 무엇에 대한 질문을 하는 것이 아니라 흐름과 과정을 보기 위해 '어떻게'에 대한 질문을 한다. 예를 들어 '나는 선교사인데 부족민들을 버리고 나왔어'라고 생각하는 것이 아니라, '나는 선교사와 남편이자 아버지로서 전쟁이 난 상황에서 어떻게 하는 게 좋을까?'라고 묻는 것이다. 그리고 이러한 질문이나 내가 처한 상황을 최대한 분열시켜 분자화한다.

① 교회를 지킨다.
② 아내를 지킨다.
③ 딸을 지킨다.
④ 평화를 지킨다.

이와 같은 방식으로 이념을 분열시켜 분자화해서 질문과 연결한다. 그리고 이런 질문과 가상적인 생각을 통해 결과적으로 하나의 이념으로 나타난 형태로서가 아니라 가장 작은 분자적 형태의 이념에 접근한다. 이념을 분자적으로 분열시키면, 이념의 실천 사항을 만드는 것으로 생각할 수 있지만 결과적으로 나타나는 것은 오히려 그 이념에 반대하는 경우가 많다. 종교적 이념에 있어서 '소명'이라는 거대 담론이 아니라 '한 사람을 살리는 것'과 같이 미시적으로 접근하면 오히려 소명이라는 거대 담론에 저항하는 결과로 나타난다. 마치 바리새인들이 안식일의 거대 담론으로 예수님의 제자들이 안식일에 밀을 비벼서 먹은 것을 비난하자, 예수님이 "안식일이 사람을 위하여 있는 것이지 사람이 안식일을 위하여 있는 것이 아니다"라고 한 것과 같다. 분열분석은 이렇듯 실체와 질료, 감각적 소재를 중심으로, 당위적 이념(Ideology)을 맥락적 아이디어(Idea)로 분열시킨다.

목사가 어떠해야 하는지, 선교사가 어떠해야 하는지, 그리고 아버지는 어떠해야 하는지. 이념을 중심으로 만들어진 이런 역할에 대한 개념화는 결국 사회장에서 나에게 입력한 값이고 이 값이 나를 유일한 하나로 인식하고 해석해서 다중구속 상태로 만든 결과로 PTSD가 강화되었다. 그래서 PTSD를 해결하려면 나에게 입력한 사회장의 이념과 의식들을 해체하고 내가 했던 행동들을 나의 욕망과 감정을 중심으로 분자화, 다중화해야 한다. 그리고 현재의 여러 배치들과 접속하여 지금 생성 가능한 것들을 생산해 나가야 한다.

3.
과거는 현재보다 거대하다: 시간성

    이념은 긴 시간에 걸쳐서 과거로부터 쌓여 온 결과물이다. 트라우마는 과거에 있었던 사건이지만 이념처럼 긴 시간에 걸쳐서 쌓은 것이 아니라 짧은 시간에 발생했음에도 이념과 같은 힘으로 영향을 미친다.

    PTSD는 과거와 현재의 연결이 불균형해서 발생한다. 더 정확하게 표현하면 과거의 배치와 현재의 배치가 불균형해서 발생한다. 과거의 배치가 현재에 바뀌었는데도 망상적으로 과거의 배치가 현재에 침투하는 결과로 나타난다. 그래서 PTSD 치료를 위해서 사회적 공간뿐 아니라 사회적 시간도 서로 연결접속하고 리좀적 상호침투를 하는 것이 필요하다. PTSD는 다른 어떤 증상보다 시간성에 대한 이해가 중요하다. 그리고 그 시간성은 개인의 시간만이 아니라 사회적 시간을 포함한다. PTSD는 과거의 나와 현재의 나의 혼돈일 뿐 아니라 과거 배치와 현재 배치의 혼돈이기도 하기 때문이다.

　PTSD는 인간의 두뇌 앞부분에 있는 배외측 전전두엽과 직접적인 연관성을 갖는다. 배외측 전전두엽은 시간을 중심으로 해석하는 기관으로 과거와 현재와 미래의 시간대를 구분하는 기능을 담당하며, 인지적 유연성을 갖게 해 준다. 즉 과거에 무슨 일이 있었고, 그것이 현재에 어떻게 적용이 되고, 그것을 토대로 미래에 무슨 일이 일어날까를 예측하는 해석을 할 수 있는 기관이다.

　PTSD를 겪는 사람들의 뇌 영상을 찍어 보면 배외측 전전두엽과 시상이라고 하는 곳의 움직임이 약하다. 시상은 맥락을 구성하는 기능이 있기 때문에, 버려야 되는 정보와 현재 상황에서 취해야 하는 정보를 구분하는 역할을 한다. PTSD를 겪는 사람들은 배외측 전전두엽과 시상의 작동이 약해서 현재 맥락에서 필요한 정보와 필요 없는 정보를 선택할 수 있는 능력이 저하되어 과거나 미래가 현재에 침투한다. 그래서 PTSD를 겪는 사람들은 과거에 묶일 수밖에 없다. 과거가 현재를 해석하는 기준이 되고 현재에 발생하는 문제들도 과거로 회귀해서 연결한다.

　이것을 치료하기 위해 분열분석을 만나기 전에 내가 했던 작업들은 '지금, 여기'에 집중하는 것이었다. 과거는 과거일 뿐이고, 과거가 현재에 침투하지 못하게 하는 작업을 진행했다. 얼핏 보면 이것이 타당해 보인다. 매우 당연하다.

　그런데 분열분석은 시간에 대해 조금 독특한 견해를 갖는다. 내담자가 집중할 곳은 지금, 여기가 아니다. 지금, 여기는 오히려 아주 작은 부분일 뿐이다. 지금, 여기 즉 현재는 모든 과거를 업고 있다. 과거의 결정체로 나온 것이 현재일 뿐이다. 과거와 현재를 차단하거나 분리하고는 현재에 무엇인가를 생성할 수 없다.

그 거대한 양의 과거를 현재와 분리하고 현재에 무엇이 생성되었는지 어떻게 확인할 수 있겠는가? 현재는 거대한 과거와 접속하고 있는 하나의 점일 뿐이다.

이러한 분열분석적 시간 개념은 베르그손(Henri Bergson)과 니체(Friedrich Nietzsche)의 시간 개념에서 나왔다. 들뢰즈와 가타리는 베르그손의 시간 개념을 더 확장시켜 다양한 개념을 만들었다. 하지만 이 책에서 그 다양한 개념을 모두 다룰 수는 없으므로, 베르그손의 도식을 이용해서 시간에 대한 개괄 개념만 기술하고자 한다. 베르그손의 시간 개념을 도식으로 표현하면 다음과 같다.

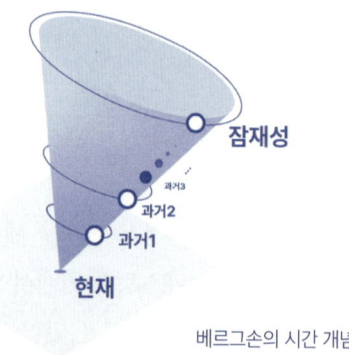

베르그손의 시간 개념

우리가 사는 '현재'는 과거에 비하면 사실상 자그마하다. 현재는 과거를 업고 살아간다. 거대한 과거들이 현재의 작은 구멍을 통해 생산되어 나올 뿐이다. PTSD를 경험하는 사람들에게 이 거대한 과거를 현재와 분리하도록 하는 작업은 폭력적으로 느껴질 수 있다. 그러면 현재는 공백이 된다. 공포스러운 것이든, 슬픈 것이든 간에 과거가 현재보다 압도적 우위에 있다는 것은 부정할 수 없다. 특히 PTSD를 경험하고 있는 사람들에게는 더욱 그렇다. 과거를 해결하지 않고 현재에 살 수 있다면 그렇게 하겠지만 최소한 나는 그게 불가능했다. 내가 PTSD를 극복하고 새롭게 무엇인가를 생성할 수 있는 잠재성은 현재가 아니라 과거에, 혹은 과거의 저 끝에 있었다.

    니체의 시간 개념도 베르그손의 시간 개념과 맞닿는 부분이 있다. 니체는 베르그손처럼 과거가 만든 현재로서의 현재를 본다. 현재는 사실상 찰나일 뿐이며 과거와 현재를 접속한 그 접속의 지점일 뿐이다. 여기까지는 베르그손과 비슷하지만, 니체는 현재를 생성 개념으로 바라본다. 니체는 허무주의에 있다가 지난 2천 년이 지금 자기의 자산이자, 자기를 생성시킨 과정이라는 것을 이해하고 허무주의로부터 벗어났다. 과거가 없었으면 지금의 주체는 생성되지 않았다는 의미이다. 어찌 보면 자연스럽고 당연한 것이지만 그것을 실체로 깨달은 결과 삶을 변화시켰다. 들뢰즈는 이러한 니체의 시간 개념을 가져오며 시인 조에 부스케(Joe Bousquet)의 말을 인용한다. "나의 상처는 과거에 있었고 지금의 나는 그것을 구현하는 존재이다."

    이때 상처는 사건으로서의 상처이다. 지금의 나는 과거 상처를 준 사건의 결과이다. 사건은 나를 과거 그대로 두지 않고 과거에 잠재되어 있기만 했던 것을 현행화(Actualization)시켰다. 사건을 통한 나의 잠재성이 현행화로 발현되었다. 과거 경험을 초과해서 새로운 내가 생산된 것이다. 현재에 새로운 내가 생성되었다고 과거를 차단해도 괜찮은가? 결코 그럴 수 없다. 과거를 알지 못하면 무엇이 생성되었는지 알 수 없다. 과거의 경험을 통해 현재가 생성되었기 때문에 과거와 현재를 연결해야 한다. 아무리 고통스런 상처라 할지라도, 과거를 잊고 현재만을 보면 과거에 만든 상처를 치료할 수 없다.

　가타리는 공시적으로 사건은 배치의 변화일 뿐이지만 통시적으로 사건이 돌연변이를 만들었다고 표현했다. 여기서 돌연변이란 잘못됐다는 의미가 아니라 이전에 없던 것이 새로 만들어졌다는 의미이다. 사건과 시간의 만남에 대한 이해는 나를 새롭게 생성하는 힘을 준다. 남수단의 내전은 공시적으로 볼 때 나에게 고통을 준 배치의 변화이지만, 통시적으로 보면 그 이전에 나에게 없던 투사적이고 위험을 무릅쓰며 과감하게 결단하는 모습을 새롭게 생성한 창조 사건이다.

　내가 PTSD 치료를 위해 정신분석을 받을 때 과거를 분석했지만, 그 분석은 트라우마적 사건에 대한 분석이 아니라 내 어린 시절에 대한 분석이었다. 필요했던 과정이고 도움이 되었다. 그러나 정작 트라우마적 사건은 건드리지 않고 우회했다. 인지치료는 아예 트라우마적 사건을 건드리지 않았다. 현재에 발생하고 있는 나의 인지적 문제에만 접근했다. 트라우마 체계치료에서는 트라우마 사건에 접근했지만 그 당시에 있었던 나의 개인적인 감정이 나타나는 체계를 분석하는 데서 그쳤다. 사회적 배치를 중심으로 내 이념 간의 충돌과 이중구속을 분석하고 치료하는 데까지는 나아가지 못했다.

　아무래도 각 영역의 상담사들이 나의 눈치를 보는 것 같았다. 나를 배려하는 것이었다고 이해한다. 아픈 상황을 떠올리는 것이 나에게 더 큰 어려움을 줄 것이라 생각했을 것이다. 무엇보다 상담사들이 갖고 있는 상담의 방식에 따랐을 것이다. 그러나 내 현재의 증상을 만든 과거는 어린 시절의 경험이나 개인적인 감정 체계에 대한 것이 아니었다. 이러한 접근은 문제와 해결책을 모두 나에게서 찾고자 하는 접근이다. 나만의 문제도 아니었고, 내 마음 안에서만 해결할 수 있는 문제도 아니었다. 트라우마는 사회적 배치에 대한 접근을 필요로 했다.

그럼에도 이러한 접근들이 의미가 있었던 이유는 나의 생각의 틀을 최소한 나의 개인적, 주체적 영역에서는 메타인지화할 수 있었기 때문이다. 과거는 결국 현재 나의 생각들을 구성하는 인식틀과 해석틀을 만들었다. 그래서 현재 나의 인식틀과 해석틀을 알기 위해서 과거를 봐야 한다. 그것이 아무리 상처이고 트라우마적 사건이라고 할지라도 분명히 지금 나의 인식틀과 해석틀을 만드는 데 영향을 주었기 때문에 그 상처와 트라우마적 사건에 직면하지 않으면 지금 내가 어떻게 인식하고 어떻게 해석하는지 메타인지화할 수 없다.

해석에 대해서 알기 전에 먼저 '인식'에 대해서 생각해 봐야 한다. 두뇌 작용의 순서상 외부 정보를 인식하고 나서 해석의 과정을 갖는다. 외부 정보를 입력할 때는 감각 작용이 우선한다. 감각이란 촉각, 시각, 후각, 청각, 미각으로 실제로 확인 가능한 인지 단위이다. 이런 감각을 통해서 먼저 감각한 신체가 정보를 확인한다. 그렇게 감각한 것을 측두엽과 후두엽의 뇌 영역으로 전달하면 지각이 발생한다. 이때 비로소 감각한 것을 '알 수' 있다. 이때 지각이 되더라도 그 내용에 대한 해석은 하지 않는다. 감각된 외부 정보를 지각한 뒤에 그 정보들이 뇌 앞쪽 전두엽으로 이동하고 나서 전두엽에서 그 정보들이 종합되고 지각들이 통각된다. 그때야 비로소 해석 과정을 거치며 개념화가 이루어진다.

이런 과정으로 우리는 외부를 해석하며 살아간다. 그 해석된 것들이 기억 저장장치로 들어가서 저장이 된다. 그리고 또 새로운 감각들이 들어오면 새로운 지각이 오고 또 새로운 지각들이 다시 전두엽으로 전달되면서 새로운 종합을 한다. 그때 원래 기억 저장장치에 있던 나의 기억들과 나의 해석의 틀들이 새로운 정보들에 접근해서 새로 들어온 정보들을 해석한다. 과거의 기억들과 과거의 경험들, 그리고 과거에 내가 해석해 왔던 습관들이 새로 들어오는 정보들과 융합 및 재종합해서 다시 기억 저장장치로 간다. 즉 인간의 뇌는 기본적으로 과거 기억과 경험과 내가 해석해 왔던 방식들을 통해서 새로 들어오는 정보들을 변형시켜서 저장한다.

따라서 순수 사건 자체에 대한 기억은 없다. 다 해석된 기억들이다. 해석은 인식한 후에 나타난다. 외부의 정보가 먼저 인식된 후에 뇌에서 원래 있던 정보와 융합하는 작용을 거쳐 해석되는 것이기 때문에 인식틀과 해석틀 사이에 전후 관계가 있다. 정보를 받아들일 때 사용하는 틀을 인식틀이라고 하고 정보들이 융합되면서 결괏값으로 나오는 틀을 해석틀이라고 한다.

인식틀과 해석틀이 있다는 건 외부 정보가 객관화되지 않는다는 의미를 포함한다. 사실 PTSD가 아니어도 모든 사람의 개념

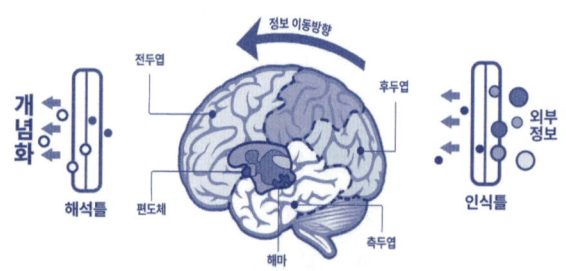

인식틀과 해석틀 사이 전후 관계

은 객관화될 수 없다. 실제와 동일한 감각기억이 우리 신체에 의식적으로 머무르는 시간은 3/10초이다. 좌측 배외측 전전두엽은 담론적으로 기억을 재구성해서 저장하기 때문에 감각기억은 담론화를 거쳐 변형된 기억으로 저장된다. 즉 편중되고 몰입된, 그리고 사회장의 눈으로 해석된 기억이 감각기억을 변형시켜 현재에 접속한다. 여기까지가 일상의 우리 뇌에서 벌어지는 일이다.

그런데 일상에서 벌어지지 않는 트라우마 상황이 발생하면 뇌는 위험을 느끼거나 긴장한다. 그러면 감각기관에서 지각 과정을 통해 전두엽으로 가서 해석되고 나서야 기억 저장장치에 입력되는 그런 긴 경로를 거치지 않는다. 뇌가 판단할 때 '상황이 다르다, 평소와 다르다, 굉장히 긴박하다, 위험하다' 등이 감지되면, 해마 옆에 있는 편도체가 움직인다. 편도체는 불안과 공포 감정에 반응해서 급하거나 중요한 상황을 처리하는 역할을 한다. 편도체가 움직이면 코르티졸이라고 하는 스트레스 호르몬이 발생한다. 그러면 일상에서 외부 정보가 들어오는 경로, 외부감각들이 들어오는 경로대로 전두엽을 거쳐서 해석에 의해 기억 장치로 저장하는 것이 아니라, 위험을 감지한 정보들이 편도체로 바로 다 쏠려 들어온다. 그래서 그 편도체로 쏠려 들어온, 급하게 들어온 정보들이 해마에 영향을 준다.

해마는 기억을 저장하기도 하지만, 과거 기억과 과거에 해석했던 틀을 전두엽에 제공해서 새로 들어온 정보들을 해석하는데, 트라우마적 사건에 대해서는 정보들이 전두엽을 거치지 않고 바로 편도체로 흘러 들어오기 때문에 뇌가 평상시와 같을 수가 없다. 그래서 사실상 트라우마 사건을 거친 트라우마적 기억들은 다른 기억들과 저장 경로 체계가 다르다. 특별한 기억이 될 수밖에 없다. 이 트라우마적 사건이 어느 정도의 트라우마인지에 따라서 경로의 속도나 완만성이나 해석의 정도가 달라질 수 있겠지만 대체로 일상과 다른 트라우마적 사건, 생명의 위협을 줄 만한 그런 강렬한 외부의 침입은 기억이 저장되는 과정이 달라서 다른 기억 체계와 충돌을 일으킨다.

이렇게 새로운 방식에 의해서 저장된 트라우마적 사건에는 감정이 깊게 결부된다. 감정 기억을 담당하는 편도체가 관여하기 때문이다. 일상 기억은 전두엽에서 발생시키는 통각적 활동을 통해 천천히 정교하게 해석되기 때문에 훨씬 더 의식적이고 지성적이고 인지적이지만, 트라우마적 사건은 급하게 편도체를 통해서 들어오기 때문에 그 감정에 의해서 정보들이 해석되어 들어오며 감정을 중심으로 기억될 수밖에 없다. 그래서 다른 기억들과도 이질성을 갖게 되고 다른 방식으로 작동한다. 이런 트라우마적 기억은 해석틀에 강력한 영향을 행사한다. 트라우마와 비슷한 상황이나 실체들과 연결접속되면 강력하게 작용하는 트라우마적 기억으로 인해 해석틀에 변동이 생긴다.

나는 많은 사람이 전쟁 상황 가운데 있는 걸 직접 봤고 사람들의 시체와 죽음을 연속적으로 경험했다. 나 스스로도 언제 죽을지 모르는 그런 긴박한 상황 속에서 열흘 넘게 있었다. 그에 대한 강력한 트라우마가 있었는데, 어느 순간 내가 그 이야기를 하고 있는 것을 발견했다. 누군가가 물어보면 말하기 어렵다가도 어느 순간 나는 그 기억의 자리로 대화를 끌고 갔다. 이야기하면 힘들지만 나도 모르게 또 하게 되곤 했다. 그리고 모든 대화 상황 속에서 작은 빌미만 나타나도 그 이야기를 또 꺼내서 하고 있었다. 나는 '내가 왜 자꾸 이 이야기를 하지? 이야기하면 힘든데'

라고 생각했지만 상황이 되면 또 이야기했다. 그러고 나면 밤에 꿈을 꿨다. 그래서 더 힘들었다. 다른 사람에게 전쟁 이야기를 하면 증상이 올라오면서도, 나는 계속 전쟁 경험에 대한 이야기를 꺼냈다.

이런 현상은 호르몬 때문이기도 하고, 편도체를 중심으로 만들어진 감정 기억의 '침투적 재경험' 증상 때문이기도 하다. 트라우마적 사건을 떠올리면 스트레스 호르몬인 코르티졸이 나온다. 이때 우리 뇌는 스스로를 보호하고자 그 코로티졸을 억제하기 위해 도파민과 엔돌핀을 분출시킨다. 고통스럽지만 과거 기억 중에 가장 자극적인 것이 그 기억이고, 그 기억이 나를 가장 고통스럽게 하지만 그 기억이 가장 강렬하다. 그러니까 자꾸 그 기억으로 돌아간다. 그럼으로써 남수단은 나에게 과거였으나 과거가 아니다. 과거가 현재에 침투한다. 이런 방식으로 트라우마적 기억은 현재의 감정과 욕망을 장악한다. 내 안에는 침투적 재경험으로 남수단이 현재이기를 원하는 욕망이 깊게 자리 잡고 있었고, 이 욕망이 과거를 현재로 연결시켰다.

현재를 기준으로 과거를 끌어들여 생각하면 '회상'이다. 회상은 좋은 뇌 작용이다. 자주 해 주는 것이 좋고, 배외측 전전두엽을 건강하게 한다. 그래서 가끔 과거의 일기를 보거나 자서전을 쓰는 작업을 하는 것은 뇌 건강에도 좋고 내 심리를 안정시키는 데도 좋다. 그러나 과거가 현재에 침투하는 방식은 PTSD의 일종이다. 이것을 '침투적 재경험'이라고 부른다. 현재 기준으로 과거를 해석해서 과거 기억을 가져오는 회상의 방법에서는 현재가 우위를 갖고 과거를 해석하지만, 침투적 재경험은 과거가 우위를 갖고 현재를 흔든다. 그 결과, 과거에 대한 후회나 회한 혹은 과거에 경험했던 부정적인 감정이 현재에 반복되는 소극적 침투를 경험하기도 하고, 나의 경우처럼 과거의 감각이 현재의 감각에 침투하는 적극적 침투를 강행하기도 한다.

베르그손은 정신을 기억으로 대체하여 사용하곤 했다. 기억을 정신과 구분하지 않고 사용했다는 의미이다. 들뢰즈와 가타리는 베르그손의 영향을 받아서 기억 작용이 정신과 깊은 연관이 있다고 보았다. 가타리는 이처럼 과거로부터 흘러 들어온 욕망이 현재의 정보 및 배치와 융합하여 새로운 기억과 욕망을 생성하는 현상을 뇌과학적으로 연구했다. 가타리의 연구에 따르면, 인간의 생성적 본성을 뇌과학적으로 보여 주는 것이 '글리아(Glia)'다. 글리아는 기억에 관여하는 뇌신경세포로 창의력과 망상, 해리 현상과 연관이 있고 최근에는 정신증 치료에도 사용된다. 글리아는 치매 예방약에도 들어가고, 정동 안정성과 회복탄력성에도 작동한다.

인간의 뇌에서 외부 정보를 수용할 때, 유실 정보들이 발생한다. 신경세포는 축삭돌기와 수상돌기를 통해 신경 정보를 전달하는데 외부 정보를 100% 그대로 수용해서 기억하는 사람은 없다. 외부 정보 전달 과정에서 정보 일부는 반드시 유실된다. 이것은 예외가 없다. 그리고 새로 들어오는 정보들의 유실 공백을 글리아라는 세포가 과거 기억 작용을 중심으로 메꾸며 기억 단위를 구성한다. 그렇게 기억이 만들어진다. 기억은 복사가 아니라 창조라는 의미이다.

인간의 기억은 객관 정보가 아니라 각자가 갖고 있는 글리아로 인해 새롭게 생성되는 것이다. 그래서 두 사람이 갈등을 일으키고 그 갈등을 중재하기 위해 과거 기억을 떠올리면 기억이 서로 다름을 확인하고 갈등이 심화된다. 이러한 현상은 자연스러운 현상이다. 이미 기억 자체가 다르게 저장되었을 가능성이 높다. 둘 다 진실을 말하고 있으나 기억이 다르다.

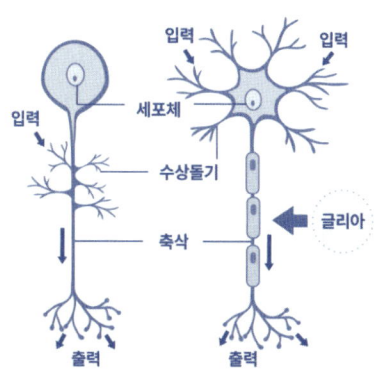

인간의 기억

이념이 이중구속 상태로 들어갈 수 있는 이유가 여기에 있다. 우리의 뇌는 스스로 생각하는 것보다 더 많은 분열된 '나'를 가질 수 있다. 그것을 의식적으로 통합하려고 시도하지만 잘 포장했을 뿐 분열되어 있는 것들이 많다. 기억 작용이 창조적이기 때문에 그동안 갖고 있던 이념들에 따라 필요한 기억 세포들을 분류 결합한다. 분류 과정에서 이전에 있던 이념과 일치하지 않는 정보들이 들어왔다면 글리아가 결합하며 새로운 이념적 분류가 또 만들어진다. 즉 이념도 이러한 방식으로 창조된다. 처음에 주입된 이념은 이런 방식으로 변형되기도 하고, 이런 방식으로 여러 개의 이념이 내 안에 만들어지기도 한다.

가타리의 연구대로 기억이 복사가 아니라 창조라면, 새로운 기억이 들어올 때마다 새로운 '나의 정신'이 생성된다고 볼 수 있다. 이런 가타리의 견해는 PTSD에 시달리는 이들에게 희망을 준다. '애도와 PTSD는 치료되는 것이 아니라 안고 사는 것'이라는 견해를 가진 상담사들이 많다. 나도 이 견해에 일부 동의하기도 했다. 그러나 정작 내가 PTSD를 경험하고 끊임없는 애도의 감정으로 살아가다 보니 일상이 무너져 버렸다. 그것을 안고 살아가는 것이 어려웠다. 그런데 만약 가타리의 의견대로 기억이 늘 생성되는 것이라면 새로운 기억을 연속적으로 생성하며 새로운 정신을 창조할 수 있다는 의미가 된다. 가타리는 과거의 계승을 분석하여 미래를 발명하고 창조한다고 했다. 과거가 미래에 반복되는 것이 아니라 미래는 새롭게 창조되는 것이다. 다만 과거의 계승을 분석한다는 것이 과거에서 답을 찾는 것을 의미하지는 않는다. 답은 과거에 있기보다 미래에 있다.

 나는 이런 분열분석 견해에 내 PTSD를 맡겼다. 그리고 새로운 기억 작용을 위해 새로운 정보를 지속적으로 접했다. 심지어 내 트라우마 기억이 정말 그러한지 확인하기 위한 작업도 진행하며 과거 기억을 수정하기도 했다. 그래서 내 기억들을 기록하고 훗날 다시 돌아보는 작업을 했다. 나를 고통스럽게 했던 기억의 자리에 새로운 경험과 기억을 만들어 내며, 트라우마 사건에 대한 내 의식의 코드에 변화를 주었다.

 그러자 트라우마 장소와 대상들에 대한 기억들이 새롭게 생성되며 PTSD에 변화를 일으키기 시작했다. 의식의 코드와 내 증상에 대한 반응의 코드에 변화를 일으켰다. 배치를 바꾸니 코드도 바뀌었고, 영토를 바꾸니 코드를 새로 생성해야 했다. 그렇게 배치를 바꾸고 병든 나의 정신과 환경으로부터 탈주하고 자율성을 중심으로 하나씩 하나씩 새로운 정신을 생성해 나갔다.

4.
몸의 힘

　분열분석은 증상을 소멸시키거나 억압해야 할 대상으로 보지 않는다. 오히려 문제에 직면하게 도와준 '돌파구로서의 붕괴(Breakdown as Breakthrough)'로 본다. 문제는 증상이 아니라 증상을 만든 욕망과 정념을 둘러싼 배치이다.

　정신의학이 아닌 다른 의학과에서는 증상을 치료하기보다 원인을 제거한다. 배가 아픈 '증상'이 나타나면 상한 음식으로 인한 배탈인지, 대장암인지, 대장염인지 원인을 찾고 그 원인을 제거한다. 그런데 이상하게도 정신의학은 증상을 없애려 한다. 우울증이면 우울을 없애려 하고, 강박증이면 강박을 없애려 한다. 우울과 강박을 만든 원인이 무엇인지를 확인하고 그 원인을 없애야 하는데 증상을 없애려고 시도한다. 그러니 자꾸 증상을 없애도 다른 증상으로 반복된다. 증상은 없애야 할 '병'이 아니라 문제를 발견하게 해 주는 '신호'이다.

증상이 나타난다는 것은 몸이 갖고 있는 힘을 보여 주는 것이다. 그래서 가타리는 증상(Symptom)을 '돌파구로서의 붕괴'라고 표현했다. 증상이 나타나지 않았다면 어떻게 혹은 얼마나 썩어 들어가는지 확인할 길이 없지만, 증상이 나타났다는 것은 돌파구가 시작되었다는 의미이다. 몸이 나에게 '여기서부터 돌파를 시작하세요'라고 신호를 준 것이다. 그래서 증상은 '과거와 이념을 뚫고 나온 몸의 힘'으로서 변화의 시작이다. 증상은 표현의 파열 지점이자 잠재성의 흐름을 막거나 굳히는 배치로 인해 발생하는 역류이기 때문에 증상을 제거하기보다 배치의 재조정, 표현의 재구성을 통해 증상의 변화를 일으켜야 한다.

나의 증상이 반복되었던 배치는 남수단의 소식이 들려올 때, 전쟁의 이미지가 나타날 때였다. 그렇다면 증상은 단지 전쟁의 이미지나 남수단의 소식만을 신호로 보낸 것일까? 증상을 둘러싼 배치는 전쟁이나 남수단의 기억과 더불어 그 기억과 장면을 피하고자 했던 나의 태도, 그 태도의 원인이 되었던 죄책감을 비롯한 감정, 여전히 미해결된 내 욕망으로서의 선교사적 정체성, 종교적 소명 의식, 남수단 부족민들에게 함께하겠다고 약속하고 지키지 못했던 미안함, 스스로 도망 나왔다고 여기는 자아상, 이런 마음과 상황이 있을 때마다 보이는 나의 과도한 언표 행위 등 내·외적 배치들이 모두 증상을 만드는 것들이었다.

남수단을 갈 수도, 맘 편하게 한국에서 살아갈 수도 없는 현재의 이중구속 상황, 탈출할 수도 남아 있을 수도 없었던 남수단에 있을 때의 상황들, 남수단 사람들을 잊을 수도 기억할 수도 없는 그런 애매한 정념들이 강한 에너지로 증상을 만들어 내고 있었다. 그리고 이러한 정념들은 종교적, 자본주의적 이념에서 나온 것들이었다. 그러니까 내가 바꿔야 할 배치, 탈주해야 할 영토는 환촉과 환향 같은 증상이 아니라 증상이 신호를 보내고 있는 이념들과 운명 혹은 숙명이라고 여기는 소명 같은 것들이었다.

PART 3 　　　　욕망

내가 원하는
것들을
누가 정했나

1.
욕망의 흐름

개인적 서사

나는 목회자 가정에서 태어났다. 아버지는 사회 실천을 중요하게 생각하는 장로교 목사였다. 가난한 산동네의 교회 목사였기 때문에, 마을 사람들의 호소 문제를 해결해 주는 데 앞장서곤 했다. 어린 시절 나는 집에 수도관이 없어서 산에 있는 펌프로 물을 받으러 다녔다. 국민학교 들어갈 때 즈음 집에 수도가 생겼다. 그런데 마을 전체 수도관에 문제가 생겼다. 이때 아버지가 나서서 시청과 싸워 마을 전체 수도관 문제를 해결했다. 아버지는 교회 목사이자 마을에서 존경받는 지도자였다.

나는 삶의 터전이 주로 교회였다. 고등학교 시절 가출해서 술을 배우고 친구들과 나이트클럽도 가는 등의 일탈이 있었지만 그런 와중에도 교회는 빠지지 않고 다녔다. 교회가 주는 안정감과 기쁨이 일탈 과정에서 느꼈던 기쁨보다 컸고 일을 하면서 얻는 경제적 소득보다도 컸다.

어린 시절부터 선교사들의 모험담을 좋아했다. 특히 아프리카 선교사들의 이야기가 좋았다. 아프리카에 대한 막연한 기대감도 생겼다. 가장 좋아하는 시인은 아르튀르 랭보(Arthur Rimbaud)였다. 랭보의 시가 좋기도 했지만 아프리카를 횡단했다는 그의 서사가 더 좋았다. 고등학교 때는 친구의 제안으로 아프리카 기아 문제 해결을 위한 기도 모임을 만들어서 아프리카 어린이와 난민들을 위한 기도를 나의 사명으로 생각하기도 했다. 청년이 되고 나서는 1년 동안 아프리카 수단 선교사로 파송받아 다녀왔고, SIM(수단내지선교회)에 소속되어 선교 훈련을 받았다. 교회에서 선교에 비전이 있는 아내를 만났다. 아프리카 선교사로 가기 위해 신학을 하고 수단의 공용어인 아랍어를 배우기 위해 아랍지역학과에 진학했다.

직업적인 흐름은 선교와 목회에 맞춰져 갔지만 실제 관심은 예술과 인간의 심리였다. 대학은 극작과로 진학했고, 연극과 희곡에 관심이 많았다. 그런데 극작과에서 연극을 하기보다 연극치료를 실천하는 교수님을 따라다니며 연극치료를 배웠고, 심리와 상담에 관심을 가졌다. 전공은 극작과였지만 심리학과 철학 수업에 관심이 많았고 인간 심리에 대한 궁금증으로 심리학 서적을 많이 읽었다. 희곡을 창작할 때도 인간의 성격과 심리에 나타나는 갈등이 주요 주제였다. 플레이백 시어터(Playback Theater)[19]나 심리극 현장을 찾아다니며 연극치료와 심리극을 구경하곤 했다. 연극치료나 심리가 주요 흐름은 아니었으나 지속적인 욕망

---

19   플레이백 시어터: 과거를 무대 위에서 시연하며 회상하는 방식의 연극치료이다.

과 관심의 대상이었다.

　아내는 심리 상담을 전공한 임상심리사이다. 아내와 연애를 시작하기 전부터 아내로부터 교류분석을 배웠고, 에고그램 등의 심리 테스트를 통해 사람을 알아 가는 데 관심을 가졌다. 아내와의 만남으로 MBTI나 교류분석을 통한 사람 심리에 대한 관심이 구체화되었고, 교류분석 자격 과정을 통해 교류분석 자격증을 따고 인간관계와 심리를 연결시켜 생각하기를 좋아했다. 자격 과정을 밟았어도 직업적인 치료사는 아니었다. 그러다가 지인의 자살로 큰 충격을 받고 본격적으로 인간의 심리에 몰입하기 시작해서 정신분석으로 박사학위를 받고 연극치료사와 교류분석 슈퍼바이저로 성장해서 현장에서 심리와 상담에 대한 다양한 경험을 했다.

　여러 나라의 선교사로서 총 6년 6개월의 시간을 보낼 즈음 우리 가족은 남수단에 있었고, 남수단을 떠날 것이라는 상상은 해 본 적이 없다. 남수단에서의 선교 사역은 힘들었고 어려움도 있었지만 어려움보다 즐거움이 컸다. 심리학을 배우고 아랍어를 배운 지난 생애의 경험들이 모두 남수단에서의 사역을 위한 것이라고 생각했다. 부족민들은 우리 집에 와서 수다 떨다 가기를 좋아했다. 가족 문제, 부족 문제, 전쟁 트라우마 문제, 아이들 아픈 문제 등 온갖 문제들을 들고 와서 상담을 하곤 했다. 그만큼 남수단 부르파얌 사람들이 가족이라고 생각하며 우리 인생의 마지막을 보낼 사람들로서 대했다.

　그러나 전쟁이 났다. 우리는 불가피하게 가족이라고 생각했던 사람들을 등지고 남수단을 떠났다. 전쟁 트라우마와 더불어 전쟁에서 살아남은 자로서의 슬픔을 간직한 채 한국에 돌아와 전쟁 트라우마 후유증으로 환촉과 환향을 경험하며 수년을 보냈다. 심리적으로는 죄책감과 수치심, 공포감과 생존자로서의 자책이 떠나지 않았다.

욕망이 직업을 타고 변화한 과정
① 창작자에서 선교사로

인생 전체에 흘렀던 가장 강력한 욕망은 구원자가 되는 것이었다. 어린 시절부터 기독교적 가치관에서 그리스도의 삶을 배우며, 그리스도께 감사한 마음보다 그리스도처럼 되고 싶다는 욕망이 더 컸다. 그래서 나에게 가장 의미 있는 것은 선교사와 목회자로서의 정체성이었다.

기독교적 가치가 들어오기 전, 나는 원래 소설이나 시나리오를 쓰는 창작자로서의 욕망이 가장 강했다. 어린 시절부터 학습보다 창작이 더 즐거웠다. 오징어 게임이나 딱지치기 등 남자아이들이 하는 놀이는 규칙을 정하고 그 규칙에 맞춰서 힘이나 지혜를 겨루는 놀이였다. 그러나 나는 이런 종류의 규칙성 놀이보다 인형 놀이나 엄마 아빠 놀이, 돌아가면서 이야기 만들기처럼 여자아이들이 하는 창의성 놀이가 더 좋았다. 국민학교에 들어가서도 학업 성적은 좋지 않았으나 시 쓰기 대회, 글쓰기 대회, 그림 그리기 대회에서는 늘 수상권 내에 있었다.

국민학교 3학년 때 반에서 유일하게 나 혼자 구구단을 못 외워서 어머니가 학교에 불려 오는 일이 있었다. 그러나 어머니는 내가 구구단 못 외우는 것으로 혼내지 않았다. 구구단을 못 외우는 3학년 때 나는 전국 국민학교 글쓰기 대회 상위권에 들어서 4학년 때, 4박 5일 동안 작가들과 함께하는 독서 캠프에 참여할 기회를 얻기도 했다. 어머니는 나를 직접 캠프에 데려다주면서 뿌듯해했다.

5학년 때 나관중의 삼국지와 헤르만 헤세의 작품을 읽었다. 5학년인 내가 삼국지를 읽자 담임선생님은 "이해는 하고 읽는 거냐? 네 수준에 맞는 걸 읽어"라면서 무시했다. 하지만 나는 초선의 미모를 상상하고 동탁과 장비의 무가 눈앞에 선명하게 펼쳐지는 것 같았다. 학예회나 교회 연극 대본 작성은 늘 내 몫이었다. 중학교에 진학한 뒤에는 랭보의 시와 톨스토이를 읽었고, 대학 입학 때까지만 해도 내가 작가가 될 것이라는 생각에 한 치의 의심도 없었다.

1995년 내가 대학에 입학할 당시 국내에서 시나리오를 배울 수 있는 유일한 곳이 서울예대 극작과였다. 부모님의 요청대로 신학대학에 원서를 넣어서 논술까지 합격했지만 서울예대 가고자 하는 마음에 부모님 몰래 신학교를 포기했다. 신학교를 포기하고 작가의 길을 선택하며 집에서는 쫓겨났다. 그만큼 서울예대에 대한 열망이 있었고, 지금도 서울예대 극작과에 진학한 걸 후회하지 않는다. 평생에 창의력을 최대한 발휘한 시기였다.

그러나 서울예대 다니면서 좌절을 맛봤다. 고등학생 때까지 특별했던 내 글쓰기 실력은 서울예대에서는 평범한 수준이었다. 내가 읽어 봐도 내 글과는 비교할 수 없는 천재적인 글쟁이들이 드글거렸다. 아이디어로도, 문장으로도 내가 따라갈 수 없었다. 그래도 어찌어찌 교수님 추천으로 영화사 작가 팀에 입사했다.

그 당시 영화계라는 곳의 월급이 지금 같지는 않았다. 20~80만 원 선이었다. 도저히 살아지지 않았다. 아버지가 원하는 대학을 가지 않았기 때문에 집에서는 쫓겨났던 터라 갈 곳이 없어서 노숙을 하기도 했고, 친구들 집을 다니며 신세를 지기도 했다. 재능이나 꿈과 같은 내 개인적 욕망과 욕망의 재료는 자본주의 아래에 아무 의미가 없었다. 안정적인 생활을 할 수 있는 여건을 만들지 않으면 안 되었다. 나는 작가로서의 삶을 포기하고 논술 강사와 번역을 하기 시작했다. 이게 첫 번째 욕망의 차단이었다.

논술 강사와 번역은 나에게 나름 안정적인 경제 환경을 조성해 주었다. 글을 쓸 때처럼 신나지는 않았지만 그냥 살아갈 수 있었다. 이 일을 평생 하라면 막막했을 것이다. 이 시기에 나는 서울예대 다니며 시나리오를 공부할 때 못했던 신앙생활에 몰두했다. 강의하거나 번역을 하는 것보다 교회에서 봉사하는 것이 더 신났다. 교회에서의 생활이 즐거웠다. 그러다가 교회에서 아프리카 수단으로 1년 동안 교회 및 학교 세우는 일에 파송할 선교사를 모집했다. 랭보의 아프리카에서의 삶, 그리고 신나는 신앙생활을 마음껏 할 수 있는 직업. 내 두 번째 욕망은 선교사로 표현되었다.

선교사로서 실현하고자 했던 나의 미지에 대한 욕망의 흐름은 제법 잘 흘러갔다. 아프리카 수단에 파송하기 위한 선교사 교육에 1년 동안 참여하고 보름의 단기선교를 통해 적성과 헌신에 대한 점검도 받았다. 결국 수단으로 파송받아서 1년 동안 선교활동을 했다. 나름 좋은 성과를 보였고, 주변 평가도 좋았다. 의식주가 부족해도 충분히 즐거웠다. 하나님을 위한 최전방에서의 활동이라는 자부심과 낯선 곳에서의 적응력, 언어 능력 등 욕망을 위한 재료도 나쁘지 않았다.

그런데 이것도 1년까지였다. 911 사건이 터지면서 미국은 알카에다와 관련된 나라를 타격하기로 결정했다. 내가 있던 수단은 알카에다의 훈련 본부가 있었고, 미국의 타격 대상이었다. 한국 선교 본부에서는 선교사들에게 한국으로 귀국하라는 명령을 내렸다.

나는 한국으로 귀국한 후 장기적으로 선교사가 되고자 했다. 그리고 장기적으로 선교사가 되려면 목사가 돼야 한다고 생각했다. 지금은 다른 방법도 있다는 것을 알지만 그때는 목사가 되지 않고도 선교사가 될 수 있는 방법을 몰랐다. 그러나 나는 내가 목사를 할 수 있을 것이라는 생각을 해 본 적이 없다. 모험을 좋아하고 하나님을 위해 인생을 아끼지 않을 만한 신앙은 있었지만 일상에서의 경건은 없었다. 목사로서 살아갈 자신이 없던 나는 선교사의 꿈도 포기했다.

나의 세 번째 욕망의 흐름은 아내의 행복을 위해 나를 소비하는 것이었다. 내가 선교사에서 다시 번역가로 돌아와서 일상에 적응할 즈음, 교회 전도사로 일하던 아내를 만났다. 아내는 선교 훈련을 받고 선교를 준비하던 사람이었다. 아내의 사랑을 받고자 하는 욕망과 나의 선교사로서의 욕망이 연결접속되었다. 아내는 내가 차단했던 선교사로서의 욕망을 다시 불러일으키는 동력이 되었다. 그리고 마침, 아내와 결혼할 즈음에 사담 후세인이 축출되며 선교의 난공불락 요새였던 이라크에 종교의 자유가 찾아왔다. 여러 선교단체들에서 이라크에 선교사가 필요하다는 홍보를 시작했다. 더불어 내가 다니던 교회 목사님은 이라크 같은 나라에 누군가 간다면 그게 진짜 선교사 아니겠냐는 발언을 설교 중에 했다.

이러한 정황들이 연결접속되어 이라크로 가야겠다는 새로운 욕망이 내 안에 생성됐다. 나는 아내에게 이 제안을 했고, 아내는

20초 만에 "좋다"라고 동의했다. 그리고 교회 담임목사님에게 나의 욕망에 대해 이야기했고 교회도 나를 이라크 선교사로 파송하기로 결정했다. 결국 이라크의 후세인 정권 몰락, 선교단체들의 이라크 선교사 모집, 담임목사님의 이라크 선교사 후원 의지, 선교사를 꿈꾸던 아내, 차단되었던 선교사로서의 욕망의 부활 등이 서로 연결접속되어 아내와 결혼 직후, 이라크로 떠났다.

이라크에서의 선교 활동은 나쁘지 않았다. 물론 정부가 없는 상태여서 매일 크고 작은 전투가 발생해 위험했지만 자유로운 선교가 가능했다. 시장에 다녀오는데 내 머리 위로 총기가 난사되기도 하고, 극단적인 원리주의자들에 의해 납치되기도 하는 등의 위기도 있었지만, 비교적 안전하게 이웃들과 소통하며 작은 교회를 만들어 가고 있었다.

그러다 故 김선일 선교사 순교 사건이 일어났다. 한국 정부로부터 모든 한인 귀국 명령이 떨어졌다. 결국 국가 정책으로 인해 이라크 선교사로서의 내 욕망은 차단되었다. 이라크 선교사로서의 욕망이 국제 정세의 악화와 국가 장치로 인해서 차단되었지만, 이미 죽었다 살아났던 선교사로서의 삶에 대한 나와 아내의 욕망은 연결접속되어 쉽게 사라지지 않았다. 그래서 우리는 이라크에서 돌아온 뒤로 오히려 본격적으로 이 욕망을 더 가시적으로 만들어 나갔다. 아내와 나는 함께 SIM으로부터 선교 훈련을 받고 나는 신학대학원에 입학해서 목사가 되기 위한 절차를 밟았다. 그렇게 남수단 선교사로 가기 위한 절차를 하나씩 밟아 나갔다.

선교사가 되었다고 해서 창작자로서의 욕망이 완전히 사라진 건 아니었다. 선교사로서 삶을 살면서도 소설을 계속 썼고,

공모전에 지속적으로 도전했다. 신춘문예에 희곡이 당선되기도 했지만 당선에서 끝났다. 그 이후에 창작자로서 활동할 만한 터를 마련하지는 못했다. 희곡 신춘문예 당선이 자본주의의 주요 흐름에 없었기 때문이었다. 나는 그만큼 창작보다 자본이 중요했다. 그러다가 웹소설이라는 장르가 등장하면서 웹소설가로도 활동했다. 창작자로서의 욕망은 내 삶의 주요 흐름이 되지는 못했지만 변방에서 미미하게 계속 흘러가고 있었다. 이 흐름이 나중에 내 트라우마를 치료하는 데 중요한 재료가 되었다.

② 선교사에서 상담사로

심리 상담은 나의 욕망이 아니었다. 재능과 재료는 차곡차곡 쌓여 갔지만 내 욕망에서 시작된 건 아니었다. 처음 심리치료라는 것을 접한 것은 서울예대에 다닐 때 배웠던 연극치료였다. 서울예대의 한 교수님이 연극치료라는 것을 한국에 도입했고 무대 위에서 여러 실험적 치료 행위들을 했다. 1995년 당시는 연극치료라는 것이 일반화되기 전이었다. 우리나라에 연극치료사 자격 과정이 처음 생긴 게 2012년이니 서울예대 다닐 때 배운 연극치료는 매우 앞선 것이었다. 그때는 그저 흥미가 있어서 매료되었던 것이지 창작자가 아닌 상담사가 될 것이라고는 전혀 생각해 보지 못했다.

아내를 만나고 난 뒤 상담에 대한 관심이 매우 높아졌다. 아내는 연애를 시작하기 전부터 학생생활연구소의 연구원이었고 연애 이전부터 MBTI와 교류분석 등을 나에게 알려 주었다. 아내 덕분에 교류분석을 접하고 사람의 심리에 눈을 떴다. 그러다가 지인의 자살로 인해 인간의 심리와 상담을 본격적으로 공부하기 시작했다. 심리와 상담에 대한 공부는 어디까지나 관심의 영역이었지, 욕망의 영역은 아니었다. 그러나 지인의 자살 사건은 심리와 상담을 내 욕망의 영역으로 끌어들였다. 이것이 우연과의 연결접속이다.

지인의 자살로 인해 생성된 내 마음의 연민과 정념들은 사람을 구원하고자 하는 신의 마음에 관심을 갖던 내게 연결접속되어 심리를 더 잘 알고 그 심리를 구원의 한 도구로 활용하고자 하는 욕망을 생성했다. 그리고 이렇게 발생한 인간 심리에 대한 앎의 욕망은 나중에 내 트라우마를 치료하는 도구로 발전하는 또 다른 연결접속을 만들었다.

③ 상담사로서의 욕망과 연결접속

선교사로서 살아가길 원했던 내 욕망은 아내의 욕망과 만나서 남수단으로 우리 가정을 인도했고 결국 남수단의 정치적 흐름으로 인해 차단되었다. 남수단의 정치적 흐름이 내 욕망에 개입하며 1차적인 흐름의 차단을 만들었고, 선교로부터 관심이 멀어진 한국 교회의 흐름이 내가 남수단 내전으로 인해 남수단에서 나온 후 후원을 끊게 만들면서, 선교사로서 더 살아가고자 하는 내 욕망에 개입했다.

결국 기독교의 선교적 관심 저하와 자본주의적 흐름이 선교에 대한 내 욕망의 2차적인 흐름을 차단했다. 선교사로서의 욕망은 지역적인 배치로서 남수단으로부터 빠져나오고, 자본주의의 배치로서 재정 후원이 끊기면서 위기에 직면했다. 무엇보다도 남수단 내전이 우리 가족에게 던져 준 PTSD가 결정적으로 내 선교사로서의 욕망 흐름을 차단했다. 다시 남수단으로 가려고 했으나, 돌아가는 것을 상상할 때마다 설명할 수 없는 복합적인 감정과 두려움이 일어났다.

이렇게 선교사로서의 삶이 차단당하는 상황에서 연결 가능한 다른 욕망은 한국에서의 목회와 상담에 대한 욕망이었다. 목회와 상담은 이미 내게 익숙한 영역이었고, 가장 쉽게 연결접속할 수 있는 배치에 있었다. 그리고 욕망이라는 측면에 있어서도 선교사로서의 삶을 향한 욕망에 준하는 강렬함이 있었다. 무엇보다 목회자와 상담은 병행할 수 있다는 장점이 있었다. 그리고 나 스스로의 PTSD를 돌아보는 데도 도움이 되었다. 나는 목회자와 상담사로서의 삶이라는 욕망을 중심으로 배치를 만들기 위해 움직였다. 내 주변의 배치물들은 이미 목회자와 상담사로 살아가기에 아주 적절한 상태였기에 바로 연결접속이 가능했다.

④ 증상의 생성과 일상의 흐름 차단

증상이 생기는 시점에서 나는 규칙적으로 흐르는 일상을 유지했다. 일상의 흐름에 나타난 욕망은 위험하지 않은 삶, 안정적인 생활이었다. 일상을 둘러싼 배치들은 위험하지 않은 삶과 안정적인 생활을 유지하도록 구성되었다.

그러나 안정적인 생활의 흐름을 끊는 증상이 등장했다. 벌레가 피부 위로 기어다니거나 피부를 뚫고 나오는 환촉과 빨간 음식들에서 피 냄새가 나며 구역질을 유발하는 환향이었다. 이러한 증상들의 발현은 남수단에서의 고통스런 기억과 정보들을 접할 때 나타났다. 이것은 트라우마 상황들로 인해 나타나는 '침투적 재경험'이었다. 이 침투적 재경험의 중심에 욕망이 있었다. 남수단에서 선교사로서 살아가며 부르파얌 부족민들과 함께 교회와 학교를 세우고자 했던 욕망, 그리고 부르파얌 부족민들을 행복하게 해 주고 싶었던 욕망이 한국에서 안정적인 생활의 흐름과 충돌하며 증상이 등장했다.

이렇게 두 욕망이 충돌할 때, 가장 쉽게 가려면 두 욕망 중 하나를 버리고 갈 수 있는 길을 선택하면 된다. 그러나 안정적인 생활에 대한 욕망도 버릴 수 없었고, 증상을 유발한 부르파얌 부족민들과 함께하고 싶은 욕망은 내 마음대로 차단하기 어려웠다. 그렇다고 두 욕망을 동일하게 공존시키는 것도 내 몸이 하나이기 때문에 불가능했다. 결국 새로운 것을 생성하는 길을 선택해야 했다. 안정적인 생활과 부르파얌 부족민들과 함께하고자 하는 욕망의 연결이 무엇을 새로 생성해 낼지 당장은 알 수 없었다. 새로운 길의 생성을 위해서 분열분석의 과정을 밟아야 했다.

2.
욕망과 트라우마

　분열분석은 '욕망분석'이라고 해도 과언이 아니다. 욕망을 분석하고 욕망을 가시화해 나가는 과정이라고도 볼 수 있다. 그런데 트라우마가 욕망과 무슨 상관이 있단 말인가? 트라우마는 욕망에 관한 것이 아니고 외부적 충격에 의한 것 아닌가?

　트라우마는 외부적 충격에 의한 것이 맞다. 앞서 설명했듯이 트라우마는 배치의 결과물이다. 그런데 트라우마만 배치의 결과물인 것은 아니다. 욕망도 배치의 결과물이다. 욕망이 인간의 내부 혹은 내면 깊은 곳에서 생겨난다고 착각하기 쉽지만, 잘 생각해 보면 욕망도 트라우마처럼 배치의 결과물이다. 자본주의 사회에서 살면 돈을 벌고 싶은 욕망이 생기고, 학교에서 선생님들이 공부 잘하는 학생을 칭찬하면 공부 잘하고 싶은 욕망이 생긴다. 트라우마도 욕망도 배치의 생산물이기 때문에 트라우마 배치가 욕망의 배치를 차단한다. 즉 트라우마란 특정 기억의 침투적 재경험으로 인해 욕망이 흐르지 못하고 막힌 상태이다.

  그래서 트라우마로 인해 막힌 욕망을 다시 흐르게 하거나 흐를 수 있는 욕망을 생성하는 작업이 필요하다. 트라우마는 욕망의 흐름이 차단된 자리이기도 하지만 새로운 욕망을 생성하는 재배치의 계기가 될 수도 있다. 욕망의 생산은 트라우마가 만든 배치를 재배치한다. 트라우마로 인해 차단된 욕망을 다시 흐르게 하거나, 반대로 트라우마로 인해 편집화로 몰입된 욕망을 다양하게 흐르게 함으로 트라우마 이후에 나타난 스트레스를 변환할 수 있다.

  정신분석에서는 욕망을 결핍의 결과물이라고 본다. 어린 시절 사랑을 못 받은 결과로 애정에 대한 집착이 생기고, 돈의 결핍으로 인해 돈에 대한 욕망이 생긴다고 본다. 그러나 분열분석에서는 욕망을 결핍의 결과라고 보기보다 생산하는 힘이라고 본다. 분열분석은 욕망을 개인 내면에 존재하는 것이 아니라 사물, 기계, 타자, 사회 등과 함께 엮여 있는 배치의 한 부분이자 생산적인 힘, 즉 세계와의 관계를 생성하고 재배치하는 생성적 흐름으로 본다.

  분열분석은 결핍이나 욕망의 상징적 의미를 해석하기보다 욕망의 흐름을 따라가고, 그것이 어떤 기계들과 연결되어 있는지, 어디서 막혔는지, 어디서 증식하고 있는지를 추적한다. 그 과정에서 분석가가 분석을 주도하지 않는다. 내담자와 욕망의 지도를 그려 보는 작업을 통해 함께 분석하는 과정을 갖는다. 이러한 지도를 통해 욕망이 작동하는 방식 자체를 이해하고, 그것이 창조적이고 실천적인 방향으로 펼쳐지도록 돕는다. 그래서 욕망을 파괴적 충동이나 결핍의 산물로 보지 않고, 새로운 삶의 가능성을 만들어 내는 힘으로 본다.

스피노자(Baruch Spinoza)는 자신의 실존이나 충동을 지속하는 힘을 '코나투스(Conatus)'라고 했다. 분열분석의 욕망은 코나투스와 유사한 개념으로, 나를 지키고 유지하며 살아가게 하는 추동력이다. 이렇듯 추동하는 힘으로서의 욕망은 하나에 몰입하지 않는다. 자본주의적 욕망을 갖고 있다고 해서 돈을 버는 욕망만을 유일하게 갖는 것은 아니다. 또한 돈을 버는 욕망에서 사랑하는 욕망으로 이행하기도 한다.

분열분석은 욕망이 자신의 실존을 지속하기 위해 변형 혹은 이행하며, 다양하게 나타날 수 있는 것으로 본다. 욕망이 하나라고 생각해도 다양한 욕망이 연결되어 있다. 선교하고 싶은 욕망이 유일한 하나의 욕망이 아니라 아내와 함께 아내의 꿈을 이루고 싶은 욕망, 아프리카 부족민들에 대한 연민, 나의 신앙을 실현하고 싶은 욕망 등 다양한 욕망이 연결접속되어 있다.

욕망은 다양하게 연결되어 있기도 하지만, 드러나지 않은 아주 미시적인 욕망이 겉으로 드러난 욕망에 가려져 있기도 하다. 예를 들어 드러나 있지 않더라도 내가 좋아하는 랭보가 아프리카를 횡단했다는 이야기를 통해 미지의 세계에 대한 동경이 생기는 등 여러 미시적인 작은 욕망들이 작동하여 선교사로서의 욕망을 구성하는 데 영향을 주었을 수도 있다. 이렇듯 드러나지 않지만 욕망을 만드는 데 영향을 준 분자적인 역할을 하는 욕망들도 모두 욕망이다.

이렇게 이해하면 과거 전쟁 사건으로 인한 상처와 스트레스, 그리고 몰입이 현재의 내 삶에 얼마나 많은 영향을 주고 얼마나 많은 변화를 만들어 냈는지 분석할 수 있다. 그리고 과거의 그 트라우마 사건은 지금의 내 욕망을 단절하거나 도망하게 만들고 반대로 몰입하게 만들기도 한다. 그래서 트라우마로 인해 차단되었던 욕망들을 미시적으로 쪼개고 다양화해서 다시 흐르게 하거나 새로운 욕망을 생성하고 흐르게 하는 것이 분열분석이 트라우마를 다루는 방식이다.

　트라우마는 욕망의 흐름을 차단하는 배치로 작동할 수도 있지만 오히려 새로운 욕망을 생성하거나 잠재되었던 욕망을 현행화하는 사건으로 작동하기도 한다. 예를 들어 선교사가 되고 싶어 하던 하나의 욕망으로 몰입되었던 나의 서사에 트라우마가 개입하며 선교사가 되고 싶은 욕망을 차단한다. 그리고 억압되어 잠재의 영역에서만 무의식적으로 붙어 있던 욕망들, 즉 인간 심리에 대한 욕망이나 글을 쓰고 싶은 욕망을 현행화하여 다양한 욕망의 서사들이 일어나게 만든다. 나는 이렇게 나타나는 욕망들을 억압하려 하기보다 현행화하도록 지도화(지도 제작)했다. 이때 나타나는 욕망들을 억압하는 작업은, 마치 발레리나가 힙합을 하는 친구들과 만나며 얻은 충동과 충격으로 새로운 영감들이 넘쳐 나서 춤 선을 다양화하고 창조할 때, 발레의 형식에 맞추도록 억압하여 새로운 춤 선들을 생산하지 못하도록 만드는 것과 같다.

　트라우마로 인해 잠재되었던 욕망을 현행화할 때, 욕망들을 다양화하지 않고 또 하나의 욕망에 몰입하여 편집중적인 서사를 구성하면 이전에 있었던 단 하나의 춤에서 새롭게 등장한 또 다른 단 하나의 춤만을 추는 것과 같다. 편집중적이라는 것은 마치 의처증의 남편이 모든 정보를 아내를 의심하기 위해 활용하듯이, 하나의 욕망만을 위해 다른 모든 욕망, 감정, 기호, 배치, 환경들을 희생하는 구조를 말한다. 자본주의 사회에서 돈을 벌기 위해 가족, 친구, 취미, 사소한 행복의 순간들을 모두 희생한다면 이러한 것을 편집증적 욕망이라고 부른다.

분열분석은 이렇게 편집증적으로 몰입된 욕망을 분자화, 다양화, 다각화하며 모든 욕망들이 리좀적 관계망을 갖고 상호침투하는 것을 목표로 한다. 트라우마 사건은 오직 하나의 길로 안내하지 않고 다양한 가능성을 열어 놓는다. 이때 다양한 가능성마다 생성되는 다양한 욕망들을 억압하지 않고 현행화하는 것이 중요하다.

편집증적 욕망은 트라우마 기억에 몰입되어 나타나기도 하지만, 대체로 담론적이고 거시적인 욕망의 형태로 나타난다. 담론적이라는 것은 그 시대를 살아가는 사람들이 공동으로 형성하고 있는 이념이라는 의미이다. 자본주의 사회에서는 '부자가 되어야 행복하다'거나 '안정적인 직업 혹은 권력을 행사하는 직업을 가져야 한다'는 욕망이 가장 일반적일 것이다. 이때 분자화하는 욕망은 비담론적인 상태로 나타난다. 비담론적이고 미시적이어서 간과하기 쉽지만 강도가 높은 욕망, 이런 욕망이 분열분석이 관심을 갖는 욕망이다. 여기서 결과적으로 생성하고 현행화하는 욕망은 담론적이고 거시적인 욕망도, 비담론적이고 미시적인 욕망도 아니고 두 층위 사이를 횡단하는 구성 요소를 중심으로 생성하는 욕망이다.

자본주의는 성과와 성취 위주로 하나의 목표만을 향해 달려가게 한다. 모든 것을 그 하나의 목표에만 몰입하는 것이 생산력을 높이기 때문이다. 그러나 이러한 방식으로 욕망을 다루면 내면에 있는 다양한 욕망들이 단 하나의 욕망에 예속되거나 제거

된다. 그 결과 다양한 욕망들이 생산했던 생산물들은 더 이상 누릴 수 없는 것들이 된다. 그러면 스트레스 수치는 상승할 수밖에 없다. 스트레스 수치가 상승하면 삶의 만족도는 당연히 떨어진다. 다른 욕망들은 모두 제거하고 단 하나의 욕망만 남기는 이유는 미래적 투자 가치 때문일 것이다.

이러한 방식은 미래의 쾌락을 위해 현재의 쾌락을 지속적으로 억압하는 결과를 초래한다. 특히나 PTSD는 스트레스 수치와 관련이 있다. 자기 안에 있는 다양한 욕망을 이해하고 삶을 누리는 것은 PTSD를 다루는 데 중요한 과정이다. 트라우마 이후 자본주의적 성취로의 욕망을 단절하고 새롭게 생성한 또 하나의 욕망, 이를테면 사회적 투쟁이나 과거에 대한 집착이나 트라우마로 인해 잃어버린 것에 대한 애도에 몰입하기 위해 다른 모든 욕망을 차단하는 방식의 편집증적 반응은 자본주의 욕망에 몰입한 것과 다르지 않은 결과를 초래한다.

분열분석에서 욕망을 분석하는 과정은 세 단계이다. 첫째는 욕망의 다양체와 그 배치를 분석하는 것이고, 둘째는 욕망을 분자화하는 것이다. 그리고 셋째는 분자화된 욕망들을 연결접속하거나 차단하여 새롭게 생성하는 과정을 지도화하는 것이다. 욕망의 다양체와 배치를 분석할 때에는 단지 욕망이 무엇이었다고만 분석하기보다 그 욕망의 배치가 무엇을 생산하는지, 그 욕망이 없어지거나 욕망의 강도가 강해질 때 어떤 일이 일어나는지를 분석한다. 욕망을 분자화할 때에는 욕망을 사회적 이념으로 봉합하거나 억압하는 것을 거부하고 여러 층위로 흩어지게 하여 그 본래의 생산성을 회복시키는 작업을 한다. 그래서 욕망과 관련하여 신발을 사고 싶은 욕망, 운전면허를 취득하고 싶은 마음 등 미시적이고 사소해 보이는 욕망들도 놓치지 않는다.

'욕망을 분자화하면 욕구가 되는 것 아닌가?' 하는 질문을 종종 받는데, 분열분석은 개념상 욕구와 욕망을 구분하지만 현행화에서 욕구와 욕망을 뚜렷하게 구분하지 않는다. 개념상 욕구는 결핍과 대상 지향성을 갖는다. 그래서 결핍을 채우는 대상을 획득하면 욕구는 해소된다. 배가 고플 때 밥에 대한 욕구가 생기고, 밥을 먹으면 더 이상 밥에 대한 욕구가 없어지는 것과 같다.

그러나 욕망은 결핍의 결과가 아니라 생산적 흐름이기 때문에 충족되는 것이 아니라 계속 생산하는 것이다. 욕망은 그 자체로도 흐르지만 욕구를 생성하는 흐름이 되기도 한다. 예를 들어 먹고 싶은 욕구는 존재와 삶에 대한 욕망이 신체에 영향을 주어서 생성되는 것이다. 존재와 삶에 대한 욕망이 없다면 먹고 싶은 욕구도 없어진다. 이런 결과로 나타나는 것이 거식증이나 우울증이다. 존재와 삶에 대한 욕망이 음식의 수준을 넘어서면 폭식이 되기도 한다. 즉 대상을 채운다고 욕망이 멈추지는 않는다는 의미이다. 그래서 개념상으로 구분하더라도 현행화에 있어서 욕구와 욕망은 굳이 구분하지 않고 욕망을 중심으로 본다.

내 경우 가장 큰 욕망들은 창작 욕망, 종교적 소명, 애정 욕망이다. 그중에서도 창작 욕망이 가장 크다. 그래서 창작자로서의 꿈을 키우고 활동했지만 재능의 한계와 자본주의적 흐름이 연결접속하여 창작 욕망을 차단했다. 창작 욕망이 차단된 상황에서 그동안 쌓은 문장력을 재료로 번역가와 강사로서 활동했지만, 이 활동은 내가 갖고 있던 욕망의 재료인 창작 욕망, 종교적 소명, 애정 욕망 중 어느 것도 해당되는 것이 없어서 긍정적인 감정이 직업적인 영역에서는 채워지지 않았다.

욕망과 소명, 욕구가 모두 자본주의 흐름에 의해 억압되어 있던 나는 아내를 만나면서 애정 욕망과 종교적 소명 그리고 창작 욕망에서부터 미미하게 흘러나오던 아프리카에 대한 경외감이 연결접속하여 선교사로서의 삶의 흐름을 시작하게 되었다. 동시에 애정 욕망과 창작 욕망에서 나온 사람 심리에 대한 관심으로 심리학 공부의 흐름도 시작되었다. 선교사로서의 삶이 흐르는 동안 선교적 소명을 넘어서 남수단 부족민들의 행복에 대한 새로운 욕망도 생성되었다.

남수단의 정치 흐름과 가족의 안전에 대한 욕망이 융합하여 선교사로서의 삶의 흐름을 차단하자, 한국으로 들어와 목회자의 삶의 흐름과 상담사의 삶의 흐름을 동시에 시작했다. 그 흐름을 따라가는 동안 한국에 있는 교우들의 행복과 내담자들의 행복에 대한 욕망이 새롭게 생성되었다. 그런데 선교사로서의 삶을 사는 동안 생성되었던 남수단 부족민들의 행복에 대한 욕망이 나의 죄책감과 부족민들이 지금도 고통받는다는 뉴스, 부족민들에 대한 연민, 전쟁에서 겪었던 트라우마적 기억과 융합되어 증상이 발현되었다.

증상의 발현은 일상을 유지하는 데 어려움을 주었다. 목회자와 상담사로서의 삶을 또 포기해야 하는가, 아니면 증상을 만든 배치들과 목회자로서의 흐름과 상담사로서의 흐름을 융합하여 새로운 욕망을 생성해야 하는가 사이의 갈림길에 섰다. 여기까지가 분열분석을 실천적으로 적용한 욕망과 직업적 선택의 흐름이다. 다음은 이 흐름을 기반으로 만든 지도이다.

분열분석을 진행하다 보면 나중에는 머리에 자연스럽게 흐름이 차단되고, 그 차단으로 인해 우회하거나 새로운 길을 생성하

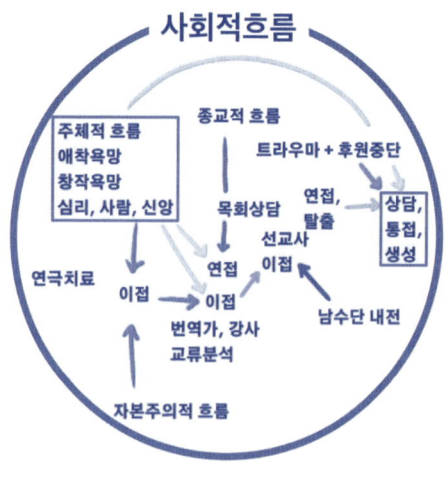

트라우마적 기억과 융합 증상

는 과정이 지도로 그려진다. 이 책에서는 지도를 한 개만 소개하지만 실제로 내가 분열분석을 적용할 때에는 수십 개의 지도 제작을 실행했다.

지도 제작을 위해서는 배치와 흐름을 이해하고 욕망의 현재 구조를 탐구해서 언어, 상징, 관념 등의 체계를 분석하여 욕망과 억압의 관계를 파악한다. 그리고 선형적인 흐름과 코드를 따라 화살표를 만들고 각 흐름들을 시각화한다. 이 흐름의 시각화에서 기표적 지도, 감정적 지도, 사회적 지도가 나타난다. 이 선형적인 흐름들을 서로 엮으며 다각화하고 다선적인 교차점을 만들면 비선형적인 지도가 된다. 지도에는 언어와 담론의 흐름이 나타나는데 이는 내담자가 현실을 해석하는 방식과 연관된다. 분열분석적 지도 제작은 반드시 흐름을 보여야 하는 것은 아니다. 도표로 구성하기도 한다.

나의 욕망을 보면, 사회적 흐름을 통해 사실상 여러 차례 억압되거나 차단되며 사라질 위기에 처하면서도 여전히 내 삶에 '붙어 있던' 것들이 있다. 글쓰기, 구원자 콤플렉스, 종교적 가치 실현. 이것들은 자본주의적 흐름으로 인한 온갖 차단에서도 늘 다시 돌아오며 힘들 때마다 나의 피난처가 되었던 것들이다. PTSD로 어려움을 겪는 가운데서도 내가 버틸 수 있는 이유가 무엇인지를 알 수 있었다. 실제로 심리적인 불안이나 약한 우울의 경우, 지도 제작을 통한 무의식의 의식화 단계의 분석만으로도 의미 있는 결과물을 만들 때가 있다. 물론 나에 대해 모르던 것들을 알게 된다고 해서 어떤 변화가 쉽게 일어나는 것은 아니다.

가타리는 이렇게 흐름이 차단되어도 크고 작은 방식으로 일관성을 띠며 지속적으로 따라붙는 것을 '실존적 접착제(Existential Glue)'라고 불렀다. 나에게는 글쓰기와 애착(애정) 욕망, 구원자적 욕망이 이에 해당한다. 그리고 이렇게 지속적으로 따라붙는 실존적 접착제를 '자기참조(Self-reference)'라고 부른다. 자기참조란 어떤 체계나 언표, 사고가 '자기 자신'을 지시하거나, 자기 자신을 대상으로 삼는 것을 말한다. 자기참조는 고정된 동일성을 재확인하는 것이 아니라, 끊임없이 자신의 언표, 감정, 기호적 장(Field)을 '다르게' 다시 접속하는 생성 운동으로, 반복이라고 표현하기도 하지만 사실상 나를 참조해서 새로운 나를 만든다는 의미를 내포하고 있다. 자기참조는 확고하고 거대한 가치이기보다 환경의 변화에도 사라지지 않고 반복적으로 나타나는 미시적인 피난처들과 반복적으로 나타나는 욕망과 정동의 생산 과정이다.

이렇듯 사라지지 않는 미시적인 자기의 요소들과 타자, 외부, 사회, 배치들과의 상호침투를 반복하는 자기참조적 언표의 흐름

(Enunciative Flow)을 지속적으로 변형하고 분기하는 방식으로 주체성을 생성한다. 과거부터 의식적으로 꾸준히 있어 왔던 것일 수도 있고, 새로운 환경에서 새롭게 드러나 새롭게 알게 된 나의 모습일 수도 있다. 자기참조는 자기 자신을 반복하여 언급하고, 새롭게 조합한다. 자기 자신의 의미를 재배치할 수만 있다면 반드시 욕망의 작용일 필요는 없고, 발화 행위나 자기 자신에 대해서 생각하는 마음, 반복되는 사고의 작용일 수도 있다. 자기라고 하지 않고 자기참조라고 하는 이유는, 분열분석은 자기가 고정되는 것이 아니라 자기참조에 의해 구성되며 계속 갱신되는 흐름적 존재라고 보기 때문이다.

자기참조는 관찰을 통해 이루어지기도 하지만 우연히 혹은 사건에 의해 드러나기도 한다. 욕망의 흐름을 분석하는 데 아주 중요한 요소가 우연성이다. 욕망의 배치들이 변화됨에 따라 욕망도 변화되기 때문에, 분열분석은 우연과의 만남을 중요하게 생각한다. 배치는 필연적이거나 의도적으로 만들어 낼 수도 있지만 전쟁처럼 우연히 만들어지기도 한다. 전쟁은 전쟁이 일어난 배치를 기준으로 보면 우연이 아닌 필연이라고 볼 수 있지만, 개인의 경험에서는 우연적 사건처럼 닥친다.

우연한 사건이나 만남은 기존의 연결을 깨거나 새로운 연결을 생성하는 계기가 된다. 우연과의 만남이나 사건은 고정된 구조를 탈피하고 새로운 배치를 형성하는 데 기여하기 때문에, 기존의 의미 체계나 구조를 흔들어 새로운 가능성을 열어 주는 계기가 될 수 있고, 새로운 연결과 흐름을 생성할 수 있다. 연결접속의 작동 원리는 특정한 목적이나 경로에 얽매이지 않기 때문에, 우연적 요소들을 적극적으로 수용하여 새로운 흐름과 배치를 형성한다. 이 과정은 전쟁이 나거나 PTSD가 더 쉽게 작동하는 영토성으로부터 탈주하는 '탈영토화'와 다시 전쟁이 일어나지 않거나 PTSD에 쉽게 대응할 수 있는 영토성을 만드는 '재영토화'의 순환 속에서 이루어진다. 우연히 발생한 사건이 연결을 촉발하는 동시에, 기존의 연결이 새로운 우연성을 만들어 내는 역동적인 관계가 형성된다.

우연 사건은 새로운 연결을 탐구하는 계기가 되어 정체된 흐름을 깨뜨릴 수도 있다. 또한 기존의 고정된 구조와 패턴을 우연 요소와의 접속을 통해 해체하고 새로운 가능성을 탐구할 수도 있으며, 삶을 '강요되고 고정된 실체'가 아니라 '끊임없이 변화하는 흐름의 일부'로 이해하도록 돕기도 한다. 분열분석에서 우연과 연결접속의 관계는 예측 불가능성과 창발성을 강조하며, 고정된 체계를 넘어 새로운 가능성을 탐구하는 데 중요한 이론적 틀을 제공한다.

정리해 보면, 다양한 욕망은 사회적 흐름 혹은 이념과 우연성에 의해 차단되거나 가속화된다. 그 결과로 욕망들은 약화되거나 사라지고 하나의 욕망으로 선택·몰입된다. 그러나 이런 흐름과 변화 가운데서도 해체되거나 사라지지 않고 늘 붙어 있는 '실존적 접착제'의 욕망이 있다. 이 실존적 접착제는 자기참조적이며 재배치와 재구성 흐름의 핵이 될 수 있다. 이 실존적 접착제와 현재 추구하는 욕망의 연결접속 및 배치와 흐름을 분석하고 어떻게 상호작용하거나 흘러가게 할지, 내 증상과 어떤 역동을 일으킬지를 도표화하면 새로운 길이 발견된다.

3.
욕망의 현행화와 분열화

　정신분석에서는 욕구가 신체적 결핍으로 인해 발생하는 것에 반해 욕망은 정신적인 결핍으로 인해 발생하는 것으로 보았다. 실제로 욕망이 정신적인 결핍으로 인해 발생하는 측면을 부정하기는 어렵다. 그러나 더 많은 경우, 결핍이 없는 욕망이 존재한다. 과거에 가방에 대한 결핍이 없었다 해도 지금 내 앞에 갖고 싶은 가방이 있는 경우, 과거의 어떤 결핍으로 그 욕망을 연결시킬 수 있을까?

　앞서 살펴본 것처럼 분열분석 입장에서 욕구는 신체가 결핍된 상태에서 나타나는 것으로 보지만 욕망은 결핍이 아니라 생산하는 힘으로 이해한다. 욕망은 배치들의 결과물로 만들어지는 기계적 결합이다. 예를 들어 마더 테레사와 배고픈 사람 그리고 음식의 배치에 배고픈 사람의 간절한 눈빛이 더해지면 마더 테레사의 돕고자 하는 욕망이 작동한다. 그리고 이 돕고자 하는 욕망은 배고픈 사람을 먹여서 그 사람을 살리는 삶을 생산한다. 욕망은 이렇듯 무언가와 연결되어 작동하며 이 작동이 지각, 감정, 사물, 환상 등의 생산물을 만들어 낸다.

욕망은 인간 - 사회 - 기호의 연결 관계로 구성되며 욕구는 이 구성 안의 부분적 산출 결과이다. 욕망은 무엇인가를 생산하는 흐름으로 차이의 연결로부터 생성되며, 욕구는 욕망 흐름에서 산출된 한 국면이고 욕망 안의 하나의 기능적 지점이다. 배고픈 사람의 배고픔을 채우고자 하는 욕구는 마더 테레사의 욕망하는 기계적 배치의 한 기능이었다. 정신분석적으로 접근하면 마더 테레사가 돕고자 하는 욕망을 갖게 된 것이 어린 시절의 어떤 결핍으로 인한 것이라 여길 것이다. 그러나 분열분석은 마더 테레사에게 나타난 배치가 더 주요한 것으로 이해한다. 심지어 과거에 있었던 결핍조차도 하나의 배치로 간주한다.

욕망에 배치가 반드시 있어야 하는 이유는 배치가 욕망을 현행화하기 때문이다. 만약에 마더 테레사 앞에 배고픈 사람이 없었거나 먹을 것이 없었다면 욕망을 현행화할 수 없었다. 배치는 이렇듯 욕망을 현행화하는 힘을 갖는다. 그래서 트라우마의 사회적 배치를 분석하듯이 욕망의 배치 또한 분석해야 현행화하거나 현행화가 미결된 원인을 분석하고 그 욕망을 현행화하기 위해 필요한 배치가 무엇인지를 알 수 있다. 만약에 욕망을 결핍과 굳이 연결하고 싶다면 그 결핍은 욕망을 만든 원인으로서 어린 시절의 결핍이 아니라 욕망을 현행화하지 못하는 이유로서 배치의 결핍일 것이다.

사회가 나에게 구성해 준 편집증적 욕망은 현행화하기 쉽다. 이미 현행화를 위한 배치가 조성되어 있기 때문이다. 그러나 편집중적 욕망은 결국 그 생산물을 이념으로 환원시키며 동일성을 반복하게 만든다. 이를테면 부자가 되고 싶다거나 명품을 사고 싶다는 욕망은 자본주의적 이념의 배치에서 나온 것일 가능성이 높다. 이렇게 자본주의적 배치에서 나온 욕망은 나를 참조한 자기생산적인 생산물이 아니라 자본주의를 강화하는 생산물이다.

반대로 욕망이 현재 사회적 주류 배치에 대립하거나 저항하는 거대한 이념으로부터 기인한 경우 배치를 만들어 현행화하기 어렵거나 불가능하다. 세계 평화나 생태 정치에 대한 욕망과 같은 것은 나 혼자서 할 수 있는 일이 아니기 때문에 자칫 이러한 욕망을 배치를 통해 현행화하고자 한다면 좌절만을 경험하게 만들 수 있다. 그래서 이러한 욕망들을 분열시켜 분자화한다. 욕망을 분자화해서 미시적으로 만드는 작업은 욕망을 축소시키는 것이라고 생각할 수도 있으나 오히려 이것이 욕망을 현행화하는 작업이다.

미국의 심리학자 리처드 테데스키(Richard Tedeschi)와 로렌스 캘훈(Lawrence Calhoun)은 '외상 후 성장(Post-traumatic Growth, PTG)'이라는 개념을 제시했다. 트라우마는 PTSD를 만들기도 하지만 PTG, 즉 외상 후 성장을 만들기도 하는데, 트라우마 후에 성장한 사람들은 "성취와 성공을 추구하는 생활 태도를 내려놓고, 작은 가능성에 즐거워하고, 가까이 있는 사람들과 친근한 정을 나누는" 특징을 갖는다고 했다. 이는 당연하게 여겼던 것들에 새로운 의미와 기쁨을 느끼고 사람들에 대한 소중함을 느껴서 더 따뜻하고 친밀해지기 때문이다.

예하는 지금 영화과 학생으로 종종 시나리오를 쓰는데, 글의 소재와 주제가 주로 '작고 당연한 것들의 소중함'이다. 그리고 작은 가능성에 즐거워하고 가까이 있는 사람들과 친근한 정을 나누기를 즐긴다. 예하 스스로 이것을 알고 쓰는 것 같지 않지만, 리처드 테데스키와 로렌스 캘훈의 이론대로라면 예하의 이런 관심은 외상 후 성장(PTG)의 한 반응이다. 욕망과 정동을 분자화하는 분열분석의 작업은 외상 후 성장을 추구하는 작업일 수 있다.

분열과 연결이라는 분열분석의 두 축은 '작은 가능성에 즐거워하고 사람들과 정을 나눈다'는 외상 후 성장과 맞닿는 부분들이 있다. 외상 후 성장이 결과론적인 이론이라면 분열분석은 의도적으로 이것을 추구한다. 심지어 너무 작게 분자화해서 사회가 전재(미리 존재)하고 있지 않는 욕망과 개념, 정동까지도 생성하고 추구하기도 한다. 사실상 이런 사소해 보이는 욕망들은 욕망이랄 것도 없이 자기 안에 실존적 접착제처럼 잠재해 있었다.

욕망은 자기참조적일 때 자기생산적이다. '실존적 접착제'처럼 나에게 늘 붙어 있던 자기참조적 욕망을 찾는 것이 시작이다. 그리고 그 욕망이 현행화되지 않았다면 그 욕망을 현행화하기 위해 필요한 배치를 조성한다. 자기참조적 욕망은 주로 자본주의적 배치에 역행하기 때문에 배치를 조성하는 작업이 쉽지 않다. 그러면 그 욕망을 분열시켜 분자화해서 현재 배치 가능한 욕망으로 만든다.

이념을 분자화해서 아이디어 상태로 만들 때 이념과 아이디어가 서로 충돌했듯이, 욕망을 분자화해서 실체와 질료 상태로 접근하다 보면 욕망을 실현하는 것이 아니라 오히려 욕망에 역행하는 결과를 초래하기도 한다. 이때 실체와 질료 수준을 포기하고 욕망을 다시 선택하면 편집증적인 문제는 다시 반복된다. 사람을 돕는 욕망을 가진 사람이 부자가 되어 남을 돕기 위해서 돈을 열심히 벌고자 한다고 가정할 때, 돈을 벌기 위해서 지금 도울 수 있는 사람을 돕지 않고 살아간다면, 불행할 수밖에 없다. 그래서 지금 그 욕망을 실현하기 위해 욕망을 분자화해서 돕고자 하는 사람들을 돕기 시작한다면, 지금은 기쁨을 누려도 부자가 되는 것을 중지할 수밖에 없는 상황과 같다. 부자가 되고 나서 돕겠다고 하는 것이 논리적으로 설득력을 갖는다 해도, 실체적이지는 않다.

자기참조적인 욕망은 분열과 더불어 차이를 만들어 내면서 자기를 반복한다. 자기참조적 욕망 하나를 반복하는 것이 아니라 차이를 두고 반복하면 새로운 욕망을 생성한다. 자기참조적 욕망은 자기 자신을 반복하는 고정된 충동이 아니라 연결하고 갱신하며 차이의 흐름을 생성한다. 즉 자기참조적인 동시에 자기생산적인 시스템으로 기능한다. 누군가를 돕기 위해 실체에 접근하다 보면 나와 다른 사람들과 연결접속하며 새로운 욕망들이 만들어지는 것과 같다.

트라우마는 자기참조적인 실존적 접착제로서 욕망을 발견하고 드러내는 특이성을 만든다. 트라우마 이전에는 주로, 자본주의적 욕망으로 정의할 수 있는 편집증적 욕망으로 인해 자기참조적이고 자기생산적인 욕망들은 잠재적으로만 존재하고 현행화되기 어렵다. 트라우마 이후에는 오히려 자본주의적 욕망은 강도를 잃고 평평해지지만 새로운 욕망으로 편집증적이 될 수 있다. 우리 가족의 경우, 트라우마 이후 1년 정도 우울증으로 인해 아무 욕망도 없었다. 트라우마 전까지는 늘 에너지가 넘쳤던 아내는 트라우마 사건 이후 무기력해졌다. 모든 것에서 강도를 잃었다.

그것은 나도 마찬가지였다. 어떤 것에도 큰 의미를 둘 수가 없었다. 자본주의적 욕망은 강도를 잃었다. 그러다가 1년이 지난 시점에서부터는 오히려 남수단에 몰입하기 시작했다. 남수단 뉴스에 반응하고, 남수단 꿈을 꾸고, 만나는 사람마다 남수단 이야기를 하는 등, 자본주의적 편집증에서 남수단의 편집증이 되었다. 그래서 모든 리비도(정신 에너지)가 남수단을 향하면서도 남수단에 대한 기억이 올라오면 환촉과 환향이 생기는 이중구속 상태가 되었다. 이때 내가 진행한 작업은 욕망을 다양화하고 미시적으로 분자화한 것이었다. 남수단에 몰입된 욕망을 잘게 쪼개 나갔고, 차이를 만들며 발생하는 욕망을 생성하며 새로운 욕망들을 연결접속하기 시작했다.

초기에는 남수단에 대한 강도만 있었다. 욕망이라 할 만한 것도 아니었다. 그리고 지속적으로 남수단 뉴스를 찾아보고, 남수단 사람들과 통화를 하고, 만나는 사람마다 남수단에 대한 이야기를 하고, 남수단 전쟁 소식들을 들으며 남수단에 대한 리비도는 점점 강화되었다. 나는 남수단, 특히 내가 사역하던 부르파얌을 구원하고 싶어 한다는 것을 알았다. 그러나 한국에서 부르파얌을 구원하는 것은 너무 거대한 작업이었다. 그렇다고 다시 남수단을 갈 수 있는 상황도 아니었다.

남수단을 향한 구원자로서의 내 욕망을 다양하게 분열시켜 분자화하기 시작했다. 분열분석에서 욕망을 분자화한다는 말은, 그 욕망을 자명하고 본질적인 어떤 하나의 목적으로 보지 않고, 그 욕망을 구성하는 복수의 요소, 기계적 연결, 정동의 흐름, 사회적 배치 등을 드러내고 각각의 실체와 질료들이 어떻게 이동하는지 그 경로의 지도를 분석하는 것을 의미한다.

욕망의 지도를 분석하기 위해서 가장 먼저 욕망을 둘러싼 배치와 지도를 그리고, 가상적으로 그 욕망이 생산하는 것들을 만들어 본다. 그리고 욕망에서 자기참조적이지 않은, 모델화 혹은 이념화된 편집증적 영향을 구분한다. 자기참조적인 욕망을 '개체발생적 욕망'이라고 하고, 편집증적 욕망을 '계통발생적 욕망'이라고 한다. 어디에 해당하는 욕망인지를 정의하고 자기참조적으로 남은 것을 중심으로 리좀적으로 연결접속 가능한 배치들을 다시 그린다.

자기참조적인 개체발생적 욕망으로 전환한다 할지라도 유일한 하나의 욕망을 위해 다른 욕망들을 억압하거나 약화시킨다면 계통발생적 욕망과 별반 다를 것이 없어진다. 또 하나의 편집증적 욕망이 만들어질 뿐이다. 이런 개체발생적 욕망의 경우, 오히려 주변의 지지체계가 없을 가능성이 높고, 현행을 위한 사회적 구조화가 안 돼 있어서 더 소외될 수 있다. 그래서 욕망의 다양화와 분열화, 미시화가 필요하다.

다양한 욕망들을 가상적으로 구성하고 지도화하여 가능한 배치들을 그려 보아야 한다. 그리고 지도가 그려지지 않거나 배치가 불가능한 이념적 욕망들은 분열화하고 미시화하여 현행화 가능하게 만들어 간다. 이 작업은 욕망뿐 아니라 정동에서도 마찬가지로 작동한다. 우울이나 불안으로 몰입된 정동은 분자화할수록 연결접속을 통한 지도화가 가능해진다.

이런 욕망의 분석을 위해 나는 가장 먼저, 가타리가 구성한 질문들을 토대로 나의 자기참조적 욕망에 대해서 다음과 같은 질문을 던졌다.

① 나의 구원자적 욕망은 어디서 왔는가?
② 이 욕망을 둘러싼 배치는 무엇인가? 왜 이 배치인가?
③ 이 욕망은 무엇을 봉쇄하는가?
④ 이 욕망에서 코드는 어떻게 작동하나?
⑤ 이 욕망을 둘러싼 블랙홀 효과는 무엇에 관련되어 있는가?
⑥ 이 욕망은 무엇으로부터 탈주하게 하는가?
⑦ 이 욕망의 항상적 평형을 파괴하면 어떤 이익이 있고 무엇을 상실하는가?
⑧ 이 욕망은 어떤 리좀적 연결망을 갖는가?
⑨ 이 욕망은 무엇을 생산하는가?
⑩ 이 욕망은 어떻게 분열화, 현행화하는가?

① 나의 구원자적 욕망은 어디서 왔는가?

이 욕망은 최근에 발생한 것이 아니었다. 전쟁 이후 발생한 것도 아니었다. 통시적 시간 안에서 이 욕망은 어린 시절부터 있었다. 나는 어린 시절부터 무엇인가의 혹은 누군가의 구원자로 있을 때 가장 큰 기쁨을 경험했다. 그러니까 남수단 구원에 대한 욕망은 단지 남수단 탈주 이후에 시작된 것만은 아니다.

트라우마 이전부터 있었으나 소시민적 정체성으로 잠재되어 있었던 것이 트라우마 사건 이후 나타났다. 그러나 순수하게 개체발생적이라고 보기는 어렵고, 종교적 이념과 히어로물을 통해 주입된 계통발생적인 욕망과 상호침투를 통해 만들어졌다고 보는 것이 합리적이다. 이 둘 사이의 분리가 불가능한 것은 아니다. 구원자적 욕망이 숙명적이고 당위적으로 작동하는지, 자율적이고 유동적으로 작동하는지가 그 기준이 될 수 있다.

② 이 욕망을 둘러싼 배치는 무엇인가? 왜 이 배치인가?

내가 구원자적 욕망을 현행화할 때는 1)구원할 대상, 2)대상과의 관계성, 3)대상이 악하지 않다는 확신 혹은 피해자라는 확신, 4)대상의 간절함, 5)부족민들의 어려움을 직접 경험했던 기억, 6)부족민들의 어려움에 대한 연민, 7)지속적으로 들려오는 소식, 8)환촉과 환향(증상은 남수단을 잊게 하기보다 오히려 생각나게 함), 9)부족민들에게 함께하겠다고 했던 약속, 10)부족민들의 삶과 상대적으로 잘 누리고 있는 현재 나의 삶, 11)나 혼자 안전하게 살고 있는 것에 대한 죄책감 등이 나를 둘러쌌다.

이 중 10)의 현재 나의 삶과 11)의 죄책감은 종교적 이념의 계통발생으로 인한 것이다. 9)의 약속은 당위적이기는 하지만 내가 한 약속이어서 자기참조적이면서 개체발생적이다. 내가 구원자적 욕망을 발동시킬 때 다른 배치가 아니고 이 배치여야 하는 조건은 3)의 확신과 6)의 연민이다.

③ 이 욕망은 무엇을 봉쇄하는가?

남수단 사람들을 구원하고 싶은 욕망을 현행화한다면, 지금 내가 한국에서 누리고 있는 삶을 봉쇄한다. 가족들과 매일 행복하게 보내는 일상도 봉쇄한다. 심지어 내 목숨을 내놔야 하는 상황이 발생할 수도 있다. 무엇보다 내가 그들을 구원하기 위해 남수단에 간다고 해도, 그럴 수 있는 능력이 없다.

④ 이 욕망에서 코드는 어떻게 작동하나?

이 욕망은 주로 남수단이나 전쟁을 떠올릴 만한 촉발 이미지를 지니거나 내 삶이 너무 행복할 때 드러난다. [전쟁 소식을 들는다 - 남수단이 떠오른다 - 나도 그 자리에 있었다 - 나는 지금 한국에서 안락한 삶을 살고 있다 - 그 사람들은 여전히 그 자리에서 고통받는다 - 나는 그들과 함께하겠다고 약속했다 - 그들은 내 도움을 필요로 한다 - 나에게 도움을 요청했다 - 그들을 구원하고 싶다]와 같은 생각의 흐름을 갖는다.

그러나 행위 코드는 없다. 내 삶이 너무 행복할 때는 [행복하다 - 남수단 사람들은 불행하다 - 그들과도 함께 행복하던 때가 있었다 - 가족들에게 언제가 가장 행복했는지 묻는다]와 같은 흐름을 갖는다. 이런 흐름에는 행복할 때마다 남수단을 떠올리며 죄책감으로 연결하는 자동적 사고가 나타났다.

⑤ 이 욕망을 둘러싼 블랙홀 효과는 무엇에 관련되어 있는가?

블랙홀 효과는 '모든 것을 빨아들이는 것'을 말한다. 자기참조적으로는 과거의 약속, 함께했던 시간, 연민의 감정이고 계통발생적으로는 종교적 이념이며 이 둘의 상호침투를 통해 죄책감이라는 감정이 생성되었다. 그리고 이 죄책감이 블랙홀 효과를 갖는다.

⑥ 이 욕망은 무엇으로부터 탈주하게 하는가?

행복을 누리고 있는 한국에서의 일상으로부터 탈주한다. 더 정확히 말하면 행복으로부터의 탈주라기보다 고통을 모른 척하고 살아가는 일상으로부터의 탈주이다.

⑦ **이 욕망의 항상적 평형을 파괴하면 어떤 이익이 있고 무엇을 상실하는가?**

욕망에 따른 이익과 상실이 자명하다. 이익은 약속을 지키고 죄책감을 끝낼 수 있고, 남수단의 친구들과 후원자들과 예하에게 당당할 수 있다. 상실은 현재 한국에서 누리는 삶 전부이다.

⑧ **이 욕망은 어떤 리좀적 연결망을 갖는가?**

이 욕망을 실현하기 위해 행동한다면 나를 후원해 줄 교회와 사람들, 남수단 부족의 사람들, 혹은 반전 NGO들과 직접적인 연결망을 갖는다. 더불어 가능하다면 이 이야기를 담을 수 있는 출판 관계자들과 영화 관계자들과도 연결망을 가질 수 있다.

⑨ **이 욕망은 무엇을 생산하는가?**

이 욕망을 현행화하지 않은 상황에서는 죄책감과 그리움 등의 부정적인 정동을 생산한다. 만약에 현행화한다면 남수단 부르파얌 교회와 학교의 재건과 남수단 전쟁 후 트라우마 현장의 삶과 재건 과정에 대한 여러 콘텐츠들이 생산될 수 있다.

⑩ **이 욕망을 어떻게 분열화, 현행화하는가?**

이 욕망이 통째로 현행화되는 것은 지금으로서는 어려운 일이다. 나의 PTSD 문제도 있고, 남수단에 들어가는 비자 자체가 발급이 어렵다. 남수단을 향한 욕망을 분열화한다면 일단 욕망을 다루는 시점에서는 남수단 사람들을 한 명 한 명 후원하기, 남수단 교회 후원하기, 반전 활동하기, 남수단 상황 알리기, 교회와 연계하여 남수단 후원을 본격화하기, 자매결연 등을 맺어서 지속적으로 소통하기, 남수단의 청년 중 가능한 인원을 한국에 초청하여 교육 후에 선교사로 파송하기 등이다.

　욕망의 분자화는 이렇게 공시적으로 사건 혹은 역할로 나눌 수도 있고, 통시적으로 시간에 따라 나눌 수도 있다. 오늘, 내일, 다음 달, 내년 등으로 구분하여 각 분화한 시간들마다 이 욕망이 무엇을 생산하는지 구분하기도 한다. 지금은 이 욕망을 분자화하고 현행한 것이 돈을 후원한 것밖에 없어서 생산된 것이 후원의 결과뿐이지만 모든 욕망의 현행화에는 그에 따른 생산물이 다르게 나타난다. 남수단에 대한 후원은 당위나 의무가 아니라 욕망 현행화의 한 방편이기 때문에 행위를 둘러싼 정동이 다양하고 역동적이다.

　이러한 방식으로 글 쓰고 싶은 욕망, 사랑에 대한 욕망, 사람 심리를 알고 싶은 욕망 등 다양한 욕망들의 배치와 리좀적 연결을 찾고 코드화하고 분열화, 군집화하는 과정을 갖는다. 이런 다양한 욕망들을 모두 현행화하여 하나의 욕망에 편집되어 다른 욕망들을 억압하거나 배제하지 않도록 하고 욕망의 현행화에 연결접속되는 지점들을 찾기도 한다. 무엇보다도 그 욕망들이 현행화되지 못하게 막는 혹은 하나의 욕망에만 몰입하게 만드는 숙명적이고 당위적인 것들에 저항한다.

PART 4   정동

배치는
정동을 만들고
정동은
배치를 바꾼다

1.
정동을 생산하는 글쓰기 기계[20]

분열적 글쓰기

분열적 글쓰기(Schizo-writing)는 무의식의 질서를 해체하고 새로운 언표 및 감각을 생성하려는 실천으로 비논리적 구조, 다중적인 목소리, 의미의 중첩에 제한을 두지 않고 떠오르는 대로 횡설수설 글을 쓰면서 정동의 유출을 관찰하는 글쓰기이다.

이는 프로이트의 자유연상과 비슷한 방식을 적용하는데, 자유연상이 아무 말이나 떠오르는 대로 말한다는 특징이 있다면

---

20   글쓰기 기계를 분열분석적 글쓰기라고 부르기도 한다. 분열분석적 글쓰기에는 분열적 글쓰기, 가상적 글쓰기, 서사 접붙이기 등 다양한 방식들이 있다. 해당 용어들은 가타리가 분열분석의 공식적인 기법 이름으로 사용한 것은 아니지만 치료를 위해 사용한 사례들을 후학들이 발전시키며 붙인 이름이다. 가타리는 분열분석의 공식적인 기법 만들기를 꺼렸기 때문에 자신이 사용한 기법들에도 글쓰기 기계, 기계적 몽타주 등 몇몇 이름들 외에는 공식적인 이름을 부여하지는 않았다.

분열적 글쓰기는 정동의 흐름에 집중한다는 것과 소재나 실체를 중심으로 쓴다는 특징이 있다. 전통적 글쓰기가 서사 흐름이 논리적으로 진행된다면 분열적 글쓰기는 정동적 파편과 이미지적 연상, 대화체, 단절된 구조, 무의식적 반복, 이질적인 목소리와 표현을 통제 없이 연속적으로 쓴다. 중심도 없고 목적도 없고 떠오르는 대로 정동의 흐름만 존재한다.

가타리는 『The Anti-Oedipus Papers』를 통해 이러한 분열적 글쓰기에 대해서 "멍청한 말 해 보기, '미친 분열 흐름(Schizo Flow)'을 토해 내듯이 뱉어 내기, 엇나가고, 문장이 엉망이 되고, 단어들이 해체되고, 철자법은 완전 난장판일 때, 어릴 때 느꼈던 이상한 감정을 생성한다. 어떤 단어들에서 갑자기 의미가 사라져 버린다. 이 난장판으로부터 나오는 하나의 텍스트. 나 자신이 무슨 말을 하고 싶었는지 나중에 다시 읽을 수 있도록 표현하려는 노력조차 하지 않는다"라고 했다. 이런 글쓰기를 하는 이유는 의도하지 않은 혼란 상태 자체를 창조성의 원천이라고 보았기 때문이다. 가타리는 "정말 중요한 것은 혼란 속에 에너지원이 있다는 것이다. 아이디어는 뒤따라온다 … 내 느낌은 '미친 분열 흐름'을 토해 내듯 쏟아 내야 한다. 미친 흐름을 억누르지 말고 그것을 지도화해야 한다"라고 말했다.

분열적 글쓰기는 텍사스대학 심리학과 교수 페니베이커(James W. Pennebaker)의 표현적 글쓰기보다 훨씬 더 자유롭다. 표현적 글쓰기는 6주 동안 하루 20분씩 주 4회 아무도 보지 않는 자기만의 글을 쓰는 방식으로, 페니베이커는 연구를 통해 표현적 글쓰기를 하면 우울과 불안이 안정되는 정서적인 변화를 경험한다는 결과를 도출했다. 분열적 글쓰기가 의미화를 벗어나서 해체하고 새로운 것을 생성하는 수준의 글쓰기라면, 표현적 글쓰기는 자기의 의미와 연결된 감정을 찾는 방식으로 자기의 감정과 신체를 발견해 나가는 글쓰기이다. 형식으로 구분하자면 분열적 글쓰기는 무슨 말인지 알 수 없게 떠오르는 대로 마구 쓰고, 표현적 글쓰기는 무슨 말인지 알 수 있게 쓴다.

분열적 글쓰기 작업은 의미를 차단함으로 의미에 구속되지 않은 감정을 해방한다. 의미는 이미 구조화되어 있어서 의미 안에 정동을 가두거나 정의하지만, 의미에 구속되지 않으면 정동에 더 솔직하게 직면할 수 있다. 가타리는 『기계적 무의식』에서 "텍스트는 무의식적 기계의 조직된 구조로서, 정동적 흐름의 분자적 조립을 수반한다"라고 했으며, 『카오스모제』에서는 "글쓰기의 과정은 단순히 표상이나 기호의 문제가 아니라 하나의 정동적 상태이며, 욕망의 흐름을 배열하는 방식"이라고 했다.

그렇게 분열적 글쓰기를 통해 드러난 감정은 의미 중심으로 보면 매우 이질적이며 잠재성을 현행화하는 데 도움을 준다. 의미에 담기지 않는 감정들이야말로 이질적일지라도 나를 발견하는 연결이 될 수 있다. 그래서 이것을 '시냅스적 행위'라고 부른다. 시냅스(Synapse)는 감정을 형성하고 전달하는 신경 회로의 연결점 역할을 하기 때문에 붙여진 이름이다.

내가 남수단을 소재로 썼던 글을 예를 든다면 다음과 같다.

"나는 깨어 있었다. 하늘은 하얀색이었다. 거리에는 이름 없는 차가 혀를 굴렸다. 나는 혀를 감았다. 혀는 감정이고 감정은 높았다. 난 가끔 너와 키스를 하고 싶었다. 하지만, 아니고, 하지만, 총성이 들렸다. 음악을 틀었다. 언제나 지나간다. 심장이 모래알처럼 부풀어 오른다. 낯선 아이가 웃는다. … 크리스마스. 어제 뉴스에서 본 무덤은 왜 내 머릿속에서 그리운 거지? 컵라면, 죄책감, 외로움."

이런 글들을 하루 30분씩 그냥 무작정 쓴다. 이런 분열적 글쓰기에는 의식 이전의 질서가 나타나고 이질적인 단어와 리듬이 충돌하고 욕망이 다양하게 흘러간다. 고정된 이름이나 성별, 정체성이 해체되고 재현이 아니라 생성적 표현으로 들어간다. 글에 흐름, 몸짓, 리듬을 해체하는 과정이 나타난다. 분열적 글쓰기는 서사적 글쓰기를 위한 원초적 글쓰기(Archi-writing)가 된다. 최초에 원초적 글쓰기는 중심화를 회피하는 흔적들의 흐름 혹은 진동들이다. 그리고 중심화를 회피하는 이 흐름들은 정동의 기계적 기입이 된다.

리좀적 군집 혹은 기계적 몽타주

구조나 완성된 이미지의 뒤를 쫓지 않고 무질서한 채로 쓰는 분열적 글쓰기 자체로 이질적인 정동들이 형성되기도 하고 나에 대해 직관적인 분석이 되기도 하는데, 더 적절하게 분석하기 위해서는 이 글쓰기들을 의미에 포획되지 않는 감정을 중심으로 군집화(Clustering)한다. 이렇게 분열적 글쓰기를 군집화하는 것을 기계적 몽타주(Machinic Montage) 혹은 리좀적 군집(Rhizomatic Clusters)이라고 한다.

여기서 '군집화한다'고 한국말로 표현하면, 의미적으로 비슷한 것들끼리 의도적으로 정해진 틀로 묶어 주는 것으로 이해할 수 있다. 하지만 가타리가 의도한 군집화는 정해진 틀로 묶어 주는 것이 아니라 상호 연결되면서 의미에 포획되지 않는 것들이 스스로 알아서 모이는 것을 의미한다. 무엇이 모이는지는 언어적 혹은 기호적 규정에 의해서가 아니라 분열적 글쓰기를 한 사람의 감응 혹은 정동에 따른 흐름에 의해서이다. 이 작업을 기계적 몽타주라고 부르기도 하는데, 가타리는 욕망, 이미지, 감각, 사건, 언어 등을 바로 하나의 내러티브로 종합하지 않고 서로 다른 수준의 요소들을 병치하여 새로운 기호적 장치를 생성하는 글쓰기를 하기 때문에 '기계적 몽타주'라 불렀다. 이는 생성적 실천이자 분석적 장치이다.

내가 남수단에 대해서 쓴 글을 보면 '혀가 감정'이라거나 '차가 혀를 굴렸다'는 등의 표현이 나온다. 전혀 연결이 안 되는 비논리적인 표현이다. 또 '총성이 들리는 것'과 '아이가 웃었다'는 전개는 맥락에 안 맞는다. 그러나 나는 떠오르는 대로 마구 분열적으로 썼고, 이 안에는 여러 욕망과 정동이 엮여 있다.

이것을 군집화하는 것은 전문가가 아니라 이 글의 글쓴이다. 자세한 분석은 너무 복잡하기에 간단히 이해 가능한 분석만 한다면, 총성과 이름 없는 차, 하얀 하늘 등은 전쟁 경험의 장면이다. 이름 없는 차는 마을로 밀고 들어온 탱크였다. 나는 기갑부대에서 군 복무를 해서 장갑차나 탱크의 이름은 대체로 아는데, 내가 모르는 탱크가 들어왔다. 뉴스를 본 것이나 컵라면을 먹은 것은 한국에서의 장면이다. 키스를 하고 싶다거나 혀와 같은 표현들은 일상에 대한 그리움이다. 전쟁 상황에서의 희망과 그리움 혹은 '다시 이런 시간들이 올 수 있을까?' 하는 생각에 남수단의 평화가 간절했던 욕망들이었다.

사소하고 미시적인 욕망이 그런 긴박한 상황에서 떠오르는 것은 나만의 특징이 아니다. 아주 자연스럽고 당연하다. 인간이 가장 원하는 것은 사실상 매우 사소하고 미시적이어서 없어도 괜찮았을 것 같은 것들이다. 이 짧은 글에도 몇 가지 욕망들이 나타났다. 일상 회복에 대한 욕망, 남수단 사람들을 다시 보고 싶은 욕망, 아내와의 키스에 대한 욕망, 내 잘못이 아니라고 인정받고 싶은 욕망 등. 이런 욕망들이 발견되면 각 욕망들을 연결시킨다. 그리고 이 짧은 글을 바탕으로 많은 서사를 만들어 낼 수 있다. 가상적인 서사도 만들어 낼 수 있지만, 잊고 있었던 그 현장에서의 아름답고 무서우며 멋있었던 서사를 만들어 낼 수도 있다.

서사는 주체성을 생산하며 이 주체성 생산이 생산 형태의 토대이다. 즉 서사는 주체성 자체라기보다 생산 과정에 속한다. 보편 사회는 사람들의 주체성을 보편적으로 생산하기 위해 대표성을 띠는 영웅 서사를 활용한다. 그 영웅 서사에 다가갈수록 보편적 인간이 되고 멀어질수록 병리적 인간이 된다고 간주한다. 하나의 서사로 몰입하게 만드는 이런 구조는 편집증적 서사이다.

그러나 분열적 글쓰기를 통해 나타나는 서사는 이런 보편 서사의 반(反)서사로 등장한다. 반서사에는 두 가지 형태가 있다. 인공적이고 의도적으로 편집증적 서사를 파괴하려고 하는 서사와 여러 가지 방향으로 모든 표현을 향해서 나아가는 서사다. 생산물 없이 인공적으로 편집증적 서사를 파괴하려고 하는 서사는 결과적으로 또 다른 편집적인 서사를 만들 수 있다. 그러나 분열분석적 글쓰기는 모든 표현을 향해서 나아가며 다양한 혹은 분열된 특이성의 서사를 생산한다.

분열적 글쓰기는 다른 분열적 글쓰기들과 만나면서 여러 편의 서사들을 만든다. 이때 만들어지는 서사들은 원초적 글쓰기 이전에는 쓸 수 없는, 새로 생성된 감정과 욕망 그리고 의미들로 만들어진 서사들이다. 그리고 이런 과정에서 나온 하나의 서사는, 또 다른 글에서 나온 두 번째 혹은 세 번째 서사들과 서로 만나서 또 하나의 서사를 만들어 낸다. 위의 분열적 글쓰기에서 웃는 아이나 크리스마스는 어디서 튀어나온 단어인지 처음에는 알기 어려웠다. 그러다가 몇 개월 뒤에 분열적 글쓰기를 하며 다음과 같은 글을 썼다.

> "사람들과의 약속이 나를 힘들게 한다. 비난슈, 제이콥, 과헤나, 요셉. 요셉. 아이가 있었다. 내 이름으로 이름 지은 아이였다. 벅찬 감정과 슬픈 감정. 아이들의 웃음. 한국에 누군가를 부를 수 있다면 누굴 부르지? 아내가 물었다. 나는 '비난슈'라고 했다. 그러나 비난슈는 한국에 오지 않는다. 가족 돌보는 것을 중요하게 여긴다. 우간다에서의 기계음과 부르족에서의 가족 소리 … 그렇다면 요셉. 요셉은 어떨까?"

이 글을 쓰고 나서 몇 개월 전에 썼던 분열적 글쓰기가 떠올랐다. 아이의 웃음소리와 크리스마스의 의미를 알았다. '아이의 웃음소리', '크리스마스', '요셉', '내 이름으로 이름 지은 아이'와 같은 표현들이 하나의 맥락을 이루면서 조합되었다. 이것이 접붙이기(Graft)이다. 접붙이기를 통해 흩어졌던 분열적 글쓰기의 조각들이 연결접속되자 울컥, 내 신체와 감각에 강렬한 에너지가 올라왔다. 떨림, 가슴의 뜨거움, 열, 막연한 압력 같은 진동 혹은 힘이 올라왔다. 이것을 굳이 말로 표현하자면, 슬픔일까? 그리움? 혹은 미안함? 한 단어로 규정하기 어려운 복잡하고 형상이 없는 강렬한 에너지가 역동했다. 이것은 정동(Affect)이었다.

분열적 글쓰기에서 이런 정동이 발견되면 그 정동을 중심으로 그동안 썼던 글들을 조합한다. 마치 흩어져 있는 하나하나의 별들을 이어서 하나의 별자리(Constellation)[21]를 배치하여 서사를 구성하듯이, 이렇게 몇 개의 글을 모아서 연결접속한 결과로 다음의 완성된 서사가 나왔다. 이 책에서는 하나의 서사를 소개하지만 이러한 과정과 방법으로 수많은 서사들을 생성했다. 각 서사에는 또 다른 여러 욕망들이 나타나며 그 욕망들의 조합으로 또 다른 정동이 나타나고 또 그 정동으로 또 다른 서사가 이어진다.

이런 과정에서 나온 서사 하나를 소개하자면 다음과 같다.

첫 번째 유아세례 예정자, 요셉

윌리엄과 부르파얌에 교회를 한창 세워 가고 있을 때였다. 하루는 윌리엄이 유난히 해맑게 웃으며 내 걸음을 재촉했다.

"무슨 심방이길래 말도 안 해 주고 데리고 가는 거야?"

윌리엄은 뭐가 신이 났는지 그저 해맑게 웃으며 나를 재촉했다. 장님인 윌리엄을 안내하는 꼬마 오꾸에로도 뭐가 신나는지 실실거리며 웃었다.

"오꾸에로, 넌 알고 있지? 무슨 일이야?"

내가 물어보자 오꾸에로는 웃음을 참지 못하고 고개를 푹 숙이며 낄낄거렸다. 그러나 아무런 말도 해 주지 않았다.

오꾸에로와 윌리엄이 안내해 준 곳은 아루와의 집이었다. 아

---

[21] 학자에 따라 '성좌'라고 번역하기도 한다.

루와는 교회에 몇 번 온 적이 있는 임산부였다. 초반에는 교회 일에 열심이었지만 출산일이 다가오자 교회에 오지 못했다. 그래서 종종 윌리엄과 함께 심방을 하곤 했었다.

"뭐야? 오늘 아루와 출산일이야?"

나는 기쁨을 감출 수 없었다. 부르파얌에는 의사가 따로 있는 것이 아니기 때문에 아이를 출산하면서 죽는 경우가 적지 않았다. 건강하게 아이가 나왔다는 건 매우 기쁜 일이었다. 생명이 태어났다는 의미이기도 했지만 새 일꾼이 태어난다는 의미이기도 했다.

부르파얌에서는 아이가 태어나면, 제일 먼저 비의 제사장을 부른다. 비의 제사장이 아이를 축복하러 오면 양이나 염소를 준비했다가 주게 되어 있다. 최근에는 부족 외부와 거래를 하면서 플라스틱류의 탁자나 의자 등 염소보다 가치 있는 다른 물품을 주기도 했다.

아루와의 출산 전에도 몇몇 교우가 출산을 했었는데 나를 부르지 않고 비의 제사장을 불렀다. 그 교우들의 입장에서는 부족의 다른 원로들 눈치를 봐야 했기 때문에 불가피했을 테지만 나는 나름 서운한 생각이 들기도 했다. 교회에서 출산하고 나를 부른 건 처음 있는 일이었다.

나는 들어가자마자 아루와를 안아 주었다. 그리고 갓 태어난 아기를 바라보았다. 아루와는 아기를 위해 기도해 달라고 했다.

"그럼, 물론이지. 기도해야지."

나는 아기의 머리에 손을 얹고 한동안 바라보며 감격에 젖었다. 그리고 아루와에게 물어보았다.

"아이의 이름은 무엇으로 했어?"

내가 아기의 이름을 물어보자 주변에 모여든 사람들은 모두 까르르 웃었다. 부르파얌은 아기가 태어나면 어머니의 상태나 주변 환경을 보고 이름을 짓는다. 어떤 사람의 이름은 '할머니가 왔다'이다. 어떤 사람은 '가난', 어떤 사람은 '배고픔', 어떤 사람은 '화난 아버지', 어떤 사람은 '설탕', 어떤 사람은 '말라리아', 어떤 사람은 '죽은 엄마', 어떤 사람은 '비가 온 날', 어떤 사람은 '피곤함', 어떤 사람은 '전쟁'이라는 이름을 갖고 있다.

나는 그냥 분위기에 젖어 같이 웃으며 다시 물었다.

"왜들 그래? 이름을 또 이상하게 지은 거야? 내가 그랬잖아. 이름을 좀 가치 있게 지으라고. 의미 있는 이름을 지으라고 했잖아. 웃긴 이름 짓지 말고."

그러자 윌리엄이 내게 말해 주었다.

"매우 의미 있는 이름으로 지었어요. 정말 깜짝 놀랄 만한 이름으로."

나는 답답하다는 듯이 되물었다.

"축복기도 해야 하니까 빨리 말해 줘. 발음이 어려운 건가?"

내가 물어보자 윌리엄이 다시 말해 주었다.

"매우 쉬운 발음이에요."

나는 한숨을 쉬었다.

"알았으니까, 뭔데? 이름이."

윌리엄은 자리에 앉으며 말했다.

"유어 네임."

뭐? 난 처음에 유어 네임이 영어가 아니라 아랍어일 것이라고 생각하고 '아랍어로 유어 네임이 뭐였지?' 하고 계속 생각했다. 그러나 아무리 생각해도 유어 네임은 영어였다.

"이름이 '유어 네임'이야?"

그러자 또 까르르 웃었다.

"요셉이요. 목사님의 이름을 따서."

윌리엄은 웃음을 참으며 말해 주었다.

"내 이름? 하지만 이름은 태어날 때 있었던 가장 중요한 사건으로 짓잖아."

내가 이렇게 말하자 아루와가 말했다.

"매우 중요한 사건. 목사님이 우리에게 왔잖아요. 처음에는 '카니샤(교회)'라고 지으려고 했는데 그것보다 목사님 이름이 더 의미 있을 것 같아서요."

나는 아기 요셉을 바라보았다. 축복하지 않을 수가 없었다. 매우 흐뭇한 마음으로 축복기도를 하려고 하자 윌리엄이 불쑥 끼어들었다.

"유아세례도 받을 겁니다."

"뭐? 아루와가 유아세례를 알아?"

내가 되묻자 윌리엄이 대답했다.

"제가 알잖아요. 목사님이 웨스트민스터 신앙고백서를 가르쳐 줬지요. 어린 아기도 구원받을 수 있다고. 제가 아루와에게 가르쳐 주었어요. 유아세례를 받으라고요."

요셉은 그렇게 부르파얌의 첫 유아세례 예정자가 되었다. 비의 제사장의 권력이 가득했던 당시의 부르파얌에서 아기에게 유아세례를 주는 것은 쉬운 결정이 아니었다. 나는 아루와의 결정이 무엇인지 느꼈다. 아루와를 사랑하는 마음과 그의 결정에 대해 기쁨을 가득히 안고 요셉의 머리에 손을 얹고 기도했다.

"이 아이가 하나님을 알게 해 주시고, 하나님을 사랑하고 따르게 해 주시고, 아프지 않고 건강하게 해 주시고, 부모를 사랑하며 이웃을 사랑하는 아이로 자라게 하소서."

축복기도가 끝나고 한참 동안 이야기를 나누다가 가려고 하자 아루와는 내게 플라스틱 대야 몇 개를 주려고 준비했다. 부족민들에게 플라스틱 제품은 염소와도 바꿀 수 없는 매우 가치 있는 물건들이었다. 받을 수가 없었다.

"내게는 이미 많아. 오히려 내가 선물을 줘야지. 오늘은 갑자기 와서 아무것도 준비를 못 했네. 다음에 올 때 내가 선물을 준비해 올게."

부르파얌에서는 아기를 낳으면 한 달에서 두 달 정도는 집에서 쉬었다. 그 뒤로 내가 종종 아루와를 보러 갔다. 아니, 요셉을 보러 갔다. 아루와는 교회에 오지 못했다.

요셉이 태어나고 두 달 뒤, 전쟁이 났다. 전쟁이 발발한 첫 주 주일예배에 아루와가 요셉을 안고 왔다.

"목사님. 요셉을 데리고 가요. 전쟁이 났어요. 가실 때 요셉을 데리고 가요."

"한국에 남수단 아기를 데리고 가는 건 그렇게 간단한 일이 아니야. 법적인 문제가 있어. 가능하지 않아. 그리고 나는 한국으로 돌아가지 않아. 걱정하지 마. 올해 성탄절에는 요셉이 유아세례도 받아야지."

아루와는 여전히 불안한 얼굴이었지만 내가 잘 안심시켰다. 그리고 전쟁이 난 후 두 번째 주일에는 아루와가 교회에 오지 않았다. 그리고 전쟁이 난 후 세 번째 주일이 오기 전에 우리는 아루와와 요셉을 만나지 못하고 남수단을 탈출했다. 약속을 지키지 못한 것에 대한 죄책감. 그것은 요셉과 아루와에게만 있는 것은 아니다. 이렇게 약속한 사람이 수백 명이다. 그 모두에게 미안함과 죄책감이 있다. 한국에 돌아오고 나서도 종종 요셉을 위해 기도한다.

"요셉이가 하나님을 알게 해 주시고, 하나님을 사랑하고 따르게 해 주시고, 아프지 않고 건강하게 해 주시고, 부모를 사랑하며 이웃을 사랑하는 아이로 자라게 하소서."

그리고 홀로 상상해 본다. 전쟁이 나지 않았다면, 내가 빠져나오지 않았다면, 내가 약속을 지켰다면, 부르파얌에서 처음으로 유아세례가 행해졌을 어느 날을.

"주 예수를 믿는 아루와의 아들 요셉 오로뇨에게 성부와 성자와 성령의 이름으로 세례를 주노라. 아멘."

2.
정동을 둘러싼 움직임

정동이란 무엇인가?

분열분석에서는 감정(Emotion)을 정동(Affect)과 구분한다. 한국에서는 분야마다 용어 정리가 다양하게 되어 있어서 정의하고 가야 한다. 'Emotion'은 주로 감정이라고 번역하지만, 정서중심치료(Emotion-focused Therapy)에서 'Emotion'을 정서로 번역하면서 감정과 정서에 대한 활용이 애매해졌다. 또한 'Affect'를 주로 정동이라고 번역해 왔지만 정동이 일본식 번역이라는 비판으로 인해 정서라고 활용하는 학자들이 생겨났다. 그래서 용어를 분야나 학자마다 다양하게 사용하고 있다.

이 책에서는 철학과 정신분석에서 주로 사용하던 대로 'Affect'를 정동으로 'Emotion'을 감정으로 사용한다. 또한 이 책은 철학 전문 서적이 아니기 때문에 'Affectio'와 'Affectus'를 구분하는 철학적 논의는 다루지 않고 모두 통합하여 정동으로 정의한다.

정동이란 '감정 발생 전후의 상태', 즉 정체화되기 이전의 신체적, 실존적, 생성적 강도이자 발생 이후의 다른 감정으로 전환하는 과정적 운동이다. '나의 감정' 전후에 나타나는 접속의 역동이자 정도, 속도, 방향성을 확인할 수 있는 낮고 높은 수준의 에너지 흐름이다. 한 노숙자를 보고 슬픔이라는 감정이 생겼다면 그 슬픔이 생기기 전에 그 노숙자에게 시선이 가고, 가슴이 두근거리고, 눈물이 고이는 과정이 모두 정동이다. 더불어 슬픔 이후에 노숙자를 돌보는 일련의 반응들도 정동이다. 그리고 슬픔으로 인해 발생한 돌봄은 다시 만족감이라는 감정을 만들어 낸다.

정동은 감정을, 또 감정은 정동을 그리고 다시 정동은 감정을 만들며 흘러가게 한다. 그래서 이러한 돌봄이나 사랑과 같은 것들은 감정이라기보다 정동에 가깝다. 감정을 슬픔, 분노 등으로 표현한다면 정동은 슬프게 만드는 내면적 에너지나 배치적 요소들, 분노하게 만드는 터질 것 같은 에너지 혹은 그렇게 만드는 움직임이다. 여러 분열적 글쓰기를 조합하다가 '아기 요셉'에 대한 기억 작용으로 가슴의 뜨거움과 열, 진동 같은 것을 감각하고, 큰 호흡을 하며 울음을 참고 이를 악무는 행동을 하는 모든 일련의 영향 혹은 충격들이 정동이다.

욕망 또한 감정처럼 정동과 연결고리를 갖고 역동한다. 욕망이 좌절될 때와 성취될 때에 따라 정동이 바뀌고, 정동의 강렬한 에너지로 인해 욕망이 생기기도 한다. 정동은 욕망의 흐름이 이동하는 방식, 속도, 접속 강도를 알려 주는 가장 민감한 지표가 되기 때문에 감정과 욕망의 연결점을 나타내고 종종 감정과 욕망을 모두 포함하여 사용하기도 한다. 즉 정동은 욕망의 작동 원리 자체이자 새로운 감정의 배치를 생성하는 촉매이고 감정과 욕망의 열림 또는 억압을 만드는 흐름이다.

분열분석은 고착화되어 있는 감정을 분석하기보다 감정과 욕망의 역동과 흐름을 탐지할 수 있는 정동을 분석한다. 언어화되지 않고 배치와 흐름으로 나타나기 때문에 분석하기가 어렵다. 정동이란 개인적 감정이 아니라 타자와의 접촉점, 상호침투에서 나타나는 욕망의 흐름, 신체의 전위, 실존적 잠재성이기 때문에 개인에게만 있기보다 관계 혹은 사회 안에서의 역동으로 드러난다. 이런 정동은 욕망과 감정을 생산하는 힘이기 때문에 정동의 분석을 위해서는 욕망과 감정의 고착된 상태와 변화를 봐야 한다.

사람이 사랑하는 사람을 선택할 때, 그 사람을 선택하도록 프로그래밍되어 있거나 사랑하기 좋은 전형적 유형이 의미화되거나 정해져 있는 것이 아니다. 개인의 욕망과 감정의 흐름이 상대의 욕망과 감정 그리고 상황과 사회적 시선의 지도 제작이 적용된 결과로 사랑하는 사람을 선택한 것이다. 이처럼 정동적 반응은 흐름이지 정해진 답이 있는 것이 아니다. 정해진 답을 내는 것이 아니고, 다른 사람들이 규정한 대로 흘러가지 않기 때문에 정동적 흐름은 매번 이질발생적[22]이다. 첫사랑과 했던 흐름은 두 번째 혹은 세 번째 흐름에서 그대로 동일하게 반복되지 않는다. 정동적 반응은 차이를 만들며 반복될수록 강해지며, 이를 통해 자기참조가 강화된다. 내가 좋아하는 기호, 내가 좋아하는 스타일이 동일하기만 하면 지루해지지만 차이를 두고 반복하면, 그

---

22   이질발생: 자기 안에서 끊임없이 다른 것이 생성되고 구성되는 과정을 말한다. 162쪽을 참고하라.

스타일에 내 감정은 더욱 반응한다.

　욕망과 감정적 반응에 작동하는 질문은 '왜?'가 아니라 '어떻게?'이다. 일단 사랑에 빠지고 나면 '어떻게 말을 걸지?'라고 생각하는 것처럼, 감정적 반응들은 의미화의 인과가 아닌 지도화의 과정과 방법을 그리며 변화를 만들어 낸다. 그리고 이 변화는 욕망의 흐름이 기존 구조를 넘어서 새로운 배치를 탐구하는 창조적 과정을 가능하게 한다.

　이러한 과정을 통해 새로운 주체성, 창조성, 관계적 배치가 나타나고 감각적, 감정적 변화를 만들어 내며 단순한 재현이 아닌 표현적 배치(Expressive Assemblage)를 구성한다. 재현과 표현은 서로 대비되는 개념이다. 재현은 누군가의 것을 그대로 복사해서 반복하는 것이라면 표현은 내 안에 있는 내용을 드러내는 것이다. 표현적 배치는 반복하거나 흉내 내는 것이 아니라 욕망과 감정의 흐름을 생성하는 것으로 자기의 정동적 상태를 드러내고, 새로운 관계의 흐름과 상호침투하며 새로운 주체성의 배치를 가능하게 한다.

　PTSD는 정동을 통해 드러난다. 정동은 실체적이지 않지만 실체와 현실에 영향을 미치는 질서이다. 정동은 이질적인 흐름들을 만들고 리좀적 네트워크의 상호침투를 통해, 창발적이고 비결정적인 방향으로 나아간다. 정동은 무엇인가를 흉내 내는 동일화(Homogeneity)가 아니라, 차이를 통해 새로운 형태와 가능성을 생성하며 욕망적 흐름이 이질적이고 새로운 연결망과 만나서 가능성을 생성하게 한다.

　욕망과 정동을 중심에 놓고 배치와 흐름에 변화를 주며 이질적인 환경에 고정된 코드들을 열어 놓는다. 이는 욕망적 흐름이

다층적이고 다차원적으로 확장되는 단계이다. 정동은 특정 흐름이나 패턴이 스스로를 참조하고 재구성하도록 자극하는 촉매 역할을 하며, 흐름 속에서 비언어적이고 잠재적인 자기참조적 구조를 생성한다. 이는 반복적인 생성과 변형 속에서 새로운 질서를 제공한다.

감각블록과 의미화

정동은 생각과 사상을 통해서 발생하기도 하지만 신체감각의 응축된 집합체인 감각블록을 통해서 발생하기도 한다. 감각블록은 감정적 경험을 직접적으로 형성하는 단위로 시각, 청각, 촉각, 후각, 미각의 감각적 경험을 포착하고 정지시키는 행위에서 시작한다. 감각을 포착하는 데서 그치지 않고, 감각들을 중심으로 새로운 감정적 경험을 구성한다. 이때 단순한 인상이나 이미지가 아니라, 여러 감각이 얽혀 강렬한 덩어리가 된다.

가타리는 이것을 "감정과 감각의 복합체"라고 표현한다. 감정과 감각의 복합체는 의미작용을 넘어서, 순수한 감각의 경험을 창출하는 데 목적이 있다. 의미작용을 넘어선다는 것은 사상과 이데올로기와 같은 의미작용으로 인한 정동을 넘어선다는 것이다. 분열분석은 사상과 이데올로기와 같은 의미작용이 아니라 감각블록에서 분석을 시작한다. 의미작용으로 인해 발생한 정동은 실체와 상관없이 해석에 의해서 감정을 만들기 때문이다. 감각블록은 의미작용을 피하고 이데올로기로부터 탈영토화된 지각 및 감각에서 생산된 정동들을 추출한다.

정동은 감정과 욕망과 연결되고 비선형적이어서 코드화를 넘어선다는 특징을 갖는다. 비선형적이라는 것은 유동적이고 다층적일 수 있는 형식을 의미한다. 정동은 생산적 혼돈을 수용하고 혼돈 속에서 새로운 질서를 찾는다. 이는 기존의 안정성을 포기하고 불확실성을 탐구하는 것을 포함하며, 고정된 관점을 넘어서 다양한 시점과 가능성을 동시에 고려한다.

환촉과 환향 증상이 올라올 때마다 작동한 나의 추상적 기계는 종교적 이념과 자본주의적 이데올로기였다. 종교적 이념과 자본주의적 이데올로기는 내가 구성한 것이 아니기 때문에 변화를 줄 수가 없다. 이념과 이데올로기 속에서 내 사유가 흘러가는 한, 나는 죄책감과 자기 경멸에서 벗어나기 어려웠다.

이때 나는 정동을 작동시켜서 내가 죄책감을 가져야 하는 사람들, 남수단 부르파얌 사람들과의 상호작용에서 나타난 감각을 분석하며 그 감각을 중심으로 분열적 글쓰기를 해 나갔다. 그 사람들에 대해서 내가 '종교적으로 가져야만 하는 의무'가 아니라 그들과 나의 '감각적인 소재들에서 드러나는 연결접속'을 중심으로 분열적 글쓰기를 했고, 그 결과로 생산된 서사들은 나에게 새로운 정동을 구성했다. 다음은 종교적 이념과 숙명적인 의무들을 내려놓고 부족민들을 떠올릴 때의 감각적 소재들을 중심으로 진행한 분열적 글쓰기를 통해 만들어진 또 하나의 서사이다.

의리의 남자 제이콥

"오웅아. 오웅아."

오웅아가 자기 이름을 소개한 대로 따라 말했지만 내가 한 발음이 틀린 발음이었는지 모두 깔깔대며 웃었다. 내가 그의 이름을 발음하기 어려워하자 그는 내가 부르기 좋도록 제이콥이라고 부르라고 했다.

아내는 주일학교를 위해 영어 설교 원고를 작성했다. 주일학교가 끝나고 영어 설교 원고가 바닥에 떨어졌다. 제이콥은 그 원고를 주워 들고 비난슈에게 영어 단어를 하나씩 하나씩 배웠다. 제이콥이 영어 공부를 시작하자 다른 청년들이 한 명 두 명 영어 설교 원고 주변에 모여들었다. 비난슈는 영어 설교 원고에 있는 단어를 청년들에게 가르쳐 주었지만 알아듣는 청년이 있어 보이지는 않았다.

그 모습을 본 아내가 청년들을 모아서 영어 교육과 주일학교 교사 교육을 시켰다. 청년들은 서서히 훌륭한 주일학교 교사로 성장했다. 그중에서 가장 탁월한 교사는 단연 제이콥이었다. 그는 교사로서 역할을 훌륭하게 감당했을 뿐 아니라 영어 실력도 일취월장했다. 나를 '목사님'이라고 영어로 부르기 시작했다. 사과, 교회, 옷, 종이. 그의 영어 단어 양이 점점 늘었다. 문장으로 말하지는 못했지만 단어 단어를 연결하며 영어로 의사 표현을 하려고 노력했다.

제이콥은 전 추장의 아들이었다. 그의 아버지는 비록 추장에서 은퇴하고 술독에 빠져 살았지만 명예롭고 부유한 사람이었다. 제이콥은 존경받는 원로의 아들로 부족에서 가장 사랑받는 청년이었다. 내가 보기에는 다 똑같은 집처럼 보였지만 그의 집은 비의 제사장 집 다음으로 부유했다. 다른 집보다 크기가 조금 더 컸고 야자수 잎으로 만든 지붕이 더 풍성하고 견고했다. 옷도 유엔에서 보급받은 낡은 것이 아니었고 외부에서 구입한 옷이었다.

제이콥은 청년으로서는 첫 번째로 교회에 온 성도였다. 처음부터 내게 호감을 보였고 복음에도 반응했다. 영어로 '예스'라고 말하기를 좋아했다. 교회 일을 부탁하면 무조건 '예스'라고 했다.

대나무로 교회 건물을 지을 때도 자원봉사자를 요청하자 제일 먼저 나섰다. 주일학교 교사로도 제일 먼저 지원했고, 성경 공부도 제일 먼저 지원했다. 모든 교회 일에 적극적이었다. 성격도 매우 밝고 재밌어서 제이콥이 교회에 있으면 웃음이 떠나지 않았다.

제이콥은 부르파얌을 사랑했다. 부족 마을 밖으로 나가는 것은 생각해 보지 않았다. 그러나 단기선교 팀이 부족에 왔다 가고 큰 결정을 내렸다. 단기선교 팀에는 그의 또래 청년들이 있었다. 한국에서 온 자기 또래 청년들이 찬양을 인도하고 연극 공연을 비롯한 다양한 프로그램들을 진행하는 것을 보면서 외부 세계에 대한 호기심을 가졌다. 그리고 단기선교 팀이 돌아가자 비난슈에게 어떻게 하면 공부하러 갈 수 있는지를 물어보았다. 비난슈는 우간다의 UN 난민촌 학교에 들어가는 방법을 알려 주었다.

제이콥은 비난슈에게 들은 방법을 곧바로 실행했다. 그의 아버지는 소를 팔아서 우간다까지 가는 여행 비용을 마련해 주었다. 나도 적당한 수준의 여행 경비를 보조해 주었다. 그리고 공부에 대한 그의 열정을 격려했다. 그러나 우려되는 것이 있었다. 만약 그가 남수단에 비해서 상당한 발전을 이룬 우간다를 보고 부족으로 돌아오지 않는다면 부족 입장에서는 좋은 인재를 잃어버리는 꼴이었다. 물론 그래도 그 개인을 위해서는 이익이 될 수 있겠지만 나는 제이콥이 공부를 끝내고 부족으로 돌아와서 부족을 위해 배운 바를 써 주었으면 했다. 그래서 물었다.

"돌아올 거지?"

그의 대답은 매우 확신에 차 있었다.

"네가 여기 계속 있다면 내가 돌아오는 걸 볼 수 있을 거야."

내가 우간다로 떠나는 그를 배웅해 주고 돌아온 이틀 뒤 전쟁이 터졌다. 제이콥이 전쟁의 소용돌이에 휩싸이지 않고 우간다에 잘 도착했는지 알 수 있는 방법이 없었다. '이틀이나 지났으니 국경은 벗어났겠지'라고 믿을 수밖에 없었다.

'오히려 잘 됐어. 잘 됐다. 정말 잘 됐어.'

나는 제이콥이라도 전쟁의 소용돌이에 휩싸이지 않고 우간다로 간 것이 정말 다행이라고 생각했다. 그리고 하나님께 감사 기도를 드렸다.

부족 사람들도 제이콥이 전쟁 전에 잘 빠져나가서 다행이라고 이구동성으로 말했다. 교회에 오지 않던 제이콥의 아버지는 오히려 전쟁이 나고 교회에 왔다. 전쟁으로부터 제이콥을 구해 준 제이콥의 하나님을 만나러 왔으리라. 하나님께 감사 기도를 드리려고 온 건지 아니면 우간다에 있는 제이콥을 지켜 달라고 기도하러 온 건지 모르겠지만, 그가 교회에 온 것이 제이콥 때문인 것은 분명했다.

전쟁이 격렬해지자 결국 우리 가족은 남수단을 빠져나왔다. 그리고 얼마 후 남수단에서 전화가 한 통 왔다.

"헬로? 윌리엄?"

남수단에서 내게 전화할 사람은 윌리엄밖에 없었다. 그런데 전화기 너머에서 들려온 목소리는 의외의 사람이었다.

"요셉!"

제이콥이었다.

"제이콥? 이건 남수단 번호인데? 너 남수단이야?"

"응. 부족으로 돌아왔어."

"왜? 남수단은 지금 전쟁 중이라고. 몰랐어?"

"전쟁이 났으니까 왔지."

"다들 빠져나가는데 돌아오면 어떻게 해?"

"돌아와야지. 가족들을 지켜야 하는데. 공부는 전쟁 끝나고도 할 수 있잖아."

할 말을 잃었다. 전쟁이 나자 나는 그곳에서 나왔고 제이콥은 들어갔다. 이것이 그와 나의 부르파얌에 대한 생각 차이였다. 나는 위험해서 나왔고 그는 위험해서 들어갔다. 나는 이방인이었고 그는 가족이었다. 그와 나의 경계가 명백해졌다는 생각에 할 말을 잃었다. 침묵이 흘렀다. 그러자 제이콥이 나를 불렀다.

"My Brother!"

그는 늘 나를 '요셉'이라고 불렀다. 가끔 윌리엄을 따라서 '목사님'이라고 부르기도 했다. 그러나 이렇게 부른 적은 없었다.

"나의 형제여!"

그는 제법 문법에 맞는 영어로 말했다.

"내가 교회를 지킬게. 나를 잊지 마. 헤헤."

"Don't forget me." 제이콥답게 장난스레 "Don't forget me"라고 명료하게 말하고 헤헤거리며 가볍게 웃었지만 그 말이 내게 너무 묵직하게 다가왔다. 전쟁터에서 나온 내가 전쟁터로 들어간 너에게 형제라고 불릴 자격이 있을지 모르지만, 절대 잊지 않는다. 나의 형제여.

가상적인 것의 생태학

제이콥의 서사를 구성하며 나는 두 가지 매우 중요한 정의를 내렸다. 하나는 나와 부르파얌 사람들은 분명히 다르다는 것이다. 그리고 또 하나는 제이콥이 나를 원망하거나 비겁하다고 하지 않고 형제로 여기며 그리워하고 잊혀지지 않기를 바란다는 것이다. 종교적 의무감이라는 숙명 같은 당위를 벗고 제이콥과의 감각적인 만남만으로 서사를 구성하고 그 서사에서 나온 정동과 의미들을 중심으로 다시 나를 바라보면, 죄책감은 사소해진다. 더욱 중요한 감정이 우리 사이에 흐른다.

정신분석을 비롯한 고전적 심리치료 분야에서는 의미를 중요하게 여기고 의미를 중심으로 트라우마 상황에 접근하는 시도를 많이 한다. 그러나 분열분석은 의미가 사회장에 의해서 생성된 것으로 보기 때문에 의미에 의한 판단을 중지하고 감각 자체에서 정동을 다시 생성하도록 유도하는 방식을 취한다. 자기참조적인 의미를 생성한다 할지라도 사회장에서 구성한 의미에 기반하지 않는다.

나의 경우 선교사는 죽음을 각오해야 한다는 의미 체계와 가장은 가족을 지켜야 한다는 의미 체계가 충돌하며 탈출을 결정했다. 그러자 희생된 의미, 즉 선교사로서의 의미가 내 심리적 잔재물이 되어 나를 괴롭히며 트라우마적 정동을 구성했다. 여기서 사회장에 의해 의미화된 판단을 중지하고 그 당시에 나로 하여금 움직이게 했던 감각에 집중하고, 현재 시점의 감각에 집중하여 그 감각이 생성하는 정동들에 귀 기울이는 데서 분석을 시작하는 것이다. 이 분석을 통해 생성되는 정동은 그 이전에 내 PTSD를 강화했던 의미화 혹은 그 의미화로 인해 발생했던 정동과 충돌한다.

사상과 이데올로기와 같이 의미화를 만드는 담론성은 타자들 혹은 사회가 공동으로 소유하는 이념적 장으로, 내가 감각적으로 느낄 수도 없고, 내 신체에 존재하지 않는데도 불구하고 나에게 정동을 발생시킨다. 나에게 직접적으로 영향을 주지도 혹은 존재하지도 않는 권력으로부터 공포를 느끼게 하고, 권위로부터 억압받게 한다.

감각블록은 이런 담론성으로부터 벗어나 자기의 신체적 정동에 직면하기 위해 변이적인 주체성으로 향하는 이행 경로를 만들며, 담론성과 의미화에서 나온 현행 구조들 및 규약, 관습들을 감각 소재들과 역동시켜 담론성과 의미화로부터 탈주한 감정을 재창조한다. 그래서 감각블록은 내부의 타자와 외부의 타자 사이에 새로운 틈을 만들며 현재와 공존할 수 있는 과거 - 미래의 신진대사를 촉진시킨다. 감각블록을 통해 만들어진 변이된 지각은 가상적인 것들의 생태학을 의미 중심에서 정동 중심으로 재구성한다.

가상적인 것의 생태학이란, '가상적인 것, 즉 아직 현실화되지 않은 잠재성들이 어떻게 다양한 생태적 배치 속에서 작동하는가'라는 문제의식을 토대로 하는 생태학이다. 정동은 잠재적이고 가상적인 힘이기 때문에 가상적인 것의 생태학이란, 정동적 생태학이자 주체성 구성 및 창조와 발전을 위한 준거 패러다임이다. 감각블록은 내부와 외부, 담론성과 비담론성, 익숙한 것과 이질적인 것의 접촉 경계면이자 분화의 핵심 지대이다. 환경과 배치들을 사회가 모델화한 것을 재현해서가 아니라 정동적 전열을 통해서 알아차리게 만든다. 이때 발생하는 정동적 전열은 담론적으로 단번에 인식하는 자동적 감정이 아니라 살기 위해, 자신에게 충격을 가하는 특이성들에 입각한 숙고된 과정화의 감각이다. 그렇다고 해서 애국심이나 신앙심 등의 이념적 감정을 제거하거나 간과하자는 것이 아니다. 감정을 정확하게 인식하고 분류해서 정확하게 흐름을 확인하고 반응하기 위함이다.

감각블록을 만들기 위해서는 먼저 감정에 집중하고 그 감정을 둘러싼 신체감각과 외부감각들이 그 감정에 어떤 영향을 미쳤는지 확인한다. 그 감정에 영향을 미친 사람과의 접촉, 말, 배치, 신체적 반응들을 확인한다. 그런데 그 감각들과 감정이 전혀 상관없다면 그 감정의 정체가 의미화 요소와 연결되는지 확인한다. 내 경우, 정작 부족민들은 나를 비난하거나 원망하지 않았는데 내가 선교사라는 사명감, 선교사는 어떻게 행동해야 한다는 관념들이 내 죄책감을 구성했다. 나는 PTSD 극복을 위해 이런 관념들을 감정과 분리하고 그 감정을 느껴야 하는 실제 대상과 역동한 감각블록을 만들어 가는 과정을 가졌다.

감각블록에 접근하고 현재의 정동을 구현하기 위해 유년기의 감각기억을 불러오기도 하는데, 정신분석에서 진행하는 방식으로 유년기의 기억을 토대로 아버지와 어머니와의 관계를 분석하는 것이 아니라 사회화 이전의 감각경험의 기억을 불러오기 위해 과거의 감각기억을 불러온다. 이는 자기에게 익숙한 감정적인 배치들을 통해 현재를 이해하기 위해서이다. 이 과정에서 가족, 친숙한 얼굴, 과거 경험, 모국어, 신체, 미학적 활동 등 어느 것도 다른 것에 우선시되지 않고, 회피하지 않고 직면하여 새롭게 경험하며 이질적인 정동과 익숙한 정동이 끊임없이 왕복한다.

3.
이질발생

이질발생은 왜 필요한가?

정동적 흐름은 자기참조적 패턴에서 끝나지 않고 새로운 차원으로의 전환을 유도한다. 정동적 반응은 이처럼 보편적 의미화에 의한 인과론의 결과로 나오는 답이 아니라 정해진 답과 상관없는 혹은 그동안의 생활에서 벗어나게 하는 이질발생적인 요소이다. 즉 정동이 발생했다는 것은 일상과 다른 무엇이 일어났다는 의미이다. 그것이 긍정적인 일이든 부정적인 일이든 일상과 같지 않다. '늘 똑같이 반복해도 감정이 생기는데요?'라고 생각할 수 있지만, 감정도 매우 한정적으로 발생하고 정동은 발생이 어렵다.

빔 벤더스(Wim Wenders) 감독의 〈퍼펙트 데이즈〉를 보면, 주인공 '히라야마'는 매일 동일한 일만 반복하는 청소부다. 그는 매일 같은 일을 반복하며 같은 장소에서 같은 시간에 사진을 찍는다.

그런데 그 사진이 매일 다르다. 히라야마는 그 반복되는 차이 속에서 감정을 느낀다. 일상과 큰 차이를 내는 일들이 종종 일어난다. 조카가 찾아오거나 같이 일하던 동료가 그만둔다. 그런 변화들, 차이들이 감정을 발생시킨다. 이러한 이질성이 일상에 침투하며 차이를 만들어야 정동이 일어난다. 그리고 이 정동은 다시 일상에 변화와 차이를 만들며 삶을 유동적이게 한다. 이러한 유동성은 사람에게 자기참조적 표현의 에너지와 자기생성(Self-generation)의 가능성을 만든다.

이질발생(Heterogenesis)이란 자기 안에서 끊임없이 다르게 생성되고 구성되는 과정으로, 차이들의 차이를 낳는 생성의 운동이다. 가타리는 이질발생을 존재론적 사건이라 부르며 "존재는 자기 안에 고정되지 않으며, 항상 다른 것과의 접속 속에서 다른 방식으로 발생한다"라고 말했다. 이질발생은 정동과 자기참조를 통합하며 다차원적이고 능동적으로 다양한 연결과 변형을 창출한다. 그리고 이질적인 정동을 중심으로 욕망을 확장하거나 새롭게 생성하는 등의 변화를 만든다. 이질발생으로 인해 욕망과 정동은 서로 영향을 주며 새로운 코드들을 생성한다. 또한 욕망과 정동으로 인해 이질발생이 일어나기도 하고 이질발생이 새로운 욕망과 정동을 만들기도 한다. 이질발생은 이렇게 정동과 욕망과 상호침투하며 자기를 생산한다.

이와 마찬가지로 욕망과 정동이 배치를 만들기도 하고 배치가 욕망과 정동을 만들기도 한다. 또한 이질발생이 배치를 새로 만들기도 하고 배치를 바꿈으로 이질발생이 나타나기도 한다. 이러한 이질발생이 자기를 변화시키고 변형시킨다. 이질적인 것이 생성되지 않으면 나는 변화가 없다. 이질적인 것이 생성되어야 내가 변한다. 이질적인 것이 없다면 나는 그냥 그대로의 나이다. 이질적인 것이 낯설어서 거부하기도 하지만 변화가 필요하다면 이질성은 필수 조건이다. 그런 의미에서 이질성을 발생시키기도 하고 이질발생으로 인해 발생하기도 하는 정동은 변화에 필수 조건이다. 즉 이질성을 발생시키는 정동은 자기생성의 조건이다.

고정된 관점을 넘어선 이질발생적 정동을 발견하면 그것을 중심으로 언표를 반복하기 시작한다. 분열분석에서 실천이란 억압된 구조에 있던 욕망을 해방하고, 그 욕망을 통한 창조적 생산을 추구하기 위해 새로운 흐름과 연결하며 자기참조적 정동 중심의 언표를 반복하는 것이다. 욕망이 생산하는 흐름은 정동을 통해 나타나기 때문에 정동을 보면 욕망의 흐름이 코드화되어 차단되거나 억압되어 있다는 것을 확인할 수 있다.

정동은 이질화된 물질들 간의 관계를 명확히 보여 준다. 『천 개의 고원』에 이를 잘 설명하는 예가 등장한다. 다 큰 어른이 되어서 마들렌을 먹는데 과거에 먹었던 마들렌의 맛이 난다. 지금 먹는 마들렌에는 과거의 향수가 없지만 정동이라는 매개체가 과거와 현재를 연결하고 과거를 현재로 불러온다. 이것은 단순한 관찰이 아니라 이질발생의 작업이다. 이렇듯 정동은 자신의 모든 잠재성을 전개하고 드러낼 수 있다. 빨간색이라는 단 하나의 감각으로 정동이 나타나며 아프리카의 피비린내를 불러오듯이, 반대로 푸른 숲을 보고 아프리카의 아름다운 추억을 불러올 수도 있다.

정동은 이렇게 낯설고 비연속적인 이질적인 것을 지금의 현실적이고 실제적인 논리적 연결고리 안으로 끌어들인다. 이는 기존의 시간 - 공간적 프레임을 초월하여 무한한 주체화의 동력을 만들어 낸다. 이렇듯 이질발생은 수동성에서 벗어나게 하고, 자기생성과 자기참조의 능력을 부여한다. 이 과정에서 모든 것은 체계적인 탈영토화의 새로운 단계로 재작성되며 그 안에 자유, 분기, 그리고 비결정성이 효과적으로 자기 안에 유입된다.

이질발생은 고정된 정체성이나 구조가 포획하지 못하여 새로운 흐름이 생성되는 순간의 강렬한 경험과 밀접하게 연결된다. 그래서 단순한 논리적 연산이나 구조적 변형이 아니라, 강렬한 감정적 차원에서 작동하는 과정이다. 기존의 배치를 해체하고 새롭게 시작할 수 있는 것은 단순히 의미적 변화가 아니라 신체적, 감각적 차원에서 직접적으로 체험되는 낯섦, 흥분, 두려움, 쾌락, 분노, 희망, 기쁨, 연대감 등의 감정이 필연적으로 개입하기 때문이다. 들뢰즈와 가타리는 감정이 단순한 느낌이 아니라 차이를 생산하는 원동력이라고 보았다.

정동을 통해 이질성을 생성하기 위해 가타리는 미술, 음악, 연극, 영화, 글쓰기와 같은 창작 활동을 사용했다. 내가 내담자를 대상으로 분석을 진행할 때는 연극치료와 결합하여 연극적 방법을 자주 사용하는데, 처음에 나 스스로에게 적용할 때에는 글쓰기를 활용했다. 글쓰기가 익숙한 편이었고, 혼자서 분열분석을 해 나가기에 글쓰기가 가장 편해서이기도 했다. 무엇보다도 글쓰기는 반복하기에 유용하다.

처음에는 내 마음에 가장 핵심적으로 자리 잡고 있는 감정을 중심으로 감각블록을 만들며 아무 말이나 떠오르는 것들을 썼다. 그렇게 수백 페이지의 글을 쓰고, 두서없이 마구 쓴 글들을 범주화 및 분할하며 내 생각을 정리했다. 원래 쓴 글들은 다음에 쓴 것보다 수십 배의 분량이 더 된다. 특정 감정들을 중심으로 펼쳐진 글들을 모아서 인물별로 혹은 주제별로 분류했다. 그렇게 사람 혹은 주제로 묶고 거기서 각각의 기호들을 유사한 것들끼리 엮어서 만들었다.

나에게 실존적 접착제처럼 붙어 있는 가장 강력한 욕망은 글쓰기와 더불어 구원자 욕망과 사람에 대한 관심이었다. 분열적 글쓰기를 통해 발견되는 감정들, 즉 두려움, 죄책감, 억울함, 미안함, 고마움 등은 나의 구원자 욕망의 좌절과 부르족 사람들과의 단절, 약속을 못 지키며 나타난 단절과 관련이 있었다. 그래서 각 사람들을 중심으로 떠오르는 대로 분열적 글쓰기를 통해 최대한 사람에 대한 정동적 자료들을 모았다. 그리고 그 사람들에 대해 나타나는 감정들을 사회장에서 나에게 주는 의미, 즉 선교사로서 감당해야 했던 의무와 역할에서 벗어나 그 사람들과 나 사이의 감각적 반응에 집중해서 직면했다.

이질발생의 효과

앞서 살펴보았듯이 이질발생은 생각이나 배치, 코드 등에 동일하게 반복되던 것에서 벗어나 차이를 생성하는 것을 의미한다. 이렇게 배치와 코드의 동일성에서 벗어나 차이를 생성하며 변화하기 위해서는 이질적인 것이 필요하고, 그 이질적인 것의 핵심에는 욕망과 감정의 변화가 있다.

이질적인 것은 반복되던 일상에는 존재하지 않았던 것이기 때문에 '이질적'이라고 받아들인다. 이질발생은 외부로부터 유입될 수도 있고 내 안에 잠재되어 있었으나 그동안 드러나지 않았던 '낯선 나'의 발현일 수도 있다. 처음에는 이질적인 것과의 접촉이 힘들고 버거울 수 있으나 어느 쪽이든 이질적인 것이 발생하지 않으면 현재의 나는 변화하기 어렵다. 현재의 나는 과거에도 동일한 것을 반복했지만 변하지 못했기 때문이다.

이질적인 것을 발생시키기 위해서는 새로운 것을 발견하기 위한 활동과 낯설게 보기 혹은 낯설게 표현하기의 방법을 사용한다.

새로운 것을 발견하기 위해서는 매일 혹은 매 순간 그동안 그냥 지나쳤던 사소한 것들을 지나치지 않고 발견한다. 예를 들어 평소 지나가던 길에 있던 꽃의 이름을 몰랐지만 늘 그냥 지나쳤다면 꽃 이름을 찾아보거나 꽃이 잘 자라도록 햇빛이 드는 곳으로 옮겨 심는 등의 활동을 해 보는 것이다. 평소에 빨간색을 사용하지 않던 화가라면 빨간색을 사용해 보고, 평소에 웃지 않는 사람이었다면 웃으면서 지내보기도 한다.

낯설게 보기는 자기가 고정관념을 갖고 좋게 혹은 나쁘게 본 사상이나 사람이 있었다면 비판적으로 혹은 긍정적으로 바라보는 시각의 전환을 가져 보는 것이다. 또 낯설게 표현하기는 평소 쓰지 않던 "고마워"라는 표현을 써 보거나, "야"라고 부르던 사람에게 "진숙아"라고 불러 보는 것이다. 이런 감각적 혹은 언어적 이질성을 자기의 표현과 내용에 끌어들임으로써 새로운 정동적, 인지적인 블록을 생성할 수 있다.

사람은 안정성을 추구하기 위해 변화 없는 반복을 원하기도 하지만 이질발생이 전혀 없는, 매일 동일한 불변의 반복은 불가능하다. 외부 배치는 늘 변화하기 때문에 안정성도 고정되지 않고 늘 변할 수밖에 없다. 특히나 트라우마는 외부적 변화에 의한 것이므로 반복에 균열이 생긴 현상이라고 볼 수 있다. 외부적 배치는 변했는데 내부적 배치를 그대로 유지하려고 하면 균열은 점점 커진다. 외부적 배치의 변화에 따라 내부적 배치도 변하는 것이 자연스럽다.

변화를 위해 안정성을 깨며 발생하는 이질적인 요소들은 억압될수록 더 강하게 안정성을 뚫고 들어온다. 그래서 이런 이질발생은 오히려 변화에 대한 촉진제 혹은 나의 주체성과 자율성을 찾는 조건으로 활용하는 것이 좋다. 그렇다고 안정적인 반복이 무의미한 것은 아니다. 새로운 상황에서 인간은 안정감 찾을 곳을 원하기 때문에 이질발생을 통해 새로운 상황을 맞이하면서도, 동시에 안정적인 피난처를 제공해야 한다. 이렇게 반복과 이질발생은 서로 상호침투하며 새로운 것을 생성한다.

이질발생은 리좀 개념과 연결된다. 리좀은 고정된 중심 없이, 다양한 연결과 변화를 통해 존재하는 구조이기 때문에 고정된 자아 개념에서 벗어나 유동적인 자아 개념을 형성한다. 이러한 원리로 이질발생은 '내가 변했다'라고 생각하게 하며 차이를 만든다.

이질적인 것이 도래하지 않으면 변화를 기대할 수 없다. 안정성에만 집착하여 이질적인 것을 거부하면 그 자리에서 변화는 만들어지지 않는다. 그래서 새롭게 도래한 차이는 나를 변하게 하는 중심이 된다. 처음 전학 가면 모든 게 낯설고 불안하지만 시간이 지나면 새로운 친구, 새로운 일상이 만들어지고 이 과정에서 새로운 나의 모습을 발견하게 되는 것처럼, 그림을 그릴 때 처음엔 하얀 도화지지만 색을 하나씩 더하면서 강도의 차이를 만들어 가면 예상하지 못한 멋진 작품이 완성되는 것처럼, 이질발생은 리좀적으로 연결하며 새로운 나를 생성한다.

이질발생은 외부와의 리좀적 연결을 통해 내 안에 잠재되어 있거나 가상적으로만 존재하던 것을 꺼내서 현행화한다. 나는 어린 시절부터 받아 온 '겨 주는 사람'이 되는 교육으로 인해, 갈등 상황에서 내 감정이나 의사 표현을 적절히 하지 못했다. 그래서 한참 PTSD로 힘들어하는 상황에서도 "남수단으로 돌아가야죠"라고 말하는 사람들에게 "기회가 되면 그래야죠"라고 말하며 넘어가곤 했다. 그러면서 속으로는 '니가 가라, 남수단'이라고 외치곤 했다.

이런 잠재된 것들을 어떻게 현행화할지 몰랐기 때문에, 혹은 현행화하는 것이 두렵기 때문에 감춰 두고 있었다. 하지만 이런 말을 들을 때마다 올라오던 서운함과 분노, 수치심, 죄책감 등의 복합적인 감정들과 정동의 역동에 집중하며 너무도 낯선 나를 꺼내기 시작했다. "지금은 못 가죠. 전쟁 중이고 돈도 없고, 또 저는 치료 중이라서요. 장로님이 치료비와 선교비 좀 지원해 주세요"와 같은 방식으로 대응했다. 나를 보내고 싶어 했던 분들 중에, 빈말로도 후원을 약속한 사람은 단 한 명도 없었다. 나도 그 사람들도 서로 낯설었지만, 이 같은 정동은 이질발생을, 이질발생은 내 잠재성의 현행화를 연결접속했다.

이렇게 발생한 새로운 나는 자기실존화(Self-existentialization)의 양식을 다룬다. 자기실존화란 가치적이거나 이데올로기적인 의미화 사유에서 끝나지 않고 자기의 실제 삶에서 나타난다는 의미이다. 안정성은 대체로 사회가 규정한 외재적 좌표에 의해 확보된다. 그러나 이질발생은 그동안 안정성이었던 것을 흔들며 등장하기 때문에 더 이상 외재적 좌표에 얽매이지 않고, 과정적 좌표(Processual Ordinates)에 종속된다. 과정적 좌표에 종속된다는 것은 결과와 원인에 집착하지 않고 발생 과정을 실존적으로 누린다는 의미이다.

발생 과정을 실존적으로 누리는 사람들은 결과와 원인에 집착하지 않기 때문에, 결과와 원인을 중심으로 담화를 구성하는 외재적 좌표, 즉 사회적 담화에 저항하는 것처럼 나타난다. 굳이 혁명적이지 않은데도 불구하고 실존 자체가 혁명적으로 나타난다. 분열분석이 사회장을 분석하고 저항하는 것은 어쩌면 실존하고자 하는 존재에게 나타나는 자연스러운 현상일 수 있다. 미국이 송금을 금지한 남수단에 굳이 홍콩을 경유해서 송금하는 행위, 소명을 위해 모든 것을 희생하는 것이 자연스러운 기독교적 선교 문화에서 목회자 혹은 선교사가 자기 일상을 지키려는 행위, 선교사의 삶을 드리는 선교적 관점이 아니라 부족민과의 연결감을 중심으로 선교 사역을 규정하는 행위, 교단이나 선교단체에 소속하거나 교단이나 선교단체를 통해서 선교하는 것이 아니라 개인적으로 연대를 구성하여 선교하는 행위 등. 이러한 작고 미시적인 변형이나 변이들이 외재적 좌표에서 과정적 좌표로 이동하는 형식이다.

'이런 변이들이 무슨 치료적 작용을 한다고 그래?'라고 생각할 수 있으나 외재적 좌표에 따른 사소한 행동과 생각, 구조 하나하나가 의식과 기억을 구성한다. 과정적 좌표를 중심으로 하는 선택과 결정은 순간순간의 차이 생성과 이질발생으로 실존적 자기를 구성하고 PTSD를 불러오는 이념과 표상을 서서히 붕괴시킨다.

실존화는 먼 미래에 있는 것을 약속하거나 추상적인 개념으로 존재하는 것이 아니라 누리고 있는 현재의 과정에 나타나는 것이다. 우리 인생의 대부분은 결과가 아니라 과정이기 때문에 과정적인 발생이 실존화의 양식이다. 그래서 분열분석은 치료되었다는 미래의 완성적 개념보다 어제보다 진보한 과정 중의 오늘이 중요하다. 과정을 즐길 수 없다면 그 일상의 코드는 늘 미래에서만 확보하는 허상일 뿐이다. 그래서 분열분석적인 욕망은 미래에 성취하겠다는 결과적 욕망이 아니라 지금 성취 중이라는 과정적 욕망이다.

탈주선

이질발생은 나의 욕망을 억압하는 코드로부터 탈주하게 만드는데, 이렇게 탈주하기 위해 만드는 선을 탈주선(Lines of Flight)이라고 한다. 정동에는 기존의 억압적 관계를 교란하고 새로운 관계를 형성하는 힘이 있기 때문에 정동적 흐름의 탈주가 이질발생을 연결하고 탈주의 흐름을 만든다. 정동의 흐름을 중심으로 욕망의 흐름을 재구성하면 특정한 언어적 규율과 기호적 구조를 벗어나 새로운 표현과 가능성을 생성하고 물질적, 비물질적 기계와 네트워크의 새로운 가능성을 열어 간다.

탈주선은 기존의 체계나 배치에서 벗어나는 경로로, 자기참조적 욕망의 흐름을 가두는 고정된 배치와의 긴장 속에서 발생하여, 배치를 고정시키는 기존 체계의 경계를 흐트러뜨린다. 탈주선은 단순한 탈출이 아니라 새로운 흐름과 가능성을 창출하는 과정이어야 한다. 새로운 흐름과 가능성을 창출하지 않고 단지 탈주 자체만이 목적이라면 그다음의 영토는 텅 비거나 더 악화된 배치로 들어가 암적인 영토를 만날 수 있다. 탈주선은 이렇듯 중요하면서도 앞으로의 길을 알 수 없기 때문에 단일한 길이 아니라 여러 갈래로 뻗어 나갈 수 있다. 오직 하나의 길만 있다고 가정하는 것은 여러 가능성을 차단하는 결과를 초래한다.

배치란 욕망, 주체, 사건, 사회적 관계 등 다양한 요소들이 모여 서로 관계를 맺는 시스템이다. 탈주는 특정 배치 속 욕망의 흐름이 억압되거나 차단되는 지점에서 시작하기 때문에, 이 억압과 차단을 경험하는 곳에서 탈주해야 하는 고정된 배치가 감지된다. 억압과 차단이 발생하는 지점은 정동을 통해 확인할 수 있다. 탈주선은 정동, 욕망, 사건의 강도가 밀집되는 지점에서 출발하며, 이를 통해 실제의 체계를 뒤흔든다.

기존의 배치 내에서 균열이 발생하지 않는다면 굳이 탈주할 필요가 없을 수도 있다. 균열이 발생하면, 그곳에서 탈주선이 생성된다. 욕망을 억누르는 그 지점에서 감정을 발견할 수 있으며 그곳에서부터 억압적 체계에 맞서 새로운 흐름을 만들어 내려는 움직임이 탈주선을 생성한다. 탈주선을 통해 이전에는 상상할 수 없던 새로운 연결과 흐름이 만들어져야 한다. 늘 반복되던 것을 또 시도하는 것은 탈주라고 할 수 없다.

탈주선은 개인의 정체성이나 주체를 재구성하며, 새로운 존재 방식으로 나아가는 계기가 된다. 배치 내에서 탈주선이 어디에서 출발하고 어디로 향하는지를 지도화하고, 이를 통해 고정된 배치의 한계를 넘어서는 경로를 찾아낸다. 기존 배치의 억압 구조나 강도 분포와의 관계 속에서 탈주선이 나타나기 때문에 억압의 지점에서 탈주선을 가로막는 장애물과 연결을 방해하는 요소들을 분석한다. 조심할 것은 기존 배치에서 분리되더라도 완전히 고립되지 말아야 한다. 탈주선은 기존의 영토화된 배치를 흐트러뜨리며 탈영토화를 이끈다. 그 후에 새로운 배치를 창출하는 재영토화로 이어질 수 있다.

이 과정이 정체되지 않고 유동적으로 유지되는 것이 중요하다. 지도 제작은 이를 시각화하고 분석함으로써 탈주선이 억압되지 않도록 새로운 연결과 흐름을 창출하는 실천적 도구가 된다. 탈주의 과정은 기존 배치의 억압적 구조를 넘어 새로운 흐름, 가능성, 주체성을 창출하는 역동적 과정이다. 탈주는 고정된 체계나 영토에서 벗어나 다른 차원으로 이동하거나 변형되는 과정을 의미하기 때문에, 감정의 흐름이 억압되거나 차단되지 않고 자유롭게 흘러가는 상태로 연결지어야 한다.

나는 종교적 숙명으로부터의 탈주선을 만들었다. 의무와 당위의 선에서 사랑과 자유의 선으로. 나는 해야만 하는 일을 하지 못하거나 신이 나에게 맡긴 운명을 거부하고 숨어 사는 자로서의 인생 선(Line)으로부터 탈주하여, 사랑을 베풀고 내가 누릴 수 있는 삶을 남수단에 나눠 주고 돌아온 선을 구성했다.

남수단에 대해서 누가 묻거나 이야기를 꺼낼 때, 예전처럼 어떤 과정을 통해 실패하고 도망 나왔으며 어떤 아쉬움이 있는지에 대해서 말하지 않는다. 그보다는 내가 남수단에 어떤 결과물을 생산했고 그들을 얼마나 사랑했는지를, 여전히 연결되어 있는 관계와 앞으로 어떻게 하고 싶은지를 말한다. 그리고 이것을 중심으로 내 미래를 실체화한다. 여전히 그들과 연락하고 사랑을 전하며 앞으로 남수단을 향해 하고자 하는 욕망의 현행화를 만들어 간다. 이런 미시적인 탈주선들은 숙명과 당위를 해체하고 사랑과 자율성을 생산한다.

4.
정동을 둘러싼 재배치

편집증적 욕망에서 분열적 욕망으로

　편집증적 욕망과 분열적 욕망은 다른 정동을 생산한다. 욕망이 바뀌면 정동이 바뀌고, 정동이 바뀌면 욕망도 바뀐다. 욕망과 정동은 상호침투하는 관계에 놓인다. 종교적 이념에 몰입되어 있던 나와 아내는 남수단에서 돌아온 초기 몇 년 동안은 다른 것을 시작할 수 있는 힘이 없었다. 정확히 말하면 욕망이 없었다. 하나님께서 우리 가족을 남수단으로 인도했다고 생각했고, 모든 욕망은 남수단에 몰입되어 있었다. 종교적 이념이 낳은 욕망이었다.

　그 당시 나에게 중요한 것은 남수단이 아니라 하나님으로부터의 '소명'이었다. 이 유일했던 이념적 욕망이 전쟁이라는 사회장과 트라우마적 정신 상태와 후원의 단절로 인해 좌절되자 더 이상 선교지에 나갈 수 없다는 생각이 들었다. 우리는 아무것도 할 수 없었다. 우리 스스로 무엇을 한들 사회장으로 인해 막힐 수 있다는 생각이 무엇인가를 새로 시작하는 것에 두려움을 심어 주었다. 그래서 모든 것에 수동적이었다.

분열적 글쓰기를 통해 소명으로 집중되어 있었던 종교적 이념의 욕망은 분자적으로 분열되었다. 남수단 사람들과 소통하고 싶은 욕망, 돕고 싶은 욕망, 인정받고 싶은 욕망, 도망간 이유에 대해서 변명하고 싶은 욕망, 연결하고 싶은 욕망, 남수단에서 누렸던 공동체적 환희를 한국에서도 누리고 싶은 욕망, 남수단에서 경험한 교회의 성장과 보람을 한국에서도 누리고 싶은 욕망, 누군가를 도움으로 만족감을 누리고 싶은 욕망, 하나님과 더 긴밀해지고 싶은 욕망 등. 욕망을 분열시켜 분자화하다 보니 매일 몇 가지씩 욕망들이 튀어나왔다. 그리고 각 욕망들이 정동과 연결되었다.

남수단 사람들과 연결감을 누리고 싶은 욕망을 실현하려는 과정에 나타난 감정들은 기대감과 더불어 미안함이 강렬했다. 남수단에 연락을 취하는 것이 어려운 작업인 것은 분명했지만 불가능한 것은 아니었다. 그럼에도 불구하고 하기 힘들었던 것은 미안함, 혹은 죄책감 때문이었다. 연락을 취했을 때 "○○○이 죽었어"라는 말을 듣게 될까 봐 두려웠다. '미안해서' 혹은 '무서워서' 연락이 불가능하다고 스스로에게 거짓말을 했다.

실제로 부르파얌으로의 직접 연락은 불가능했었다. 그러나 수도 주바나 우간다에 있는 지인들을 통하면 못할 일도 아니었다. 그래서 주바에 있는 지인들과 우간다에 있는 지인들에게 연락하여 부르파얌 상황을 물었다. 그리고 부르파얌을 오가는 우간다 사람을 확보했다. 그렇게 다시 연락책을 만들고 부르파얌의 윌리엄과 비난슈에게 전화기를 전달했다. 다시 남수단 이야기를 듣기 시작했다. 3년 만의 일이었다. 그때가 막 전쟁이 끝날 즈음이어서 연락이 가능했을 수도 있지만, 내가 숨지만 않았다면 더 빨리 연락이 닿았을 수도 있었다.

욕망이 커서 감당할 수 없다면 욕망을 더 분열시키고 분자화했다. 그리고 실체화, 형식화가 가능한 수준으로 만들었다. 거기서 역동하는 정동을 지속적으로 관찰했다. 그리고 또다시 욕망을 생성했다. 내가 하지 못했던 아기 요셉의 유아세례를 윌리엄을 통해 진행했다. 나를 "My Brother"라고 불러 주었던 제이콥과 소통하며, 내 종교적 이념에서 나온 선교사로서의 소명 의식보다 이 사람들과의 '우정'이 더 큰 가치임을 계속 표현했다. 일기로, 만나는 사람들에게, 나는 "전쟁이 나자 도망 나왔어요"라고 말하기보다 "친구들과는 소통하고 있어요"라는 표현을 더 많이 했다. 이런 표현들과 실제 남수단 사람들과의 소통을 통해 나는 우정을 확인했고, 남수단으로부터 가졌던 트라우마의 부정적 정동들은 우정을 향한 긍정적 정동들로 바뀌기 시작했다.

그동안 살아온 방식과 많은 것들이 변했다. 거대한 목표와 역할 혹은 소명을 중심으로 살아왔던 나는, 작고 사소한 소통과 분열된 욕망들 그리고 이질적인 것들을 수용하는 유동성을 갖기 시작했다. 분열적 글쓰기들을 통해 나에 대해서 발견하는 재미가 있었다. 분열적 글쓰기 자체가 직접적인 영향을 만들지 않는다 해도 글쓰기의 결과물로 만나는 나의 미시적인 정동과 욕망들은 또 다른 나를 발견하게 했다.

강도적 변동

나에게 나타난 욕망의 분열화는 전복적인 변화라기보다 강도적 변동(Intensive Fluctuation)이었다. 남수단에서 돌아온 초기에는 종교적 이념의 실천에 실패하고 자본주의적 이념으로 변환하는 과정이 반복되었다. 그러나 욕망의 분열화를 진행하며, 종교적 이념에서 발생한 욕망을 그대로 분자화해서 지도화 가능한 혹은 실체화나 형식화가 가능한 수준으로 만들었다. 그리고 각각의 분열된 욕망들은 분할 가능할 뿐 아니라 매끄럽게 만들 수 있었다.

이를테면 선교사로서의 소명에 대한 욕망은 '실현 가능한가? 어떻게 실현 가능한가? 어떤 과정적 흐름을 갖는가?'와 같은 질문에 너무 많은 대답이 있거나 대답하기에 너무 벅차서 하나님의 계시나 안내를 넋 놓고 기다리고 있어야만 했다. 그러나 연결감의 욕망의 경우 '누구에게 연락 가능한가?'와 같이 내가 반응할 수 있는 수준의 질문들이 나왔다. 그리고 이렇게 잘게 분열된 욕망들이 하나하나 실현되면 분열 전의 욕망, 즉 선교사로서의 소명에 어느 정도 가까워졌는지 혹은 아예 다른 종류의 욕망인지를 가늠할 수 있었다.

무엇보다 중요한 것은 이 욕망들이 비록 선교사로서의 소명이라는 욕망에서 분열된 것들이라 할지라도, 즉 강도의 변화일 뿐 영토 자체의 변화가 아니라 할지라도, 다시 강도 0의 매끄러운 공간을 거친다는 것이다. '나는 숙명과 의무감에 그들과 연결감을 갖고자 하는 것인가? 내 신체에 남는 정동적인 반응에 의한, 자기참조적인 욕망인가?' 하는 강도 0의 질문들이 각 분열된 욕망들에서 따로 주어져야 한다. 종교적 이념이 그 대답이 되기보다 정동적이고 감각적인 응답으로 접근해야 한다.

다극적 정동 구성

 욕망은 분열되기만 하는 것이 아니라 이질발생으로 인해 새로운 욕망이 생성되기도 한다. 이때 생성되는 욕망은 주로 외부의 다른 사람 혹은 상황을 통해 역동하는 정동으로 인해 생긴다. 이것을 다극적 정동 구성(Multipolar Affective Compositions)이라고 한다. 다극적 정동 구성이란 하나의 중심적인 주체나 대상이 아닌, 다수의 주체들과 상호 관계 속에서 정동이 생성되고 배치된다는 의미이다. 다극적이란 다수의 사람들이 참여한다는 의미이고, 정동 구성이란 정동이 만들어진다는 의미이다. 즉 다극적 정동 구성은 다수의 사람들이 참여하여 정동이 구성된다는 의미이다.

 감정이나 정동은 네트워크처럼 여러 사람 사이에서 흘러 다니며, 그 속에서 모양을 바꾸고 재조합된다. 그리고 이렇게 조합된 정동은 욕망을 생성한다. 욕망의 모방은 이렇게 정동의 전이를 통해 발생한 이질성이 내 안에 들어오면서 새로운 욕망을 생성하는 효과를 만든다. 정동들은 서로 전이되거나 공명하면서, 누가 시작했는지조차 알 수 없게 된다. 자연히 욕망도 마찬가지다. 정동은 이렇게 기원이나 목적지를 특정할 수 없이 서로 얽혀 생성되는 것이다.

 다극적 정동 구성 개념은 편집적 욕망을 구성하는 데도 사용되고 분열적 욕망을 구성하는 데도 사용된다. 편집적 욕망으로 활용될 때, 다극적 정동 구성은 사회적 거대 욕망으로 발전하면 사회적, 집단적으로 조직된다. 내가 처음에 가진 종교적 이념에서 나온 욕망도 이러한 과정을 거쳤을 것이다. 내가 선교사로서의 욕망을 가졌던 것은 애초에 선교 한국이라는 정동의 상호작용이 가득한 공간에서였다. 이때 나에게 신체와 기호, 사회적 관계망 속에서 어떻게 새로운 정동적 지도가 생성되는지 이해하지 못하였기 때문에 사회적 거대 욕망으로 작동하는 종교적 이념의 욕망을 수용하며 나의 욕망으로 구성했다.

그것을 분열적 글쓰기를 통해 분자화하고, 분자화한 욕망을 표현하고 기호화하는 과정에서 내가 속한 교회와 남수단 부르파얌 부족민들과 함께 생성한 정동이 이질적으로 나에게 작동하며 새로운 욕망을 만들었다. 이렇게 만들어지는 것이 다극적 정동 구성이 분열적 욕망을 만드는 경우이다. 외부의 이질성과의 만남으로 만들어지는 분열적 욕망도 내 안에 없던 것이 완전히 새롭게 나타나는 것은 아니다. 결국 내 안에 잠재되어 있던 욕망을 이질성이 끌어낸 것이기 때문에 애초에 나에게 전혀 없던 것이 나타나지는 않는다.

그렇기 때문에 욕망을 탐색하거나 생성하는 과정에서 개별적이면서도 집단적인 관계들을 분석하는 일을 감수해야 하며, 자신의 욕망을 끊임없이 특이화(Singularization)해야 한다. 나의 욕망을 특이화한다는 것은 비록 이 욕망이 상호침투를 통한 이질성의 발생으로 만들어졌다 할지라도 어떤 누구, 다른 사람의 욕망이 아니라 바로 나의 욕망, 나를 유일하게 만드는 특이성을 가진 욕망이라는 것을 확인해야 한다는 것이다. 그리고 이렇게 드러난 욕망들과 그것들에 의해 좌절되는 이익들 사이의 중재자가 되어야 한다. 분열적 욕망을 표현하거나 실체화하고 형식화하는 과정에서 편집적 욕망을 중심으로 살아갈 때 누렸던 이익 중 어떤 것들은 상실하거나 좌절되기 마련인데, 바로 이런 이익의 상실과 새롭게 구성한 분열적 욕망에서 발생하는 이익 사이에서의 중재자가 되어야 한다는 의미이다.

나의 경우 선교사 소명으로서의 편집적 욕망을 분자화해서 연결감이나 구원자적 욕망을 실체화하는 과정에서 다른 많은 교회들과의 교류와 인정, 다른 곳으로 파송받을 기회, 선교 현장에서 새롭게 만나게 될 기쁨과 같은 이익을 상실하고 남수단 부르파얌 부족민들과의 지속적인 교류 등의 이익을 선택하며 둘 사이의 내 정동적 역동을 중재했다. 이 과정이 간단히 한두 문장으로 표현되었지만 그동안 평생, 선교적 소명을 기대하고 준비해 온 나와 아내 입장에서는 쉬운 중재가 아니었다.

PART 5 　　　　특이화

고유하고
자유로운 나를
만드는 과정

1.
가상적 글쓰기

아내는 남수단에서 빠져나온 후 꿈을 꾸기 시작했다. 우리 가족이 남수단 부르파얌 사람들을 모두 이끌고 우간다로 탈출하는 꿈이었다.

프로이트는 꿈을 크게 두 종류, 소망의 꿈과 반복강박의 꿈으로 구분했다. 소망의 꿈은 이루지 못해서 남아 있는 욕망을 이루고 싶어 꾸는 꿈이고 반복강박의 꿈은 공포스러운 상황으로 돌아가 반복하는 꿈이다. 소망의 꿈은 오늘 먹고 싶었지만 먹지 못한 마시멜로를 먹는 꿈 같은 것이고, 반복강박의 꿈은 전쟁터에서 죽은 동료가 계속 죽는 꿈과 같은 것이다. 반복강박의 꿈은 실제 현실의 반복인 경우가 많고 소망의 꿈은 잉여현실인 경우가 많다.

나는 주로 반복강박의 꿈을 꾸었고 아내는 주로 소망의 꿈을 꾸었다. 내 꿈속에서는 남수단 사람들이 계속 죽어 갔다. 아무도 살아남지 못하는 폐허가 되는 꿈이 대부분이었다. 아주 가끔은 내가 죽는 꿈도 꾸었는데, 이건 반복강박이라고 봐야 할지 소망이라고 봐야 할지 애매했다. 내 죄책감을 반영하는 것이라면 농도상 반복강박의 꿈일 가능성이 높았다.

아내가 남수단 사람들을 탈출시키는 꿈을 자주 꾼 건, 실제로 수도 없이 상상하고 생각해 본 소망이었을 것이다. 남수단에 있을 때는 물론이거니와 우리 가족만 탈출한 후에도 반복되었을 것이다. 나는 탈출할 때 가족들 생각 외에는 없었다. 사람들을 두고 나왔다는 죄책감도 탈출해서 남수단을 나오고 나서야 생긴 것이지 남수단에 있을 때는 생각할 겨를이 없었다. 그런데 아내는 남수단에 있을 때에도 계속 부족 사람들 생각뿐이었다. 내 생각을 너무 안 해서 서운할 정도였다. 전쟁 통에 학교를 다니고 싶어 우리를 찾아온 존과 우리 가정과 교회 살림을 해 주던 과혜나, 윌리엄 그리고 그 외의 사람들에 대한 생각으로 가득했다.

아내는 심지어 탈출하는 그 당일조차도 다음 주 주일예배와 사람들에게 나눠 주기로 했던 옷과 사진 걱정을 했다. 탈출 후에도 "사진이 각자 사람들에게 돌아갔을까?"라며 나에게 묻곤 했다. 나는 "샌더르에게 부탁은 했는데, 나눠 줬는지 확인할 길은 없지"라고 대답했다. 우리가 부족민들 가족사진을 기념으로 찍어 주었었는데, 현상하고 나서 미처 나눠 주지 못한 채 탈출해서 현지인 한 명에게 나눠 주라고 부탁했던 터였다. 그리고 단기선교 팀이 부족민들 나눠 주라고 전달한 옷가지들도 아직 다 나눠 주지 못하고 남아 있었다. 그 모든 것이 미련이었고, 아쉬움이었다. 차마 "○○○도 살아 있을까?"라고 말하지 못하고 "그 사진을 받았을까? 그 옷을 받았을까?"라고 말할 뿐이었다.

남수단 사람들을 이끌고 탈출하는 아내의 꿈은 이런 미련과 아쉬움 그리고 책임감과 죄책감이 반영된 꿈이었을 것이다. 꿈속에서 탈출을 주도하고 이끄는 사람은 아내였다. 아내는 부르파얌 사람들과 머리에 식기를 이고 남수단을 탈출했다. 꿈에 대해서 말하던 아내는 왜 배낭이 아니라 식기였는지 모르겠다고 했다. 꿈속에서 우리는 남수단 사람들 한 명도 놓치지 않고 우간다 국경을 통과해서 모두 살아남았고, 우간다 안전지대에 도착한 후 기뻐했다. 아내는 "꿈속이었지만 이 꿈을 꾸고 위로받았다"고 했다. 실제로 우리는 탈출 전에 이런 이야기를 하곤 했다. "우간다에 남수단 사람들을 위한 난민 캠프가 있다고 들었어" 등등.

내가 이끌지 않고 아내가 이끌었다면 남수단에 그냥 남아 있었거나 진짜로 사람들을 데리고 탈출했을 수도 있다. 아내는 남수단에 가기 전 전도사로 사역할 때, 잔 다르크 혹은 원더 우먼으로 불렸다. 그만큼 리더십이 강했고 도전적이었다. 물론 꿈처럼 다 살지 못하고 상당수는 죽었을 것이다. 그랬다면 트라우마가 지금보다 더 심했을 수도 있다. 한번은 아내가 꿈 이야기를 하다가 "진짜로 탈출을 시도했다면?"이라고 물었다. 나는 "아마도 많이 죽었겠지"라고 대답했다. 아내도 "그랬겠지?"라고 말했다. 꿈대로 되지 않은 것이 다행이라고 말하는 것 같았다.

가상적 글쓰기는 이렇게 가상으로 있을 수 있는 일, 욕망했지만 실현하지 못하여 남아 있는 일을 상상과 공상 속에서 끝내지 않고 실체화 혹은 형식화하여 글로 표현한다. 욕망을 발견하고 그 욕망에 스스로 직면하는 과정이다. 이 작업을 통해 '숨기고 싶었던 나'와 '나도 모르던 나'가 드러난다.

가상적 글쓰기 작업은 가타리가 보르도 병원에서 치료하며 환자들이 자신들의 환상, 감정, 분열적 이야기를 쓸 수 있도록 유도했던 작업 중의 하나이다. 그는 글쓰기를 주체성 생산 과정의 한 방식으로 보았고, "글쓰기는 정체성을 발명하고 다중적인 시간성을 구성하며 가상적 욕망의 세계를 조직한다"라고 했다. 가타리는 임상에서 종종 환자들이 자신의 내면에 있는 다양한 '자기들'을 등장인물처럼 글쓰기나 연극을 통해 발화하게 했다. 이 과정은 욕망을 표현하는 창구가 아니라 욕망을 생성하고 조립하는 기계로서의 작업이고 가상적, 잠재적 존재를 현실적으로 작동시키는 하나의 주체성 생산의 기술이었다.

내가 사용한 가상적 글쓰기는 가타리의 방식을 그대로 쓰기보다는, 프레야 존슨(Freya M. Johnson)의 박사학위 논문 「감정, 애커(작가), 그리고 트라우마적인 주체의 방법으로서의 글쓰기 기계」에서 힌트를 얻어 구성했다. 프레야 존슨은 분열분석의 '글쓰기 기계(Writing-machine)' 개념을 트라우마 치료에 도입하여, 분열분석적 글쓰기를 통해 트라우마의 복잡성을 탐구하고 트라우마의 '형태'로부터 벗어나려고 했다. 이 논문의 주요 목적은 트라우마의 '형태'로부터 벗어나, 모든 형태의 트라우마 현상이 개인의 고유한 방식으로 표현될 수 있도록 하는 것으로 내가 목표하는 바와 거의 비슷하여 이질발생 단계와 특이화 단계에서 사용했다.

프레야 존슨은 분열분석의 정동 이론을 활용하여, 글쓰기 과정에서 발생하는 감정적 경험과 트라우마적 감각의 상호침투를 탐구하고 글쓰기와 트라우마 경험 사이의 공동 구성적 만남을 이론화했다. 그 결과 글쓰기 기계의 실천이 트라우마를 표현하고 처리하는 과정에서 변형적 경험을 창출할 수 있음을 확인했다. 그리고 분열분석적 글쓰기가 트라우마 경험을 통해 나타난 감정의 복잡성과 개인적 특이화를 구성했음을 보여 주었다.

가상적 글쓰기의 목적은 자기의 잠재성 혹은 가상성을 실체화 및 형식화하여 잠재적 욕망 혹은 잠재적 '자기'를 표현하는 데 있다. 이는 트라우마의 증상에서 침투적 재경험과 회상의 차이를 통해 구분한다. 침투적 재경험은 과거에 대한 트라우마 증상이고 회상은 트라우마와 상관없이 일반적으로 나타나는 과거에 대한 반응이다.

나의 경우 빨간 음식을 보면 피 냄새가 나는 침투적 재경험이 있었다. 그리고 아내는 큰 소리가 나면 불안과 긴장을 경험하는 침투적 재경험이 있었다. 이런 것은 과거에 경험한 것이 감각적으로 지금, 여기에서 발생하는 것이다. 과거가 감각적으로 현재에 침투한 것이다. 그러나 회상은 과거를 지금, 여기에서 떠올려 관찰하고 분석하고 생각하는 것이다. 실제 감각에 침투하는 것이 아니라 과거를 의도적으로 떠올리는 전두엽의 일상적인 기능이다. 가상적 글쓰기는 과거의 침투적 재경험을 방어하고 회상으로 반응할 수 있도록 돕는다.

아내의 꿈을 토대로 대화를 통해 가상과 실제 현실을 구분하고 실제 현실이 우리에게 주었던 가치와 가상에 담긴 우리의 욕망과 소망을 직면하는 작업을 할 수 있었다. 가상을 실제 현실과 구분하는 작업을 무의미하다고 여기는 사람도 있다. "누가 그걸 구분 못해?"라고 말할 수 있다. 구분하지 못하는 것이 아니라 구분하고 싶지 않은 마음의 문제이다.

그래서 더욱 면밀하게 가상을 적극적으로 상상하여 현실과 연결시키는 작업을 통해 가능성과 불가능성에 직면해야 지금, 여기와 과거를 통합할 수 있다. 그리고 가상에 나타난 욕망을 지금, 여기에서 어떻게 실체화 및 형식화할 수 있는지를 고민해 볼 수 있다. 탈출하는 꿈을 중심으로 모두 살았을 가능성, 모두 죽었을 가능성, 부족민 중 몇 명만 죽었을 가능성, 나만 죽었을 가능성 등 상황마다 모든 가상적 글쓰기를 했지만 이 책에서는 방법론적 이해를 위해 탈출하지 않고 남수단에 남아서 모두가 살았을 경우 대한 이야기 하나만 소개한다.

가상적 글쓰기: 남수단에 남아서 모두 살았을 경우

총성이 울렸다. 나는 나가야 한다고 주장했지만 아내는 부족민들과 함께 있어야 한다고 했다. 목사가 교우들을 두고 어딜 가냐고. 나는 예하를 생각해야 했기 때문에 부족민을 생각할 겨를이 없었다. 그러나 아내의 말도 동의가 되고 부정하기 어려웠다.

우리 가족은 남기로 했다. 선교사 훈련을 받으며 배운 바에 따르면 선배 선교사들은 목숨을 불사하고 선교지를 지키지 않았던가. 양화진에 여전히 비석으로 남아 있는 외국인 선교사들의 무덤을 보며 다짐하지 않았던가. '이런 선교사가 되리라.' 한국의 선교를 위해 한국 땅에 묻힌 그 선교사들처럼, 그래 그런 선교사가 되자. 남아서 부족민들과 함께하자. 어쩌면 가장 선교사다운 나의 모습을 남길 기회일 수도 있다. 오히려 하나님의 축복일 수도 있다.

우리 가족은 치열한 전투가 일어날 때는 방 안에서 나오지 않았다. 전투 소리가 들릴 때마다 예하에게 이어폰이나 헤드셋을 끼워 주고 영화를 틀어 주었다. 주일에는 상황을 보고 전투가 있는 날이면 부족으로 들어가지 않고 마을 집에서 숨어 있고, 전투가 없는 날이면 차를 몰고 예배하러 갔다. 몇 번은 부족에 들어

가서 예배를 끝냈는데 전투가 시작되어서 부족에서 하루 자고 마을로 내려오기도 했다.

그렇게 위기와 어려움을 부족민들과 함께 나누기를 3년을 반복했다. 그러다 보니 부족민들은 더욱 친구 같아졌고, 교회는 점점 커졌다. 전쟁으로 인해 교육부로부터 인가를 받지는 못했지만 학교도 점점 커져 갔다. 아이들부터 어른들까지 모두 와서 함께 영어와 산수 그리고 아랍어 글자와 남수단과 부르파얌의 역사를 배웠다. 성경 공부 모임도 여러 그룹이 생겼고 인도하는 리더들도 세워졌다.

우리 가족이 떠나지 않고 전쟁 중에도 부족에 남아서 함께한 결과 강한 신뢰가 형성되었고 장로들과 추장도 우리를 존중해 주었다. 원래대로라면 부족의 강력한 종교 지도자인 비의 제사장을 만나서 머리를 숙여야 했지만, 우리 가족의 헌신과 사랑을 부족민들도 잘 알기에 비의 제사장과는 머리를 숙이는 관계가 아니라 친구처럼 잘 지낼 수 있었다.

가장 큰 어려움은 비자 문제였다. 비자를 매년 갱신해야 했는데, 전쟁이 3년이나 이어지고 행정이 마비되다 보니 선교사 비자를 갱신할 수 없었다. 그래서 매달 국경까지 가서 비자를 갱신해 와야 했다. 국경까지 가는 건 목숨을 거는 힘든 여정이었다. 매월 국경까지 갈 때마다 긴장해야 했다. 오비트르와 비난슈가 함께해 주었기 때문에 종종 닥쳐오는 위기를 넘길 수가 있었다. 하나님의 보호 아래 목숨을 걸 만한 위험은 지나갈 수 있었다.

미국인 UN 직원과 기자가 죽었다는 이야기를 전해 들었다. 이게 아프리카의 무서움이었다. 국제적인 문제에 대해서 전혀 계산하지 않았다. 상대가 미국인이든 중국인이든 수틀리면 죽였다. 반군은 어차피 하루를 살아가는 사람들이었고 국가 정세나 힘의 균형 같은 것에는 관심이 없었다.

그렇게 힘든 3년이 지나갔다. 그제야 대통령과 부통령은 화해를 선언했다. UN의 예측대로 3년 만에 전쟁이 끝났다. 마치 UN이 전쟁을 일으킨 게 아닌가 싶을 정도로 정확하게 UN의 시나리오대로 전쟁이 진행되고 전쟁이 끝났다. 놀라운 일이었다. 전쟁이 끝났다는 소식을 듣자 부족민들과 우리 마을은 환호하며 앞으로 위험 없는 생활을 할 것에 대한 기대가 커졌다.

전쟁이 끝나자 가난과 기아가 극심해졌다. 전쟁 때는 나라의 관리가 부족이나 마을에까지 미치지 못해서 우리끼리 농사짓고 사냥해서 먹고 살았는데, 전쟁이 끝나고 나라에 행정 체계가 잡히자 세금과 땅에 대한 소유권 관리가 들어왔다. 이전에 농사짓던 장소에서 농사짓기가 어려워졌고, 전쟁 때 안 내던 세금을 내야 했다. 교회 교우들의 가난을 해결해야 할 과제가 주어졌다. 우리는 한국 교회들을 향해 모금을 시작했다. 쉬운 일이 아니었기에 모금이 생각처럼 잘 되지는 않았다. 한국은 선교에 대한 마음이 많이 약해져 있었고, 교회 자체도 줄어드는 추세여서 남수단 부족의 교회에까지 신경 쓸 겨를이 없어 보였다.

예하는 전쟁이 끝나고 검정고시로 예술대학 영화과에 진학했다. 학교를 다닌 적이 없어서 가능할까 싶었지만, 오히려 전쟁 지역에서 지냈던 예하의 독특한 이력이 대학 입학에 도움이 되었다. 그동안 지내며 배웠던 아랍어와 부족어도 좋은 이미지를 만드는 데 도움을 주었다. 예하는 영화과에 입학하여 부르파얌 사람들의 삶과 애환, 그리고 기아와 국제 정세를 담은 짧은 다큐멘터리를 만들었다. 예하의 다큐멘터리는 여러 영화제에서 관심을 받았고 대상 및 특별상을 수상했다. 예하 덕분에 남수단의 상황이 한국에 알려졌다.

나는 남수단에서 일어난 일들을 글로 기록했다. 그 글을 책으로 출판해 줄 출판사들을 찾았다. 한 출판사에서 관심을 보이고 책을 출판해 주었다. 예하의 다큐멘터리와 내 책의 '콜라보'로 홍보를 하며 남수단을 한국에 알릴 수 있었다. 덕분에 많은 교회들이 남수단 부르파얌에 후원을 결정해 주었다. 우리는 한국에서 오는 후원을 토대로 부족의 교회와 학교를 유지할 수 있었고 기아에 허덕이는 부족에 도움을 줄 수 있었다.

가장 큰 문제는 3년의 전쟁 기간 동안 겪은 경험으로 생긴 트라우마였다. 전쟁 중에는 늘 긴장 상태였기 때문에 몰랐지만 전쟁이 끝나고 안정기에 들어서자 가족에게 트라우마가 몰려왔다. 나는 환향과 환촉에 시달렸다. 피가 없어도 피 냄새가 났고, 시체들에게서 나오는 구더기가 얼굴에서 나오는 느낌이 자꾸 들었다. 아내는 작은 소리도 총소리로 오해하는 증상이 생겼다. 예하는 작은 사건도 민감하게 반응하고 죽음과 연결시키며 극단의 상황을 그려 내는 과각성 및 부정 사고가 생겼다.

우리 가족은 트라우마 치료를 위해 한국에 방문해서 상담을 받았다. 그러나 선교사가 선교지를 떠나 한 달 이상 한국에 머무르는 것은 거의 불가능에 가까웠다. 다행히도 예하는 한국으로 대학을 갔기 때문에 지속적으로 치료받을 수 있었다. 나와 아내는 나름대로 심리학을 공부했기 때문에 서로를 대상으로 트라우마를 극복하기 위한 치료적 적용을 할 수 있었다. 한국에서 치료를 받는 수준으로 큰 효과를 발휘하지는 못하더라도 시간이 흐르면서 트라우마가 호전되고 있음을 확인할 수 있었다.

우리 부부는 나이가 들어 노년기까지 남수단 부르파얌의 교회를 섬기며 서로 사랑하고 살았다. 부르파얌 각 지역별로 일곱 개의 교회가 세워졌고 학교는 교육부로부터 인가받았다. 예하는 영화과를 졸업하고 여러 공모전에서 당선이 되며 먼저, 시나리오 작가로서 이름을 알렸다. 그리고 남수단을 배경으로 한 영화 시나리오로 투자를 받아, 입봉작을 촬영하기 위해 부르파얌으로 돌아왔다. 주름 가득하게 나이 든 우리 부부는 권예하 감독이 촬영하는 남수단 부르파얌 영화 현장을 보고 그동안 남수단에서 있었던 일들을 돌아보며 미소 지었다.

2.
나를 만드는 특이성

가상성과 잠재성(Virtuality)

'Virtuality'는 '잠재성'으로도 '가상성'으로도 번역할 수 있다. 상황에 따라 잠재성으로 사용해야 할 때와 가상성으로 사용해야 할 때가 있다. 일반적인 번역에서는 'Potentiality'를 잠재성으로 'Virtuality'를 가상성으로 번역하지만, 가타리가 사용하는 용어 개념에서는 'Virtuality'를 잠재성으로 'Potentiality'를 잠재력으로 사용하는 것이 적절하다.

분열분석에서 'Virtuality' 개념은 '허구적인 것'이 아니라 아직 현실화되지 않았지만 이미 자기 안에 실재하는 잠재적 차원이고, 'Potentiality'는 아직 실현되지 않았지만 현실화할 수 있는 능력이다. 그래서 두 단어 모두 허구가 아니기 때문에 가상이라는 의미보다 잠재라는 의미로 번역하는 것이 각 단어를 설명하기에 좋다. 다만 'Virtuality'의 경우, 기본적으로는 잠재성의 의미가 강해서 잠재성이라고 번역해야 하지만, 과정(Process)의 의미를 가질 때는 가상성으로 번역해야 어울린다. 특히 'Virtualization'의 경우 잠재화라고 번역할 수 없고, 가상화라고 번역해야 한다. 잠재는 아직 표현하지 않은 상태이고, 가상은 표현을 준비하는 단계이기 때문이다. 그래서 가상적 글쓰기나 정동의 가상화와 같이 과정의 의미가 들어가는 부분은 '잠재'로 번역하지 않고 '가상'으로 번역했다.

가상적 글쓰기에 나타난 나의 욕망은 아내의 꿈에 나타난 욕망과 다른 지점들이 있다. 아내는 리더로서의 구원자적 욕망을 실현하는 꿈을 꾸었다. 스스로 부족민들을 이끌고 위험을 넘어서 안전한 곳까지 가는 꿈이었다. 그러나 내가 쓴 가상적 글쓰기는 부족의 사람들을 최종적으로 구원한다는 의미에서 구원자적 욕망인 것은 유사하지만, 함께 고민하고 만들어 가며 내가 영웅적인 존재로 드러나지 않는다. 더불어 아내가 부족민을 구원하는 것으로 종결하는 꿈을 꾼 것과 달리, 나의 가상적 글쓰기에 나타난 욕망은 부족을 구원하는 욕망뿐 아니라 아내에 대한 나의 마음과 예하의 미래에 대한 상상 그리고 부족민들과 교류하며 만들어 가는 사소한 성공들을 담고 있다.

특히 이 글을 쓰면서 가장 신났던 장면은 예하가 영화를 전공하고 나와 함께 작업하는 것이었다. 가상적 글쓰기는 욕망과 정동을 중심으로 나의 특이성을 드러내는 작업이다. 현실적 삶에 나타나는 '나'는 사회가 요구하는 보편적인 모습, 내 나이 또래와 비슷한 직군의 사람들이 살아가는 것과 동일한 욕망과 동일한 모습으로 나타날 가능성이 높기 때문에 나의 특이성을 발견하는 것이 쉽지 않다. 그러나 가상적 글쓰기에는 나의 잠재적인 모습들, 현실에서 드러내지 못했던 잠재성들이 고스란히 드러나기 때문에 나의 특이성을 발견할 수 있다.

특이성을 드러내는 작업은 일차적으로, 이런 가상적 글쓰기에 나타난 가상적 욕망을 어떻게 드러냈는지에 나타난다. 그리고 그렇게 가상적 글쓰기에서 생성한 욕망을 실제 삶 속의 공간들, 장소들, 경로들, 영역들 안에서 드러내기 위해 어떤 손해를 감수하고, 어떤 이익을 추구하며, 또 어떻게 자신의 접근 방식을 만들어 가는지 끊임없이 확인하는 작업이 '특이화'이다. 특이화 과정에는 단일한 욕망만 나타나지 않고 가상적 글쓰기에 나타난 모든 미시적인 욕망들, 즉 부족민들과 연결감을 누리고, 아내와 심리적인 어려움을 이겨 내며, 예하와 함께 예술을 해 나가는 일련의 모든 욕망을 연결접속하여 지도화하고 실체화 및 형식화한다.

가상화하는 것은 욕망만이 아니다. 가타리는 정동의 가상화가 가능하다고 보았다. 정동의 가상화란, 정동이 단순히 어떤 현재적 사건이나 신체 반응으로 실현되기 이전에, 그 정동이 실현될 수 있는 잠재적 가능성들로 존재하는 상태를 말한다. 정동은 어떤 사건에 이미 반응한 결과가 아니라, 어떻게 반응할 수 있는지에 대한 가능성의 배열이다. 그 가능성은 다양한 배치에서 다르게 촉발되거나 잠재된 채로 유지할 수 있다.

예를 들어 어떤 사람이 공공장소에서 부끄러움을 느꼈다면, 그때의 정동은 실현된 정동이다. 하지만 같은 상황에서 배치를 바꾼다면 그 사람은 분노하거나 무시하거나, 혹은 웃을 수도 있다. 이렇게 다른 가능한 정동의 방향들이 바로 정동의 가상화 상태이다. 가타리는 정동의 가상화에 주목함으로써, 우리가 단순히 주어진 감정에 따라 사는 존재가 아니라 다양한 정동의 가능성을 창조하고 재배치할 수 있는 존재임을 강조한다. 정동의 가상화를 통해 가상적 정동을 현실적 정동으로 전환할 수 있다. 가타리는 가상적 정동이 현실적 정동과 맞닥뜨리며 포개어진다고 표현했다.

잠재성을 드러내기 위한 방법이 가상적 글쓰기만 있는 것은 아니다. 욕망이나 정동을 중심으로 한 시나리오를 구성하기도 하고, 배치나 소리의 흐름을 따라 반복되는 메시지를 구성하는 스키조드라마투르기[23]를 하기도 하며, 영화나 연극 혹은 소설의 중간에 이질적인 이야기를 붙여서 새롭게 만들거나, 자기의 서사에 이질적인 다른 서사를 접붙여서 완결된 서사를 만드는 '서사 접붙이기(Narrative Graft)'와 같은 방법들도 있다.

특이화란 무엇인가?

특이화는 곧 생성이고 새로워지는 과정이다. 트라우마를 겪은 사람은 이전으로 돌아가기 어렵다. 그렇다면 새로워져야 하고, 그래서 PTSD에는 특이화가 필수적이다.

가타리는 별자리가 형성된 원리로 특이화를 설명했다. 밤하늘의 개별적인 별들은 원래 그냥 각자 단독적으로 빛날 뿐 특이화되지 않는다. 다른 별들과 구분도 안 되고 그저 그런 비슷한 별들일 뿐이다. 그러나 일곱 개의 별이 국자 모양의 배치로 보이면 그것을 본 사람들은 그 별들의 배치에 '북두칠성'이라는 의미

---

[23] 스키조드라마투르기: 내담자 혹은 자기의 서사를 미시적으로 분열시켰다가 다시 재통합하여 하나의 서사로 구축하는 분열분석 방법. 페르디난도(Ferdinand Klüsener) 박사가 가타리의 글쓰기 기계와 분열극 이론을 접목하여 개발한 기법이다.

를 부여한다. 그 뒤로 그 북두칠성에 관련한 이야기가 만들어지고 여러 감정들이 추가된다. 그와 같은 방식으로 사자자리, 물고기자리 등도 특이화된다.

특이화는 늘 고정되는 것이 아니다. 변하고 보존되고 사라지기도 한다. 이는 에너지가 변하고 보존되고 사라지기도 하는 것과 같다. 얼음을 다시 녹여야 물이 되는 것처럼 이런 특이화의 변화에는 어떤 외부적 조건이나 배치의 변화가 가해진다. 변화를 위한 배치는 변화 이전에는 가상 에너지와 같았다. 특이화는 이런 가상 에너지에 이질적인 것이 발생하거나 개입하면서 특이화를 위해 유효한 진짜 에너지로 바뀌는 것과 같다. 가상 에너지는 아직 실현되지 않은 가능성 같은 것이다. 가상 에너지가 현실 에너지로 바뀌려면, 마치 씨앗이 자라서 나무가 되는 것처럼 복잡한 과정을 거쳐야 한다.

특이화도 그냥 만들어지는 것은 아니다. 복잡한 과정이 필요하고 여기에는 특정 수준이나 특정 종류의 에너지가 필요하다. 특이화는 시냅스의 역할과도 같다. 시냅스는 뇌에서 정보나 신호가 연결되는 부분으로, 새로운 혹은 이질적인 정보가 들어오고 그 정보로 인해 시냅스가 작동하면, 생각이나 감정이 새로운 방식으로 연결될 수 있다. 한 화가가 그림을 그리다가 더 이상 진전하기 어려웠는데, 하늘에 떠 있는 구름을 보고 그 하늘 구름의 색감과 모양으로 인해 시냅스가 작동하여 새로운 생각과 감정이 연결되면서 그림을 완성할 수 있게 되는 것과 같다. 이런 과정이 특이화 과정이다.

그런 의미에서 특이화는 일종의 '낯설게 하기(Defamiliarization)'이다. 어제와 같은 평범한 하루였다 할지라도 너무 미시적이어서 구분하기도 어려운 사소한 것의 개입으로 그 하루를 새롭게 느끼게 하는 것도 일종의 특이화이다.

표현의 내용화, 기호의 에너지화, 언표의 프랙탈화

특이화는 결국 이질발생을 통해 자기참조적으로 변화하여 자기를 생성하는 과정이다. 특이화에 변화는 필연적이며, 이 변화는 내용과 표현 모두에서 일어난다. 내용과 표현의 상호작용으로 특이화가 발생하거나 변형되지만 내용과 표현 중에 무엇이 우선하는지 굳이 정의하자면 표현이 우선한다. '표현의 강도(Intensities of Expression)'가 내용적 실재를 구성하고 내용은 표현의 변화에 따라 생성되거나 해체된다.

표현은 단순히 어떤 의미를 전달하는 방식이 아니라 '존재를 조직하고 분자화하는 힘'이다. 누군가의 얼굴 표정, 말투, 몸짓, 그림, 소리 같은 표현은 그 자체로 욕망의 지도를 바꾸고 이전에는 존재하지 않았던 새로운 내용, 새로운 세계를 생산한다. 표현으로 나타난 누군가의 예술 작품이 타자의 내용으로서의 삶을 바꾸는 충동과 충격이 되는 것과 같다. 그 예술 작품은 타자에게만 작동하는 것이 아니라 그것을 표현하는 예술가 자신에게도 작동한다. 표현은 타자와 소통하는 담론의 영역이다. 표현은 사회가 제시하는 모델을 그대로 흉내 내거나 이미 주어진 것을 반복하는 재현의 의미가 아니라 각 주체가 갖고 있는 내용을 외부화하여 외부에 새롭게 생성하는 의미를 갖는다.

내용의 영역에서는 변화가 불확실하고 분석과 자기 발견만이 있을 뿐이지만, 표현의 영역으로 들어가면 변화를 타자들이 발견하기 시작한다. 표현의 영역에는 말, 몸짓, 생활 습관, 코드들뿐 아니라 배치, 기계적 흐름까지 모두 포함된다. 내용의 영역이 구성된 실재성과 연결된다면 표현의 영역은 외부화 가능성이 강하다. 표현이 내용을 외부화하는 것이지만 표현하는 과정에서 내용이 바뀌기도 한다. 표현하는 과정에서 내용에 대한 새로운 이해와 발견이 이루어지기도 하고, 표현하면서 내용에 대한 분석이 달라지기도 하며, 표현 자체가 내용이 되기도 한다. 이것이 '표현의 내용화'이다.

표현의 반복을 통해 내용을 만드는 것은 분열분석의 중요한 변화와 변형의 기술이다. 표현을 통해 내용에 영향을 주기도 하고, 표현 자체가 자기가 되기도 하기 때문에 표현은 외부 현실과 관계를 설정하며, 자기를 외부로 노출시킬 뿐 아니라 내용을 새롭게 만들거나 강화하는 자기생성을 가능하게 한다.

정동은 기본적으로 내용의 차원에 있지만 표현의 차원에 영향을 주며 사회장이 아닌 감각적 경험에 기반한 새로운 의미 체계, 정체성, 가치를 창조한다. 이는 특정한 개인, 집단, 또는 현상이 독창성을 획득하는 중요한 과정으로, 정동은 물리적 실체로서 나타나지 않지만, 현실에서 우리의 행동과 사고를 형성하는 데 실질적으로 영향을 미친다. 그러면서 담론적이지 않고 지극히 자율적이어서 다른 사람들에게 증명하거나 확인시킬 수 없다. 이렇듯 정동은 물질적, 물리적 실체가 아니라 가상적이지만 실제에 영향을 미친다.

내용의 영역이 표현의 영역으로 넘어갈 때, 표현으로 반복하는 과정에서 기호가 에너지화가 되는 변화가 발생한다. '기호의 에너지화'란 말, 표정, 그림, 동작 등의 특정한 기호들을 반복 표현하면 그에 해당하는 감정, 사랑, 욕망 등의 에너지, 즉 정동이 나타나는 것을 의미한다. 긍정적 언표를 삶 속에 반복하며 녹여내면 긍정적인 감정이 형성된다. 사랑 표현을 다양하게 자주 할수록 사랑이 더욱 솟아나는 것과 같다. 사랑이라는 내용을 표현하면 그것이 또 사랑의 에너지를 만들기도 하고, 사랑이 미미했다 할지라도 사랑 표현을 반복하면 사랑의 에너지가 생성되는 것이다.

특정 욕망을 향한 말과 표현을 반복하면 그 욕망은 점점 더 커지기 마련이다. 여기서의 반복은 동일성의 반복이 아니라 자기유사성(Self-similarity)의 반복이며, 더 정확하게 말하자면 자기유사성의 차이의 반복이다. 반복하는 자기유사성은 반복할 때마다 배치와 공명, 강도에 따라 차이가 발생하고 그 차이의 낙차가 자기에 자극을 주며 변화를 만들어 낸다.

그렇기 때문에 동일성의 반복은 변화와 변형의 효과를 가져올 수 없고 차이와 그 차이로 인한 낙차가 중요하다. 이 낙차는 강박적 행동과 사고를 풀어 점점 유연하고 자율적으로 만들며 주체성을 생산한다. 분열적 글쓰기를 통해 자기참조적인 정동을 찾고 그 정동을 중심으로 다시 분열적 글쓰기 및 가상적 글쓰기를 하는 과정을 통해 또 다른 정동이나 의미 혹은 자율성과 창의성이 생성되면 그것이 기호의 에너지화이다.

기호의 에너지화를 통한 모든 변화는 모듈적 변화와 프랙탈적 변화로 구분한다.

모듈적(Modular) 변화는 영토화된 것으로 규칙적이고 예측 가능한 변화이다. 계절이 봄, 여름, 가을, 겨울로 돌아가는 것이나 시간표대로 수업이 돌아가는 것은 모듈적 변화이다. 이런 변화를 통해서도 이질발생이 도래할 수 있다. 변화가 아예 없는 것보다는 모듈적 변화라도 있는 것이 좋다. 그러나 이런 규칙적이고 예측 가능한 모듈적 변화들은 익숙해지면 하나의 안정성을 갖는 질서가 될 뿐이고, 결국 그 질서 안에서 자율성과 주체성은 퇴색한다. 무엇보다도 모듈적 변화는 언젠가 깨지고 만다.

프랙탈적(Fractalization) 변화는 탈영토화된 것으로, 끝없는 무한 변화이다. 프랙탈이란 부분의 특성을 반복적으로 나타내며 전체로 무한히 세분화하며 확장하는 구조의 의미로, 분열분석에서는 보편 사회적 의미 체계와 차이가 나는 '자기'를 무한히 반복하며 확장하는 차이와 반복의 실천 구조로 이해한다.

프랙탈화에서 참조하는 '자기'는 실존적 접착제로 늘 붙어 있는 자기뿐 아니라 보이지 않고 잠재적으로만 있다가 어떤 사건으로 드러난 '낯선 자기'의 발견을 포함한다. 이를테면 갑자기 사랑에 빠지는 정동, 불현듯 떠오른 사업 아이디어 혹은 직장인의 기획 아이디어, 작곡가의 새로운 선율 등이 모두 차이를 두고 반복하는 '자기'일 수 있다.

이러한 변화는 외부에서 온 것처럼 보이지만 사실상 자기의 잠재성을 참조하여 역동하며 만들어질 때가 많다. 낯설어 보이지만 일단 걸어가고 보면 자기유사성의 반복이라는 것을 알 수 있다. 예를 들어 불현듯 외부의 단서에서 떠올린 사업 아이디어도 결국 내 안의 정보들과 역동하며 만들어진 것이다. 단서가 외부에서 왔다 할지라도 내 안에서 끄집어낸 것이다. 자기유사성을 반복하는 프랙탈화를 그림으로 나타내면 다음과 같다.

프랙탈화는 자기의 감정을 중심으로 자기유사성을 반복하여 사회에 새로운 자기를 자유롭게 표현함으로 나와 사회를 역동시켜 새로운 나와 배치를 생성하는 방식이다. 자기유사성을 반복

자기유사성을 반복하는 프랙탈화

한다는 것은 고정된 동일성을 반복하는 것이 아니라, 매 순간 차이와 변형 속에서 '비슷하지만 다른' 생성의 패턴을 재생산하는 것을 의미한다. 자기를 반복하되 항상 다른 비율, 다른 크기, 다른 국소적 변형을 만들며 동일한 자기가 아니라 유사한 자기를 반복한다.

 매일 조금씩 다른 나를 반복하며 계속 차이를 만들어 가면 오랜 시간 후에는 완전히 다른 새로운 자기가 생성되어 있는 것을 발견할 수 있다. 기억하지만 새롭게, 지속하지만 틈이 있는 방식으로, 끊임없이 자기 자신을 생성해 나가기 때문에 자기반복이 아니라 자기유사성의 반복이다. 이 자기유사성의 반복을 통해 자기는 스스로를 단단히 고정하지 않고, 항상 생성의 운동 속에 자신을 위치시킨다.

 '오늘부터 완전히 변해야지'라고 생각하면 실패하기 십상이다. '180도 달라진 나'는 불가능하지 않다 하더라도 결코 쉬운 일이 아니다. 사건이 그 이전과 이후를 바꾸는 계기가 될 수는 있어도, 사건 이후에 180도 달라진 나를 발견하기는 어렵다. 찰스 디킨스(Charles Dickens)의 소설 『크리스마스 캐럴』에 등장하는 스크루지는 하룻밤 사이에 완전히 변했지만, 현실이었다면 또다시 이전처럼 돌아갔다가 다시 시도하기를 반복했을 것이다.

'언표의 프랙탈화(Enunciative Fractalization)'는 자기유사성을 반복하여 미시적인 차이를 지속적으로 만들어 내기 때문에 하루만에 나를 180도 바꾸는 작업보다 현행화의 가능성이 높다. 이런 프랙탈화를 위해서는 욕망을 분열시키고 분자화해야 한다. 부르파얌을 구원하는 욕망은 부르파얌 사람들과 연결하는 욕망, 후원하는 욕망, 이야기 나누고 싶은 욕망 등 수도 없이 많은 욕망들로 분열하며 현행화하고 반복한다. 처음에는 이러한 미시적인 반복 작업이 별거 아닌 것 같고, 삶에 어떤 변화도 일으키지 않는 듯했지만 이러한 자기유사성의 반복이 쌓이면서 그것이 에너지가 되었다.

언표의 프랙탈화가 기계적 의미라면, 실존적 의미로는 '표현의 내용화'라고 할 수 있고, 욕망과 정동의 흐름을 중심으로 보면 '기호의 에너지화'라고 할 수 있다. 언표, 표현, 기호가 모두 같은 표현인 듯 보이지만 미세한 차이가 있다. 언표가 기호가 만들어지는 생성 방식 혹은 기계의 작동이나 기호의 배치라면, 기호는 정동과 욕망을 외재화하는 매개이고, 표현은 기호와 언표의 실존성이자 수준이다.

표현에 언표와 기호가 하부 구조로 있는 것이 아니라 오히려 기호와 언표에 표현이 실존한다고 보는 것이 맞다. 기호는 표현의 형식적 코드이고 언표는 그것의 작동 방식이다. 각각 다른 수준의 개념들이지만 드러난 모양새는 표현의 반복을 통한 존재와 에너지의 생성 혹은 변형이라고 보면 된다. 그것이 정동이나 욕망과 같은 에너지일 때는 기호의 에너지화에 가깝고, 기계적 배치와 작동 원리의 변형이나 생성일 때는 언표의 프랙탈화에 가깝다.

나는 십수 년 동안 선교사로서의 정체성을 만드는 데 대부분의 에너지를 사용했고, 선교사 외의 다른 정체성에 대해서 고민해 본 적이 없다. 나의 모든 언표, 기호, 표현은 종교적이고 헌신적인 목사이자 선교사의 모습이었다. 선교적 소명이 나의 유일한 욕망이자 정체성이고, 나를 증명하는 흐름이었다. 전쟁으로 인해 트라우마적 사건이 발생하고 선교사로서의 정체성이 붕괴되자, 자기실존이 깨짐과 더불어 트라우마적 사건을 이겨 낼 에너지나 욕망이 내게 남아 있지 않았다.

트라우마로 인한 환각의 증상만이 문제가 아니었다. 우울증이 나와 아내에게 찾아온 것은 어쩌면 당연한 결과였다. 나에게 자기실존적 감각을 누릴 수 있는 욕망의 에너지가 남아 있었다면 트라우마적 사건이 PTSD로 이어지지 않았을지도 모르겠다.

트라우마 상황에서 "무서워"라고 말하지 않아서 정서적 억압이 강화되고 가슴속에 더 오랫동안 PTSD를 맞이한 것은 사실이다. 하지만 그렇다고 PTSD를 극복하기 위해 계속 "무서워"만 반복한다면 두려움이 소산되는 단계를 넘어 두려움의 표현의 반복으로 난 두려워하는 사람이 되고 만다. 정동의 몰입과 반복이 만드는 결과이다.

두려움 외의 다른 감정들을 발견하고 그것을 배치에 따라 표현하며, 좋은 감정을 향유하기 위해 배치를 바꾸며 기호화하는 작업이 그 기호에 해당하는 에너지를 반든다. "무서워"를 넘어, "그 사람들은 나를 좋아했어", "나에게 고맙다는 말을 했지", "함께 찬양할 때 그렇게 행복할 수가 없었어"와 같은 표현의 반복은 남수단에 대한 전혀 다른 에너지를 만든다. 도저히 사진을 펼칠 수 없던 상태에서 함께 앨범을 펼치고 "이거 명사진이었어"라고 말하기를 반복하며 그때의 공포만을 침투적으로 재경험하는 것이 아니라 그때의 기쁨을 회상한다.

내가 선교사가 되겠다는 욕망도 선교에 대한 수많은 기호들을 반복하며 나타났던 것이다. 또 돈을 벌어야 한다고 생각하는 이 시대 대부분의 사람들이 그 생각을 갖게 된 것도 우리를 둘러싼 돈에 대한 수많은 기호들이 반복되기 때문이다. 이처럼 이제 반복할 기호를 내가 구성한다.

PTSD 치료에 필요한 지지체계 세 가지가 있다. 나 스스로에 대한 지지체계, 주변 사람들의 지지체계 그리고 사회적 지지체계이다. 트라우마 이론에는 있지만 현실적으로 만들기 어려운 부분이 사회적 지지체계 부분이다. 그러나 사회적 지지체계는 생각보다 엄청난 효과를 가져온다. 사회적 지지체계가 없을 때는 생각보다 엄청난 피해를 가져온다. UN의 '피해자 정의 원칙 선언'은 "국가는 트라우마 피해자에게 적절한 법적, 심리적 지원과 배상을 제공해야 할 의무가 있다"고 밝히고 있다. 그만큼 국가적, 사회적 지지체계가 필요하다는 것을 알기 때문에 이런 항목을 굳이 추가했을 것이다. 하지만 현재 시점에 우리나라에서 기대하기는 어렵다.

나와 주변 사람들이 나의 지지체계가 되어 준다고 해도 사회적으로 비난이 들어오면 한순간 모든 것이 무너진다. 예를 들면 "그러게 전쟁 지역에 왜 갔어?"와 같은 말들이다. 내가 갔을 때는 전쟁 중이 아니었지만 가서 활동하다가 전쟁이 났다. 그러나 비난하고자 하는 사람들은 사실 따위는 중요하지 않다. 심지어 예하 인터뷰 기사에 "정신 나간 예수쟁이들, 세금 쓰고 데려오지 말고 그냥 냅뒀으면"이라는 댓글을 남기는 사람도 있었다. 예하가 이런 말을 들었을 정도면 나는 얼마나 많은 비난을 받았겠는가? 트라우마 피해자 유가족들에게 '시체 팔이'라고까지 모욕하고도 아무런 처벌을 받지 않는데 무슨 사회적 지지체계를 기대하겠나. 이런 비난을 받고 나면 그동안 잘 쌓아 온 치료적 지지체계와 건강한 마음들이 와르르 무너진다. 그래서 UN의 '피해자 정의의 원칙 선언'을 적용하는 국가들에서는 트라우마 피해자들에게 이런 모욕을 하면 징역 6개월 형의 법적 책임을 피할 수 없다.

그러나 우리나라에서는 이런 종류의 사회적 지지체계를 기대하기는 어렵다. 언표의 프랙탈화는 나에 대한 지지체계를 만들기 위함도 있고, 나에게 새로운 정동과 욕망을 생성하기 위함도 있지만 무엇보다 사회를 바꾸는 작업이기도 하다. '내가 기호를 반복한다고 어떻게 사회가 바뀔까?'라고 생각할 수 있다. 물론 바뀌지 않을 수도 있다. 그러나 기호는 사라지지 않고 어디에선가 에너지가 된다. 그래서 분자적이고 미시적인 변화라 할지라도 어떤 형태의 변화가 일어난다. 무엇보다 최소한 이렇게 나의 기호를 에너지화하는 그 과정 자체가 내 주변과 나를 바꾼다.

나는 언표의 프랙탈화와 기호의 에너지화를 통해 자기실존화와 욕망과 정동의 에너지를 생성해 나갔다. 거울을 보고 하는 나와의 대화로, 일기로, 사람들과 만나서 하는 대화 속에서 내가 무엇을 좋아하는지, 남수단에 대한 나의 마음이 어떤지, 나는 어떤 사람인지 다양하게 말하는 나의 이야깃거리들을 생성했다. 그러면서 나는 내가 투사적이고, 느와르물을 좋아하고, 영웅 서사에 관심이 많다는 것을 알았다. 선교사를 하는 동안 나는 내가 평화주의자인 줄 알았으나, 나는 싸울 때 내 삶의 끝을 다 소진할 만큼 최선을 다하는 사람이기도 했다. 분열적 글쓰기와 가상적 글쓰기에 나타나는 투사적 욕망들을 기호로, 혹은 언표로 반복하면서 나는 투사가 되었다.

나는 여러 욕망들을 갖고 있었고, 여러 욕망들을 현행화할 수 있었고, 그것들을 즐겼다. '친구들과 놀아서 뭐해. 시간 낭비지. 그 시간에 선교사가 되기 위한 준비를 해야지'라고 생각하던 나는 고등학생처럼 놀았고, 고등학생 때 사용하던 기호들을 사용하기도 했다. 타자들이 나에게 등록했던 편집적인 기독교 이데올로기와 선교사의 정체성은 여전히 존재했으나 강력하게 작동하지 않았다. 모든 현행화의 준거는 나로부터였다.

타자성의 등록기

자기의 특이성은 그동안 만난 사람들과 세상의 말과 행동, 사상과 교육들을 등록하면서 구성된다. 이렇게 자기 안에 외부가 등록되는 것을 '타자성의 등록기'라고 한다. 이 타자성의 등록기를 통해 등록된 세상에 대한 이해는 자기의 내용을 만든다. 그리고 이 내용이 자기생산적 기계가 된다. 결국은 타자가 자기에게 어떻게 등록되느냐에 따라서 자기생산적 기계가 만들어지고 또 자기를 어떻게 생산하는지를 결정한다는 의미이다. 이렇듯 주체성은 자기의 영토를 넘어서서 타자성의 영토들과 서로 상호침투하면서 만들어진다. 즉 타자들로부터 등록된 내용이 정체성이고, 그걸 표현하는 것이 주체성으로 나타난다. 이것이 내용의 축과 표현의 축이다.

타자성의 등록기라고 해서 사람과의 과거 경험만 등록되는 것이 아니다. 물질적 조건, 상상적 세계, 경제적 세계, 정치적 관계, 공간적 차원, 그리고 자기가 생활하고 표현한 것들도 등록된다. 이렇게 자기가 표현한 것이 등록되는 것이 재등록이다. 표현의 내용화가 재등록과 같은 개념이다. 가상적 글쓰기를 통해 잠재되어 있던 자기를 발견했다면 그렇게 발견한 자기를 표현함으로써 재등록한다. 이런 재등록 과정을 통해 자기참조적 특이성을 자기 스스로 만들어 갈 수 있다.

타자성이 자기 안에 등록되고 그것을 자기가 어떻게 말하고 선택하고 행동하고 표현하고 살았는지에 따라서 그 표현이 다시 자기의 내용이 된다. 내가 나를 표현하는데 내가 표현한 내가 또 등록되면서 나의 내용이 된다. 그렇게 해서 나의 내용이 쌓여 가고 내 자아가 성장해 간다.

이 내용의 등록 체계에는 이미 내 안에 갖고 있는 생물학적 코드화, DNA, 생체적 조건뿐만 아니라 부모나 외부 사회에 의해서 강제된 행동 아니면 시대상, 문화의 흐름, 그 시대가 만들어 낸 비기표적인 표현들, 음악, 미술, 영화 등이 모두 포함된다. 그리고 나는 해 본 적이 없는데 문득 나도 모르게 튀어나온 어떤 이질발생적인 내 행동도 포함된다. 나는 해 본 적 없는 행동을 하면 그것이 이질발생이 돼서 또 나한테 등록된다.

예전에 본 한 드라마에서 싸이코패스가 등장하는데 처음에는 자기가 싸이코패스인지 모르다가 자기도 모르게 사람을 죽이고 각성한다. '아, 나는 살인을 좋아하는구나.' 이런 이질발생이 내가 된 것이다. 이것이 자기생성이다. 선행도 마찬가지다. 악하게만 살아온 스크루지 같은 사람이 선행을 한번 해 보고 나서 너무 큰 기쁨을 누리며 '어, 이게 이렇게 좋은 거였어?'라고 생각하며 내용이 등록된다. 이런 과정들로 자기가 생성된다. 이렇게 현실과 잠재성의 접촉 경계면들이 있는데, 행동해 보지 않은 잠재성을 행동함으로 그게 현실이 되기도 한다.

　잠재성이었던 것이 현실이 된다. 현실과 잠재성의 접촉 경계면이었던 것들을 찾아서 실행하고 통합하는 작업이 특이화의 작업이다. 이런 가상과 현실의 접촉 경계면에 있던 것들을 말하고 행동하게 함으로 그걸 내 안의 내용으로, 나의 자아로 끌어들이는 과정을 통해 '특이성'이 만들어진다. 일단 한번 해 보는 표현, 그것이 내용이 되어 나에게 등록되고, 그 기호를 반복하면 나의 에너지가 된다. 그리고 그 에너지를 위해 배치를 바꾸고 반복하면 그것이 자기실존화의 과정이다. 중요한 것은 '과정'에 있다. 자기실존이라는 것이 어떤 목표로 정해지면 오히려 도달하기 어렵다. 분열분석은 과정을 누리는 것이 목표다. 과정적 변화를 누리지 못하면 변화는 무의미하다. 자기실존화는 단번에 되는 경우도 없지 않지만 대체로 미시적이며 느리고 과정적이다.

3.
현행화

　분열분석에서는 가상성과 잠재성을 '현행의 그림자'나 '현행 이전의 드러나지 않은 상태' 정도로 이해하지 않고, 현행과 별개로 '존재'에 영향을 미치는 지위를 갖는다고 본다. 비록 가상 상황이 다른 사람들과 교류하는 사회장 안에서 드러나지 않았다 해도 내적 에너지로서 실제로 작동하기 때문이다. 그렇기 때문에 가상성과 잠재성은 드러나지 않으면 무의미한 비에너지가 아니라, 가상성과 잠재성 자체로 현실에 영향을 미치는 에너지이다.

　가상성과 잠재성이 그 자체로 에너지라는 것은 그것을 현행화했을 때도, 가상한 대로는 아닐지라도 실체적 에너지가 된다는 말이다. 가상한 대로가 아닌 이유는 현행화하면 외부와 상호 침투하기 때문이다. 그래서 가성상과 잠재성을 현행화할 때, 시작하는 입구는 결과적으로 나타나는 출구와 다를 수밖에 없다. 입구와 출구가 다르더라도 분명히 무엇인가를 생산하며, 이 생산은 현재의 배치와 정동의 상태를 바꾼다. 그렇기 때문에 나의 특이성은 잠재적 상태로 있을 때와 그것을 현행화했을 때가 다르다. 그런 의미에서 현행화는 특이성을 만드는 중요한 작업이다.

분열적 글쓰기와 가상적 글쓰기를 통해 나타난 나의 잠재성은 현행된 것이 아니라 할지라도 내 안에서 역동하는 나인 것을 부정할 수 없다. 가상적 상태에 나타난 '나'는 현행화하는 나와 다르다 할지라도 분명히 '나'이다. 그러므로 현행화했을 때 외부와의 상호침투 때문에 가상 상태 그대로 드러나지는 않을지라도 현행화할 수 있는 실존의 자기이다.

그래서 가상적 글쓰기를 통해 발견한 분열된 나의 욕망들과 실존적 자기들을 현행화하며 어떻게 드러나는지를 지켜보았다. 특이화를 위해 제일 먼저 시작한 작업은 남수단에 대한 정보와 대화를 회피하지 않고 오히려 적극적으로 표현하는 것이었다. 내 안에 있는 욕망이었으나 고통을 동반하기 때문에 피했던 것을 이제 주변과 연결접속하며 드러냈다.

현행화하는 데 가장 방해가 되는 것은 잠재성을 하나의 편집적 덩어리로 보고 유일한 하나를 꺼내는 작업을 하는 것이다. 거대한 덩어리를 현행화하려고 하면 당연히 어려움이 있다. 그렇다고 분열분석적 현행화가 '작은 것부터 천천히 시작해서 거대해지는 것'도 아니다. 작고 미시적인 것 자체가 하나의 분열된 나이고, 분열된 분자적 나의 현행화는 거대한 흐름을 바꾸기도 한다. 이것이 '분자혁명'이다. 이런 분자적 나가 나의 특이성을 생성하고 나를 특이화한다. 내가 다양화되고 다양체가 되면 '분자적 나'들은 서로 연결접속하여 기계적인 생산성과 자율성을 갖는다. 그리고 '나'라는 기계는 배치에 따라 '나'를 생산한다. 오직 PTSD

에 매몰된 나는 이렇게 분열되며 유동적으로 흐르고 PTSD가 아닌 것들을 생산한다.

이질적인 노래 바바 알피사마

나는 남수단에서의 즐거웠던 기억들을 살리고자 하는 욕망이 있었다. 남수단은 여전히 어렵고, 나도 트라우마적 기억이 남수단의 기억 핵심부에 자리 잡고 있었기 때문에 감히 남수단에서 즐거웠던 기억을 떠올리는 것이 어려웠다. 오히려 PTSD를 작동시키는 원인이 될까 봐 피했다.

그런데 예하는 '인생에서 가장 즐거웠던 기억'으로 남수단을 스스럼없이 떠올리며 말했다. 예하가 전쟁의 심각성을 모르는 것도 아니었다. 반전 운동에 관심을 갖고 무기 판매를 금지하는 운동에 관한 책을 읽기도 했다. 그것과 별개로 남수단은 즐거운 공간이었다. 예하가 남수단을 즐거운 곳으로 떠올리는 것이 나에게는 상당히 이질적인 느낌이었으나 나도 그러고 싶은 욕망이 있었다.

나는 남수단에서 향유하던 기쁜 기억들을 한국에 재배치했다. 이것은 나의 특이성을 드러내는 중요한 작업이었다. 내가 글쓰기나 신체감각훈련 등을 통해 혼자만의 분열분석만을 하다가 타자들과의 교류에서 현행화를 실현한 첫 번째 장(Field)은 더함공동체교회였다. 교회 공동체가 선교지로서의 남수단을 이야기하고 이해시키기 가장 편했다.

재배치를 위한 바둑판의 첫 돌은 한국에 이질적인 남수단 노래를 끌어들이는 것이었다. 우리 가족은 먼저 교회에서, 예배 시간에 남수단에서 부르던 노래를 부르기로 했다. 처음에는 욕심을 부려서 가장 아프리카적이고 가장 이질적인 노래를 준비했었다. 그러나 그건 어려울 것이라고 생각하고 가장 접근성 높고 한국인들도 이해 가능한 노래를 선정했다. 우리가 했던 노래는 모두 세 곡이었지만 교우들로부터 본격적인 반응을 이끌어 낸 노래는 〈바바 알피사마〉라는 노래였다.

바바 알피사마
여기 계신 아버지

바바 알피사마, 마피 타 니제인타.
여기 계신 아버지, 당신 같은 분은 없어요.
바바 알피사마, 마피 타 니제인타.
여기 계신 아버지, 당신 같은 분은 없어요.
아부타이 알피사마, 마피 타 니제인타.
여기 계신 나의 아버지, 당신 같은 분은 없어요.
예수 알피살림, 마피구아 니제인타.
평화이신 예수님, 당신같이 강한 분은 없어요.

이 곡은 한국에서도 이미 어느 정도 알려진 아프리카 찬양으로 잔잔하게도 신나게도 부를 수 있었다. 우리 가족은 이 곡을 부르고 나서 아프리카 이야기를 나눴다. 그러자 몇몇 교우들이 〈바바 알피사마〉를 부르기 시작했다. 교인들에게 곡이 어느 정도 알려지자 나는 교인들로부터 지원을 받아서 같이 부를 사람들을 모집했다. 교인들의 반 이상이 이 모집에 참여했다.
이제 선교에 관심 없는 교우들도 남수단에는 관심을 갖기 시작했다. 그리고 내가 남수단에서 있었던 일과 남수단의 문화를 설교 시간에 조금씩 이야기하기 시작했다. 설교 시간에 처음으로 남수단 이야기를 할 때는 환촉이 발생했다. 광대뼈 부분에서 벌레가 살을 비집고 나오는 느낌이 너무 강렬해서 설교하면서 계속 만지며 확인하고 긁어야 했다. 그러나 남수단 관련 설교의 횟수가 더해 갈수록 자연스러워졌고, 어느 순간부터는 환촉 없이 자연스럽게 남수단 이야기를 할 수 있었다.

집에 걸려 있는 남수단 사진을 보는 것만으로 트라우마적 반응을 보이던 내가 남수단 노래를 모두 앞에서 부르고, 남수단 이야기를 설교 시간에 하는 건 큰 변화였다. 무엇보다도 중요한 건 어떤 정동과 어떤 분위기에서 말하는가였다. 남수단이 늘 나를 슬프게 하고 미안하게 만들던 기호였다면, 이제는 남수단에서 했던 신나는 찬양을 하고 남수단의 즐거웠던 일을 말할 수 있었다. 그동안 부정적인 기호의 반복이 부정적인 정동을 만들어 왔다면 이것은 긍정적인 기호의 반복이 만든 긍정적인 정동이었다. 함께 남수단을 이야기할 수 있는 사람들을 점점 늘려 가는 건 즐거운 일이 되었다.

교회 공동체를 통한 후원

〈바바 알피사마〉를 찬양하고 얼마 후에 한 집사님이 교회 차원에서의 남수단 후원을 건의했다. 나는 매달 15만 원씩 남수단 부르파얌 무타름교회에 후원하고 있었고, 그걸 알고 있던 집사님이 차후에 교회 차원에서 후원하게 될 날을 꿈꾸며 교회를 통해 교회 이름으로 하자고 제안했다. 내 후원을 씨앗 삼아 교회가 후원하는 방식이었다.

나로서는 너무 기쁜 제안이었다. 교회는 그 집사님의 제안을 받아들였고, 남수단 부르파얌 무타름교회는 공식적으로 교회가 지원하는 후원처가 되었다. 이렇게 또 하나의 기호가 차이를 두며 반복되었다. 이제 공식적으로 내가 교회에서 남수단 이야기와 남수단에 대한 보고를 할 수 있는 근거가 마련되었다. 남수단의 기호를 확장할 수 있는 기회였다.

교회 규모가 크지 않다 보니 재정적인 어려움이 생기곤 했다. 그럴 때면 교회는 후원처를 정리할 필요가 있었다. 대부분의 교회들이 그렇듯이 선교비가 제일 빠른 정리 대상이었다. 그러나 형식을 바꾸며 남수단 후원은 계속 이어졌다. 처음에 교회 차원에서의 후원을 제안했던 집사님이 개인 후원으로 하되 교회 이름으로 하는 것으로 하고 그동안 교회가 후원하던 것을 멈추지 않도록 했다.

어떤 형식으로든 남수단이라는 기호가 교회 안에서 지속적으로 반복되는 것은 나에게는 의미 있는 일이었다. 남수단을 함께 후원해서 연결감을 만드는 것도 의미 있는 일이었지만, 후원하기로 결심한 교회와 집사님이 의도하든 의도하지 않았든 그것은 내게 강력한 지지체계가 되기도 했다. 사회적 트라우마 치료에 있어서 가장 중요한 요소가 지지체계, 즉 연결접속이다.

교회의 후원이 시작되자 나는 설교에 남수단을 더 자주 언급했다. 교회와의 연결감 때문이기도 했지만 나의 치료적 접근을 위해서이기도 했다. 교우들과 만나서도 의도적으로 남수단 이야기를 종종 꺼내곤 했다. 가끔은 너무 과도하게 남수단 이야기를 하는 것을 발견했다.

후원금을 보내기 위해 은행원과 남수단 이야기를 나누기도 했다. 종종 미국이 남수단을 내전 국가로 지정해 금융 제재를 하는 바람에 후원금이 잘 안 가는 일이 발생하곤 했는데, 그럴 때면 내가 은행원에게 남수단 상황을 설명하고 도움을 요청했다. 은행원은 바로 송금이 안 되자 홍콩 은행으로 돌려서 우간다 은행을 거쳐서 송금할 수 있도록 도와주기도 했다. 이런 과정 하나하나가 남수단에 대한 나의 구원자로서의 욕망과 친구로서의 우정을 실현하는 기호의 반복이었다.

후원이 본격화되는 사이, 남수단 내전이 종식되었다. 내전 발발 3년 만이었다. 그리고 나는 비난슈와 윌리엄에게 더 자주 전화할 수 있었다. 송금하기 전에 한 번, 송금 후에 한 번 통화하며 남수단 소식들을 들었다. 남수단은 전후 대처를 제대로 못하고 있었고, 부족민들의 삶은 전쟁 전에 비해 말도 안 되게 피폐해졌다. 나는 죄책감에 빠지기보다, 더 적극적으로 돕기 위해 돈을 더 벌었다. 혹시라도 후원금 전달이 안 될까 봐 계속 확인했다. 그런데 아직 한 번도 전달에 문제가 생긴 적이 없다. 나는 하나님의 보호하심이라고 생각했다. 그리고 내 상황을 알고 도와준 은행원들에게도 고마웠다.

영화로운 작음

현행화를 위한 두 번째 장은 예하의 다큐멘터리였다. 내가 먼저 남수단에 들어가서 사역지를 개척하고 예하는 그 후에 들어왔기 때문에, 예하가 남수단에 실제로 있었던 기간은 1년 정도로 그리 길지 않았다. 그럼에도 남수단에서의 기억은 강렬할 수밖에 없었다.

예하는 남수단이 아니더라도 어릴 때부터 수년 동안 여러 선교지를 돌았다. 어쩌면 우리 가족이 있는 곳이 남수단인지, 우간다인지, 케냐인지, 이집트인지는 중요하지 않았을 수도 있다. 그러나 남수단은 다른 선교지들과 달리 수도도 없고, 전기도 없는 곳이어서 가장 특별했을 것이다. 실제로 나중에 예하에게 "네가 가장 행복했던 때가 언제야?"라고 물었더니 주저함 없이 "남수단"이라고 대답했다. 나는 남수단의 가장 우울한 모습을 기억하고 있었는데, 예하는 가장 즐거운 모습을 기억하고 있었다.

그렇다고 남수단을 즐겁게만 기억하고 있었던 건 아니다. 나중에 예하의 다큐멘터리를 보고서야 그 사실을 알았다. 일곱 살에 선교지로 갔다가 초등학교 5학년 때 한국에 온 예하는 중학교까지는 평범하게 다니다가 고등학생 때 예술고등학교 영화과에 진학했다. 나는 졸업 작품으로 남수단 관련 다큐멘터리를 만들 것을 권했다. 내가 글쓰기를 통해 남수단의 기호를 반복했던 것처럼, 예하가 다큐멘터리를 제작하면서 남수단의 기호를 반복하길 원했다.

나는 트라우마 증상이 심하게 나타났기 때문에 남수단의 기호를 피하거나 우회했다면 예하는 오히려 트라우마적 증상이 크게 드러나지 않았기 때문에 남수단의 기호를 굳이 드러낼 필요가 없었다. 그러나 내가 관찰했을 때 예하도 분명히 트라우마적 반응으로 과각성 현상이 종종 나타났다. 그래서 남수단 관련 영화 제작이 예하에게 남수단을 정리하는 기회가 되길 바랐다.

영화가 예하에게 특별했던 건, 남수단에서의 경험들 때문이었다. 피난처로서도, 표현의 방식으로서도 예하의 영화는 남수단과 뗄 수 없는 관계에 있었다. 남수단은 전기도 수도도 없었기 때문에 이렇다 할 만한 놀이가 없었다. 낮에는 공기놀이나 자치기 등의 전통놀이를 같이 했고, 어두워지면 낮 동안 태양열로 충전시켜 놓은 노트북으로 한국에서 받아 온 영화를 봤다. 전쟁 상황에서도 예하가 총소리를 못 듣게 하려고 헤드셋을 끼고 영화를 보게 했다. 애초에 예하에게 영화는 피난처였다.

예하가 쓴 시나리오들의 주제는 대체로 일상에서 누리는 작은 것들의 소중함이었다. 그 이유는 남수단에 두고 온 반려견, 친구들, 작은 마을들을 잃어 보았고 그래서 소중하다는 것을 알기 때문이라고 했다. 그리고 한국에서 누리는 일상들이 남수단에서는 얼마나 고대하고 소중하게 여기는 것들이었는지를 알았기 때문이라고 했다. 예하의 다큐멘터리 제목은 〈영화로운 작음〉이었다. 옆에 있을 때는 있는지 없는지도 모를 작은 것들이지만 없어졌을 때는 가장 영화로운 것이었다는 것을 알게 되는 소중함을 표현한 제목이었다. 남수단에 대한 새로운 기표가 예하를 통해 나에게 들어왔다.

예하가 다큐를 찍는 과정은 나에게도 치료의 과정이었다. 예하가 그동안 궁금해했던 남수단과 트라우마에 대한 질문들을 나에게 던졌고 나는 그 질문들에 대답하기 위해 고민해야 했다. 무엇보다 다큐멘터리에 사용할 남수단 사람들과의 통화 내용들을 정리하며 내 표상으로만 정리했던 감정들을 남수단 사람들의 감정으로 다시 들어 볼 수 있었다. 예하는 자기가 영화제에서 받는 상금의 상당액을 남수단 후원금으로 보냈다. 받을 때마다 수시로 보냈는데 다 더하면 수백만 원은 되었다. 고등학생이 후원할 수 있는 금액으로서는 상당했다. 아무리 상금으로 받은 돈이라고 해도 고등학생이 수백만 원을 누군가에게 보낸다는 것이 쉬운 일이 아니었을 텐데.

〈영화로운 작음〉은 감사하게도 여러 영화제에서 좋은 반응을 얻었다. 영화제를 위해 관객들과 대화를 하며 남수단에 대한 여러 질문을 받았고, 그 질문들에 답변하며 예하는 남수단에 대한 기호들을 반복했다. 동일한 질문, 동일한 대답의 동일한 반복은 아니었다. 조금씩 차이가 나는 기호들을 반복하며 남수단에 대한 긍정적인 감정들을 만들어 갔다.

예하는 영화를 통해 남수단의 기호를 반복하더니 남수단을 직접 가 볼 수 있는 경로를 찾았다. 이태석 재단에서 운영하는 리더십 교육 과정을 통해 최종 확정을 받으면 봉사를 위해 일주일간 남수단에 갈 수 있는 기회를 준다고 했다. 나와 아내가 가정에서 남수단에 대한 기호를 반복하고 영화를 통해 남수단의 기호가 수면 위로 떠오르자 예하도 나름대로 남수단의 기호를 반복하기 위해 여러 경로들을 탐색하고 있었나 보다. 예하는 고3의 막중한 스트레스 속에서도 남수단으로 가기 위한 교육 과정에 참여했다. 그럼에도 최종 선발에서 떨어졌다.

나는 "고생했어. 어쩔 수 없지. 넌 최선을 다했어"라고 위로했는데, 예하는 담당자에게 전화해서 자기가 남수단에 가야 하는 이유를 설명하고 합격시켜 줄 것을 요청했다. 이태석 재단 내부에서는 예하가 남수단 유경험자이고 남수단 관련 다큐멘터리까지 만들었다는 사실을 근거로 회의를 열어서 결국 남수단에 갈 수 있도록 배려해 주었다. 예하는 이태석 재단을 통해 남수단에 가서 최선을 다해 봉사하고 돌아왔다. 이제 예하는 과거 남수단의 기호를 반복하는 것을 넘어서서 새로운 기호들을 만들어 갔다. 이 새로운 기호들은 과거 남수단의 기억 작용에 새로운 영향을 주고 그 기억들에 변형을 만들어 치료적 과정을 만들어 갔다.

아내와의 커플정동을 통한 상호 프랙탈화

현행화의 세 번째 장은 아내와 함께 심리학 공부를 하며 상호 발전하는 실천이었다. 이는 구원자로서의 욕망이나 사람들과의 연결에 대한 욕망뿐 아니라 사람을 향한 관심이라는 분자적 일관성의 부분도 현행화할 수 있는 장이었다.

아내는 심리학을 공부하며 나름의 프랙탈화를 진행하고 있었다. 비폭력 대화 교육 과정을 밟고 연습 모임을 통해 남수단에서 있었던 일들과 그에 대한 감정들을 반복적으로 나누었다. 비폭력 대화 연습 모임을 통해 한을 토해 내듯이 남수단 이야기와 그에 대한 감정을 토로하며 부정적인 자기감정에 직면하고 연습 모임에 참여하는 사람들로 하여금 긍정적인 지지를 받으면서 남수단에 대한 긍정 감정들을 생성해 나갔다. 기호의 반복을 통한 에너지화, 시작은 달랐지만 비슷한 경로를 걷고 있었다.

나는 분열분석을 통해 스스로를 치료하며 아내에게도 분열분석적 영향을 주고자 내가 운영하는 분열분석 독서 모임에 참여하길 요청했다. 그리고 아내와 더 적극적으로 남수단에 관한 대화를 시도했다. 아내가 비폭력 대화 연습 모임을 다녀온 날에는 "오늘 무슨 이야기 나눴어?"라고 물어보았다. 그리고 남수단 사람들과 통화한 날에는 아내에게 이런저런 통화 내용들을 말해 주었다. 이런 기호의 전달을 통해서 아내와 나 사이에는 남수단에 대한 공통된 정동이 생겨났다. 그리움, 고마움, 뿌듯함. 그리고 단어로 정의하기 어려운 감정들이 새롭게 만들어졌다.

가타리는 커플 안에서만 존재하는, 세상에 없던 감정을 '커플정동'이라고 불렀다. 개인이 갖고 있는 정동이 고유하듯이 커플이 만들어 낸 정동도 그 자체로 고유하다는 의미이다. 커플이 아닌 사람이 개입하기 어려운 커플 고유의 정동이 존재한다. 커플 정동에 개입하기 위해서는 커플 각각의 서사와 두 서사가 만나는 과정에서 어떻게 한 서사로 융합되고 발전하고 변형되는가를 탐색하며 둘 사이에서 만들어지는 독특한 정서를 발견해야 한다.

커플은 나눠져 있는 두 주체이지만 한 몸이라는 의미에서 커플정동을 갖고 있는 두 사람을 '커플 이중체'라고 부른다. 커플 이중체는 정념적 이중체라고도 불린다. 커플은 생각에 의해 형성되는 이중체가 아니라 정동에 의해 서로에게 이끌리면서 결합되고 포개지는 이중체이다. 커플 이중체는 정서적으로 공명하여 서로에게 이끌리고 빠져드는 방식으로 동일화가 발생된다. 그렇기 때문에 외부의 판단에 의해서 정리될 수 없고, 커플 내에서만 정리될 수 있다. 따라서 호명할 때도 누구와 누구라고 부르지 않고 '걔네'처럼 둘을 묶어서 부른다. 이렇게 커플이 동일시되는 과정은 무엇인가에 대한 예속화가 아니라 커플 자체로의 주체화이다. 여기서 커플은 부부나 연인일 수 있지만 상담사와 내담자일 수도 있고, 부모와 자녀일 수도 있다. 둘만의 정동이 만들어지는 관계이면 모두 커플이라고 부를 수 있다.

커플정동이 만들어지는 것은 기호의 공명 때문이다. 공명은 차이가 있어야 발생한다. 한국적 정서는 차이를 부정적으로 보고 동일화를 추구하는 경향이 있지만 사실 차이는 생산성을 높인다. 차이가 있어야 둘 사이의 끌어당김과 끌려감이 가능하다. 차이가 없으면 끌어당김도 없고 끌려감도 없다. 차이가 없으면 흐르지 않는다. 흐르지 않으면 공명이 없고, 공명이 없으면 성장도 없고 변화도 없다. 차이가 있어야 공명이 존재한다. 공명이 있어야 변화가 있고 변화가 있어야 상호 간에 바라봄이 유지된다.

아내는 처음부터 남수단을 적극적으로 기억하려고 했고 나는 남수단의 기호를 피하려고 했다. 이 차이는 공명을 만들었다. 우리 대화에서 발생하는 차이로 인해 우리는 기호를 반복할 수 있었다. 그러면서 남수단에 대한 우리만의 기호들, 우리만의 감정들이 만들어졌다. 이제 남수단은 아내와 나를 이어 주는 중요한 기호이기도 하다. 아내와 나뿐 아니라 나와 아내 그리고 예하를 이어 주는 중요한 기호이다. 우리는 서로 다른 방식으로 남수단의 기호를 반복하지만, 그래서 서로의 기호를 공명할 수 있었다. 그 공명으로 인해 내가 갖고 있던 남수단에 대한 부정적인 감정들을 바꿔 나갈 수 있었다.

나의 치료적 과정에 가장 큰 도움을 준 사람은 당연히 아내였다. 아내와 공유하는 남수단에 대한 수다는 남수단을 향한 새로운 에너지를 생성하는 기호의 반복, 곧 치료의 과정이었다. 아내도 나와 동일한 반응을 보였다면 우리의 치료 시기는 훨씬 더 늦춰졌을 것이다. 서로 다른 방법을 취하고 다른 증상들로 마주했기 때문에, 아내와 나의 차이 나는 증상과 반응이 상호침투하며 치료의 시기를 앞당길 수 있었다.

기호의 차이 나는 반복이 가져다준 변화

위에 기술한 것들 외에도 작고 사소한 매우 미시적인 나의 욕망들의 현행화를 통해, 긍정적 기호들을 연결접속된 배치에 따라 차이를 두고 반복했다. 그 결과 어느 순간부터 환촉과 환향이 사라졌다. 물론 지금도 순간순간 울컥하고 올라오며 공포에 휩싸이거나 몸이 경직되는 정도의 반응은 있다. 아주 가끔 후각과 촉각이 예민해질 때도 있다. 그러나 환각이라 부를 만큼 명확한 감각 반응으로 오지는 않는다.

남수단에 대한 정동이 상당히 긍정적으로 전환되었다. 예하와 반전에 대한 이야기를 나누고, 어떻게 아프리카를 풍요롭게 만들지 세계 경제의 흐름에 대해 연구하고 나누면서 아프리카에 대한 기호의 에너지화가 어떤 형식으로든 반복되었다. 무엇보다 남수단과 직접적으로 소통하는 작업을 통해 죄책감이나 미안함 등의 감정들이 연결감으로, 혹은 연민이나 애틋함으로 전환되었다.

환촉이나 환향이 사라질 즈음 나에게 남수단은 여러 욕망들 중 하나의 욕망으로 남아 있었다. 그렇다고 남수단에 대한 나의 마음이나 가치가 줄어든 것은 아니었다. 언젠가 예하가 물었다. "아빠는 기회가 되면 남수단에 다시 갈 수 있어요?" 나는 주저 없이 그렇다고 했다. 실제로 아내와 나는, 언젠가 우리가 남수단으로 다시 갈 수 있는 여건이 마련되면 좋겠다고 이야기 나누곤 했다. 몇 년 전만 해도 다시 남수단으로 돌아간다는 것은 상상하기 어려운 일이었다. 남수단의 내전 상황 때문이기도 했지만 나의 PTSD 상태 때문이었다. 그러나 이제는 가 봐도 되지 않을까 하는 생각이 들 만큼 고통은 완화되었고 긍정적인 정동이 자리 잡았다.

욕망이 다양화된다는 것, 욕망을 분열한다는 것은 어떤 측면에서 이전에 가졌던 욕망을 무가치하게 만드는 것이 아닌가 하는 생각이 들기도 했다. 나에게 선교는 반드시 해야 하는 당위, 나를 존재하게 하는 소명이었으나 이제 여러 욕망 중 하나이고, 혹시 내가 선교사로서의 소명을 잊는다 해도 내가 추구할 수 있는 여러 다른 욕망들이 있기 때문에 괜찮다. 그렇다고 내가 선교사로서의 소명에 몰입하며 내 시간과 에너지를 쏟아부었던 시간을 무의미하게 여기는 것은 아니다.

가타리는 이런 것을 일종의 '게임(Game)'으로 설명했다. 게임은 사람들이 자신의 욕망과 존재 양태를 구성해 가는 일종의 생성적이고 실천적인 과정이다. 게임은 권력, 욕망, 신체, 사회적 코드들이 얽히는 다층적 상호침투 속에서 주체들이 자신을 재구성하는 방식 중 하나로 이해된다.

과거에 나는 선교사로서의 소명을 실천하며 모든 에너지를 쏟아 내는 게임을 했다. 그것은 오직 하나의 목표만을 향하여 가서 마지막 끝판왕을 깨는 게임이었다. 지금의 나는 감각, 표현, 관계 등 다양한 층위에서 끊임없이 변주하며 펼치는 '리토르넬로'[24]와 같은 게임을 한다. 조금씩 차이를 두고 변화를 주며 새로운 가능성에 나를 열어 놓고 있다. 자유롭고 유동적이다. 거대한 게임만이 아니라 작은 성취도 의미를 갖는 게임이다.

24　리토르넬로: 음악에서 반복될 때마다 조금씩 차이를 두고 변형하며 반복하는 일종의 후렴구로, 가타리는 우리 인생이 동일하게 반복되는 것처럼 보이지만 리토르넬로처럼 조금씩 차이를 두고 반복한다고 보았다. 그리고 그 차이를 의도적으로 원하는 생성의 방향으로 만들어 내는 작업을 분열분석의 중요한 원리로 보았다.

PART 6 　　　실존적 자기 확언

변화를 반복하면 변화가 내가 된다

1.
변화의 반복

자기 확언

특이화를 통해 자기가 정의되면 자기 특이성에 기반한 자기 확언(Self-affirmation)의 반복을 통해, 다시 PTSD로 회귀하지 않는 비가역적 상태로 만든다. PTSD가 나를 고통스럽게 하는 것은 분명하지만 어떤 측면에서 생각해 보면, 내 신체가 생존을 위해 가장 쉬운 결정을 한 것이 PTSD다. 그래서 스트레스 지수가 올라가고 다시 어떤 흐름을 타야 할지 내가 어떤 길을 선택해야 할지 막막할 때, 내 주변의 배치에서 어떤 선택 소재나 표현 소재도 찾기 어려울 때, 연결접속하여 생산할 탈주선을 찾지 못할 때, 내 신체는 다시 PTSD 상태로 돌아가는 쉬운 선택을 할 수 있다.

이것을 막기 위한 작업이 '실존적 자기 확언(Existential Self-affirmation)'이다. 나는 지속적으로 변하고 새로운 선택들을 계속할 테지만, 최소한 편집적 욕망의 상태로 돌아가서 타자들이 등록한

하나의 욕망만을 위해 삶의 모든 에너지를 투여하지 않게 하기 위해, 비가역화(Irreversibilization)하는 중요한 작업이 존재적 자기 확언이다.

물론 자기 확언은 특이화 이후에만 하는 것이 아니고 그 이전의 과정에서도 지속적으로 발생해 왔다. 특이화 이전에는 특이화의 소재를 발견하기 위해서, 특이화 중에는 특이화를 생성하는 과정을 위해서 자기 확언을 한다. 내용의 표현화와 기호의 에너지화 과정에서 이미 자기 확언을 하고 있었다고 볼 수 있다. 특이화 이후에 자기 확언을 기록하는 이유는 책을 기술하는 저자의 입장에서 명료하게 설명할 수 있는 위치가 특이화 이후이기 때문이다.

현대에는 사회심리학자 클라우드 스틸(Claude Mason Steele)의 자기 확언 이론(Self-affirmation Theory)에서 유사한 주장을 한다. 클라우드 스틸이 분열분석의 영향을 받았는지에 대해서는 기술한 바 없으나, 사회장의 영향으로부터 자기 정체성을 위협받지 않기 위한 방식이라는 측면에서 분열분석과 유사한 맥락이 있다. 다만 클라우드 스틸의 자기 확언이 자기를 하나로 통합하고 통합된 자기를 지키기 위한 방편이라면, 분열분석의 자기 확언은 주체성을 생산하기 위한 방편이고 통합된 자기보다 분열된 자기를 흐르게 하기 위한 방식이다.

자기 확언의 영어 표현 'Self-affirmation'은 분열분석뿐 아니라 상담학계에서 이미 많이 사용된 개념이고 번역도 많이 되었다. 번역자에 따라서 자기 긍정, 자기 확언, 자기 긍정 확언 등으로 번역되었다. 'Affirmation'은 긍정이라는 의미와 확언이라는 의미를 모두 갖고 있기 때문에 이론과 맥락에 따라 긍정과 확언

모두에 사용할 수 있고, 사실상 긍정 확언이라는 의미를 담고 있어서 '긍정 확언'이라고 번역하는 것도 무리는 아니다.

프랑스어 'Affirmation'도 영어와 같이 확언, 주장, 긍정의 의미를 갖고 있다. 그리고 영어의 'Affirmation'에서는 잘 사용되지 않는 능동과 생성의 의미로도 사용된다. 특히 들뢰즈의 철학은 니체의 영향을 많이 받았기 때문에 'Affirmaion'을 사용할 때 실존적 긍정의 의미를 강조하고, 문장을 구성할 때 'Affirmation'에 니체적 의미를 부여한 흔적들을 발견할 수 있다. 가타리와 들뢰즈의 공동 저서들에서도 확언의 의미보다 긍정의 의미가 많이 쓰였다. 그러나 가타리의 단독 저서에서는 니체적 긍정의 의미를 굳이 'Affirmation'에 담으려고 하지 않는 것으로 보인다. 이 단어에 니체적 의미를 부여하기보다 쓰이는 상황과 맥락에 따라 사용한 것으로 보인다.

분열분석적 지도 제작에서 "affirmation of a being-for-itself (존재 자체의 긍정)"라고 표현할 때는 존재 자체의 확언이라고 보기는 어렵다. 여기서는 긍정이라고 번역하는 것이 적절하다. 그러나 언표의 프랙탈화나 기호의 에너지화와 같은 개념이 나올 때 사용하는 'Affirmation'은 표현의 의미가 확연하게 드러나기 때문에 긍정으로만 번역하기에 부족하다. 이렇게 표현의 의미가 나타날 때는 확언 혹은 긍정 확언이라고 번역해야 맥락에 맞다. 물론 확언이라고 번역했다고 해서 '말'이나 '언어'만을 의미하는 것이 아니라 배치와 흐름 등 나를 표현할 수 있는 모든 것들을 포함한 확언이다. 그렇게 생각하면 단순히 긍정이라고 해도 철학적 이해로 다가가기에는 무리가 없다.

일반 독자에게 이 부분을 '긍정'이라고 번역하면 '그래서 어쩌라는 거지?'하는 의문을 가질 것이다. 가타리는 'Affirmation'이 자국어이기 때문에 굳이 번역자들이 하는 고민을 하지는 않았을 것이다. 나는 표현의 의미로 사용되는 'Self-affirmation'은 긍정보다는 확언으로 번역하는 것이 분열분석에 더 적절하다고 생각해서 '자기 확언'이라고 번역했다.

가타리와 함께 분열분석을 연구하고 분열극(Schizodrama)을 창시한 브라질의 바렘블릿(Baremblitt)은 'Self-affirmation'의 적용으로 '행위로의 표현', '정동의 회수', '비언어 표현'을 분열극에 적용했다. 이 적용들은 자기 존재를 비언어적 행위 혹은 언어로 표현하거나 트라우마적 감각들을 재배치하고 언표적 행위로 드러내는 등의 활동이다. 바렘블릿이 'Self-affirmation'을 연극적으로 활용 가능한 자기 표현으로 이해한 결과이다.

사실 분열분석에서의 'Affirmation' 개념을 한국어로 적절하게 번역하려면 여러 설명을 덧붙여야 한다. 단순한 긍정의 의미도, 말을 확실히 한다는 확언의 의미도 아니기 때문이다. 분열분석적 'Affirmation' 개념은 생성의 흐름과 실존적 자기표현을 의미하는 니체와 스피노자 개념을 포함하고 있어서 단순히 한 단어로 번역하려 하면 무엇으로 번역해도 미비하다. 그럼에도 번역을 해야 하니까 선택하기 위해 여러 고민을 했다.

분열분석에서 'Affirmation' 개념은 차이를 반복하는 힘, 존재를 자기 스스로 선언하는 행위로 규정한다. 이는 '표현의 내용화' 혹은 '기호의 에너지화'나 '언표의 프랙탈화'와 깊은 관련을 갖는 개념이기 때문에 둘 중 하나를 선택해야 한다면, 긍정보다 확언이 더 적절하다고 보았다. 물론 부정적 확언을 의미하지 않고 긍정적 확언을 의미하기 때문에, 긍정으로 번역하는 번역자들에 대해서도 충분이 납득이 되며 훌륭한 번역이라고 생각한다.

'Affirmation'을 'Self'와 함께 사용하는 이유는 자기에 대한 확언이기 때문이다. 그렇다고 해서 외부와 관계성이 없이 오직 자기만을 긍정하고 확언하라는 것은 아니다. 자기를 확언한다는 것은 혼잣말을 한다는 것이 아니라 외부에 자기를 표현하기 때문에 이미 다른 우주들과 관계를 갖는 것을 의미한다. 그러나 확언하는 방식에는 자기 자신 외에 다른 어떤 기반도 갖지 않는다.

자기 확언이 삶의 양식, 생활 세계, 코드화되지 않은 감응의 조직 수준에서 작동하는 것을 '실존적 자기 확언'이라고 한다. 즉 단순히 나를 확언한다가 아니라 삶의 방식 전체에 대한 긍정적 확언을 의미한다. 실존적 자기 확언은 정동을 중심으로 자기를 포착하려는 탐구를 멈추지 않고 지속하는 것이며, 욕망이나 감정 혹은 주체성이 무한히 세분화되고 접히고 펼쳐지는 것이다. 심지어 가상적 상태, 잠재적 상태의 자기도 현실로 자유롭게 구성하고 변형 가능성을 갖는 것을 의미한다. 하나로 결정되지 않고 계속 생성되는 것이며, 무한히 지속적으로 변하고, 그 변화가 오히려 안정성을 주는 변화의 상태 자체, 과정의 과정화이다.

자기참조적 확언과 강도적 확언

자기 확언은 자기참조적 확언과 강도적 확언으로 구분한다.

'자기참조적 확언(Self-referential Affirmation)'은 자기를 표현하는 기호를 반복하여 외부화함으로 자기를 과정적, 연속적으로 생성하는 방법이다. 유사한 개념으로는 켈리(George Kelly)의 '자기참조효과(Self-reference Effect)'가 있다. 켈리가 가타리와 교류했다는 기록은 없으나 켈리도 가타리도 구성주의의 영향을 받은 학자들이기 때문에 유사한 내용이 있을 수밖에 없다. 다만 켈리도 클라우드 스틸처럼, 통합된 자기의 참조를 주장한 반면 가타리는 분열된 자기를 긍정적으로 참조한다.

참조로 번역한 'Reference'는 지시 혹은 준거로 번역되기도 한다. 지시나 준거도 적절한 번역일 수 있으나 이 책에서 참조로 번역한 이유는 '자기참조' 이후 외부와 상호침투 및 상호작용을 하기 때문이다. 또한 차이의 낙차를 만들며 지속적으로 변하기 때문에 준거나 지시보다는 참조라고 번역하는 것이 더 적절하다고 판단했다. 그렇기 때문에 자기참조 능력은 자기인식이나 자기평가, 자기조절뿐 아니라 자기와 타자를 구분하고 공감하고 감정을 이입하는 능력과도 연결되어 있다.

자기참조란 외부에서 주어진 의미나 기준이 아니라 자신이 스스로를 증명하는 과정이고, 확언이란 어떤 존재나 개념을 수긍하고 받아들이며 긍정적으로 선언하는 것이다. 즉 자기참조적 확언이란 어떤 개념, 존재, 체계가 외부의 기준 없이 스스로를 기반으로 자신의 존재를 확립하고 강화하는 과정이다. 외부의 기준이 없다는 것은 외부에 거부하고 저항한다는 의미가 아니라, 기준 혹은 준거가 나에게 있다는 의미이다. 분열분석적 의미의 'Affirmation'은 'Positive'가 의미하는 긍정과 동일하지 않다. 'Affirmation'은 실존적 수용과 자기 선언의 의미를 갖는다. 단순히 좋고 나쁨을 넘어서, 자기 조건을 받아들이고 적극적으로 관여함을 나타낸다. 특히 분열분석에서는 차이와 자기 욕망의 분열을 긍정하고 끌어안는 것을 의미한다.

분열분석은 상호침투를 중요하게 보기 때문에 '외부가 있어야 자기가 있고, 자기가 있어야 외부가 있다'는 전제가 모든 치료 기법에서 변하지 않는다. 다만 자기를 참조한다는 것은 예술 창작자가 자신의 스타일을 확립할 때, 자신의 창작 방식이 곧 자신의 정체성이 되는 과정과 같다.

예를 들어 "저는 새로운 상황을 만나도 별로 두려워하지 않고 오히려 즐겨요. 그래서 다른 사람들이 만들지 않았던 형식의 작품을 만드는 것이 흥미롭죠"라고 말하고 실제로 그렇게 새로운 작품을 만들어 나가는 것이다. "저는 잘 슬퍼해요"라거나 "제가 거칠어지고 있다면 말해 주세요. 저는 잘 받아들여요"라고 말하는 것처럼 외부와의 소통을 위해 자기를 선언하고 확인하는 작업이다. 이렇게 자기에 대한 확언을 타자에게 하기도 하고 거울을 보고 자기에게 하기도 한다. 자기참조적 확언은 한 번 말하고 끝나는 것이 아니라 지속적으로 여러 차례 확언하며 확언이 에너지화되도록 한다.

분열분석에서 자기참조적 확언이 중요한 이유는 모든 인간이 사회적이며, 자라는 환경 속에서 어떤 개념이나 행동 심지어 마음에 대해서도 외부의 기준에 의해 정당성을 부여받기 때문이다. 하지만 자기참조적 확언은 스스로의 자율성과 주체성을 확립하는 방식을 의미한다. 자기참조적 확언은 단순한 언어적 선언이 아니라, 현실에 변화를 만들고 변화의 반복을 지속시키는 과정이다.

이것은 한 사람이 자기에게서 전혀 발견하기 어려운 모습에 대해 "나는 새로운 방식으로 살아가겠다"라고 확언을 한 후, 그에 맞는 삶을 살기 시작하는 것을 의미하지 않는다. 확언이 곧 삶으로 연결된다면 그 확언도 타자 혹은 사회장에서 기인했을 가능성이 높다. 그 확언은 자기참조적이어야 한다. 즉 확언의 내용을 자기로부터 참조해야 하며, 그러기 위해서는 자기에 대한 관찰과 분석이 선행되어야 한다. 이때 중요하게 다룰 것은 외부의 시선으로부터 자기에게 가해진 부정성을 자기참조로 오해하지 않는 것이다.

분열분석에서 관찰이란 단지 바라보는 것이 아니라, 생성의 배치 안에서 감응하고 조율하며 접속을 시도하는 실천이다. 관찰을 위해서는 배치 속에서 어떤 변이 또는 생성이 일어나는지 감지하고 말, 인간, 사물, 장소 등의 다양한 요소들이 어떻게 배열되거나 변동하는지, 무엇이 서로 연결되거나 정동 등의 에너지 강도가 변하는지를 추적한다. 감정의 진폭, 언표의 단절, 욕망 기계들의 불일치, 정동적 신호들이 모두 관찰의 지표가 된다. 관찰 과정 없이, 그저 나에 대해 아는 대로 자기참조를 결정하면 대체로 타자나 사회적 역할에 대한 재현적 혹은 유비적 변형일 가능성이 높다.

자기참조는 기원이 자기인 것도 중요하지만 긍정성에 대한 확인이라는 것이 더욱 중요하다. 그래서 상담사가 자기참조를 이끌어 낼 때 내담자의 긍정적 요소들을 발견하여 물어본다. 예를 들어 "왜 실패하셨다고 생각하세요?"라고 부정적인 부분을 질문하지 않고, "어떻게 그 상황을 이겨 내셨죠?" 혹은 "변화한 과정을 말씀해 주시겠어요?" "그때와 지금은 어떻게 다르죠?" 등 차이와 변화 그리고 긍정적인 부분을 물어본다. 그 긍정적 요소가 '어떻게' 발생하게 되었고, '어떻게' 성장해 왔으며, '어떻게' 활용하는지를 물어본다.

'왜'나 '무엇'으로 질문하지 않고 '어떻게'로 질문하는 이유는, '어떻게'에 대한 대답 속에 이미 긍정성을 인정하는 뉘앙스가 담겨 있기 때문이다. 정신분석이 '왜'에 답하기 위한 분석이라면 분열분석은 '어떻게'에 답하기 위한 분석이다. 자기참조를 확인하기 위해 제3자에게 관찰을 요청할 때도, 부정적 판단이 들어간 내용은 자제시키고 형식적 관찰 내용이나 긍정적 판단을 요청하는 것이 좋다. 사회적 기준에 의한 재산, 외모, 지위, 성적 지향 등의 판단에 기반한 관찰은 차이의 긍정이 아니기 때문에 지양해야 한다.

나의 경우 자기참조적 글쓰기를 실행했다. 일기를 쓰되 그날 있었던 다른 무엇에 대해서 쓰는 것이 아니라 나에 대해서 쓴다. 나를 참조하여, 내가 어떻게 드러나고 나를 어떻게 표현했으며 나는 어떤 과정을 거쳤는지 쓴다. 내가 관찰한 외부를 쓰는 것이 아니라 내가 관찰한 나를 쓴다. "오늘은"이라고 쓰고서 내가 관찰한 그날의 사건들을 나열하는 것이 아니라, 초등학생처럼 "나는"이라고 쓰고서 나의 흐름을 기록한다. 그리고 그 흐름에서 어떤 정동이 있었고, 어떤 욕구가 있었으며, 어떤 새로운 것이 생겼고, 어떤 분열을 만들었는지 참조하며 글을 쓴다.

이를테면 "나는 대표의 요청에 대해서 긍정하지 않았다. 대표는 내 대답을 기다렸고 나는 생각해 보겠다고 미루지 않고 바로 거절하기로 마음을 먹었다. 그러나 말이 쉽게 나오지 않았다. 그래서 숨을 한 번 쉬고 '저보다 잘하는 사람이 있을 거예요. 제가 할 수 있는 일은 아니에요'라고 말했다. 거절하는 것이 쉽지는 않았지만 숨을 한 번 고르게 쉬고 적절하게 잘 거절했다. 떨리고 걱정됐지만 막상 거절하고 나니 대표도 수용했고, 나는 내 일에 집중할 수 있었다"와 같이 나의 생각과 행동을 중심으로 선형적인 순서를 나열한다. 그리고 거기에서 생산한 감정과 욕망을 정리한다.

이 작업은 나의 생각과 행동을 더 명료하게 해 주고 내 삶의 코드를 관찰할 수 있게 한다. 내 삶의 코드를 관찰하면 필요에 따라 바꾸거나 분자화하는 것이 더 쉬워진다. 특히 PTSD 반응이 있을 때, 환촉과 환향이 발생할 때, 이러한 방식의 자기참조적 글쓰기를 통해 나는 내 증상이 어떤 상황에서 주로 나타나는지 확인할 수 있었다.

사회가 전재한 모델이 아니라 나의 특이성을 참조하여 확언한다고 해서, 사회장에 대한 저항을 의미하는 것은 아니다. 오히려 참조하는 자기는 외부의 이질적인 것들을 수용하며 발견하기도 하고, 타자와의 교류와 소통을 통해 내 안에 잠재된 것들을 드러내는 것이기 때문에 저항이라기보다 연결에 가깝다. 외부와 연결접속한 결과로 나타난 자기참조가 사회장에 부합할 수도 있고, 저항해야 할 수도 있고, 변형하거나 변형시키거나 연결접속할 수도 있다. 자기를 외부에 어떻게 표현하고 확언할지에 대한 것은 자기분석과 관찰의 결과가 선행되어야 알 수 있는 것이다.

분열분석적 관점에서 자기참조적 확언은 새로운 주체성, 의미, 배치를 생성하는 핵심적인 과정이기 때문에 이 확언은 스스로의 다짐으로만 끝나지 않고 모든 삶의 배치에 실천적으로 적용한다. 스스로를 참조하여 스스로를 정의하고 스스로의 행동을 결정하는 것이다. 이는 주체성의 생성 과정(Singularization)과 연결되며 감정적 차원에서도 강력하게 작동한다. 단순한 자기 선언이 아니라, 실질적으로 주체성을 생성하고 유지하는 에너지의 행동화가 필요하다. 그렇기 때문에 자기참조적 확언은 탈영토화, 창조성, 새로운 배치의 형성과 밀접한 관련이 있다.

자기참조적 확언은 반드시 강도적 확언을 포함한다. 강도적 확언(Intensive Affirmation)이란 정동이나 욕망 등의 에너지 강도를 드러내는 것이다. 정동이나 욕망은 고정되어 불변하는 것이 아니라 지속적으로 강도를 달리하며 변형을 일으킨다. 자기참조적 확언이 자기를 반복적으로 확장시켜 나가는 것이라면 강도적 확언은 차이를 확언하는 것이다.

강도적 확언은 의미화되지 않은 감정, 신체의 미세한 반응, 불안, 충동을 해석하거나 억제하지 않고 느끼고 표현한다. 억제된 감정이 올라올 때 이를 '문제'로 해석하지 않고, 하나의 '강도'로 체험하는 것이다. 그리고 그 감정으로 인해 내가 '무엇인가 되어 가는 과정'을 관찰하며 개입한다. 내가 스스로 '나는 어떤 사람이다'라고 하거나 다른 사람이 '너는 어떤 사람이다'라고 부정적으로 고정된 이미지를 만드는 것을 해체한다. 누군가가 "너 왜 이렇게 불안해?"라고 하면, "나는 걱정하고 있는 거야"라고 강도적 확언을 하거나 과정적으로 나의 존재에 대한 평가를 변형한다. 나 스스로도 '나는 불안한 사람이다'라는 생각에서 '이 불안은 어떻게 생성되었고 어떻게 전개될 것인가?' 하는 생각으로 전환한다.

같은 종류라고 해도 결국 강도는 다르게 나타난다. 강도란 자기를 정적인 상태가 아니라, 차이와 흐름 속에서 파악하는 개념으로 '차이 그 자체'이며 고정된 정체성이 아니라, 흐름과 관계 속에서 끊임없이 변하는 차이의 상태이다. 강도라는 말 자체가 차이를 전제로 하기 때문에 붙여진 이름이다. 차이는 결국 강도이기 때문에 차이의 반복이 변화와 진보를 만들어 낸다. 그래서 "나는 짜장면이 좋아"라고 말하는 데서 끝나지 않고, 다음에는 "짜장면에 짬뽕 국수를 찍어 먹어 봤는데, 내 입맛에 맞아"라고 변화를 만들기도 한다.

강도적 확언도 자기참조적 확언처럼 "나는 무엇이 아니다"라고 말하는 부정의 논리가 아니라 "나는 무엇이다"라고 말하는 생성의 논리이며, 차이를 확언하는 에너지만큼 이질적인 것의 차이에 대한 긍정성이 중요하다. 강도적 확언을 잘못하면 이질적인 것과 차이 나는 것을 경계 짓고 동일성에 기반하여 고립되는 것을 추구할 수 있다. 그러나 분열분석에서 추구하는 강도적 확언은 나의 차이를 긍정하는 만큼 타자의 이질적인 것도 긍정한다. 내가 짬뽕을 먹는다고 해서 짜장 먹는 사람을 부정하지 않는다는 것이다. 나의 변화를 위해서는 이질발생이 필요하고 이질적인 것이 발생하려면 차이를 부정하고는 불가능하다.

강도적 확언은 나에 대해서만 말하는 것이 아니라 상대에 대해서 공감적으로 접근하기 위해 사용하기도 한다. 예를 들어 나와 상대가 다른 의견을 갖고 있을 때 "어, 너는 짬뽕을 좋아했지"라거나 "네 입장에서는 곤란했겠다" 등 욕구나 상황 정동에 있어서 상대의 차이를 나도 잘 알고 있다고 확인해 줄 수 있다. 다만 이때의 강도적 확언은 동의를 의미하는 것이 아니다. 상대의 강도를 확인함으로 리좀적 연결접속을 하는 것뿐이지 내 의견을 바꾸거나 내 감정을 수정하는 것을 의미하지는 않는다.

상대와 나의 차이를 긍정적으로 확언하는 것을 동의하는 것이라고 생각하면 강도적 확언을 나의 차이를 상대에게 강요하는 방식으로 잘못 사용할 수 있다. 그러나 이런 방식은 분열분석의 리좀적 접근과 반대되는 방향성을 갖고 있는 것이다. 강도적 확언은 존재를 차이, 이질적인 것과 대립 속에서 보지 않고, 열린 생성의 흐름 속에서 보기 때문에 이질적인 것의 차이를 적극적으로 긍정하며 동시에 자기의 차이를 확언한다. 이러한 강도적 확언은 배치를 바꾸고 탈주를 촉발한다.

자기참조적 확언과 강도적 확언은 집단상담에서도 활용할 수 있다. 집단원이 서로를 바라보고 누군가로부터 관찰되는 것들을 확언한다. 그러면 그 확언을 들은 사람은 자기참조하여 동의하거나 강도적 확언을 통해 자기참조적 확언을 수정하고 또 나를 선택한 상대나 다른 사람에게서 관찰된 내용을 확언한다. 예를 들어 A, B, C, D가 함께 집단상담을 진행한다고 할 때, A가 C에게 "너는 오늘 화장을 했어"라고 하면 C는 "그래 나는 화장을 했어"라고 말하거나 "그래 나는 오늘 화장을 해서 예뻐"라고 차이를 만들며 말할 수 있다. 그리고 C는 다시 A에게 "너는 지금 긴장했어. 입술을 떨고 있어"라고 한다면 A는 "그래 나는 긴장했어"라고 하거나 "그래 나는 입술을 떨어. 그러나 긴장해서가 아니라 너무 웃겨서야"라고 할 수 있다.

이런 방식으로 서로를 관찰하며 강도적 차이들을 확인해 나가고 그 과정을 통해 자기참조적 요소들을 발견한다. 이런 확언 활동을 오래 지속하면 변화에 대해서도 관찰하고 확언할 수 있다. B가 D에게 "너는 머리 스타일을 바꿨어"와 같이 변한 내용을 말할 수 있다. 혹은 "너는 최근 들어 웃는 모습을 많이 보여"와 같이 심리적인 측면에서의 강도적 차이도 말할 수 있다. 그러면 그 말을 들은 사람이 "그래, 나는 최근 들어 자주 웃으려고 노력해"라고 하고 다른 사람에게서 관찰된 것을 말하며 집단상담을 운영한다.

나는 이 방법을 거울을 보며 나 스스로에게도 수시로 적용하였고, 상담을 진행할 때 내담자와 둘이서 혹은 집단원들을 대상으로 사용했다. 이 방법을 통해 내담자들과 집단원들은 타자에 대한 관찰뿐 아니라 자기에 대한 관찰 능력을 향상시키고 자기참조적 확언을 통한 자율성을 개발할 수 있었다.

자기참조적 확언과 강도적 확언을 위해서는 자기와 타자에 대한 관찰이 중요한데 관찰의 요소는 외면뿐 아니라 감각, 정동, 말과 행동 사이의 단절이나 반복 같은 비선형적 관계, 나와의 연결, 변화 등이다. 타인을 통해 자신과의 연결 구조와 분열 지점을 발견하고, 배치 내에서 생성되는 새로운 욕망과 정동의 흐름에 적극적으로 참여한다.

이 과정에서 '완전한 나'가 아니라 '분열된 나'를 그대로 수용하고 특정 감정이나 문구, 동작을 반복하면서 매 순간 자신이 느끼는 미묘한 변화에 집중한다. 그리고 반복 속에서 '나'의 변화하는 모습을 발견하고, 그 변화 자체를 긍정한다. 말로만 할 수도 있지만 자신의 욕망과 정동의 흐름을 몸짓, 대사, 음악, 공간 활용 등을 통해 시청각적으로 표현할 수도 있다. 이를 통해 자기 내부의 복수적 흐름과 접속 상태를 명확히 드러내고, 그 자체를 긍정적으로 체험한다.

비물체적 변형

이러한 확언 작업이 변화를 만들 수 있을까? 분열분석은 내용과 형식 구조가 아니라 내용과 표현 구조로 전환하는 데 집착하는 경향이 있다. 그만큼 구강성을 중요하게 여긴다. 분열분석에서의 구강성(Orality)은 다른 정신분석 학자들의 구강성과 개념상에 차이를 갖는다.

프로이트의 구강성은 성적인 의미가 강하고 라캉의 구강성은 언어적 의미가 강하다. 분열분석의 구강성은 정동과 기호, 자기와 타자, 내용과 표현의 접촉 경계면을 의미한다. 이렇게만 설명하면 라캉의 구강성과 다르지 않다고 여길 수 있는데, 분열분석의 구강성은 언어에 한정하지 않고 욕망을 받아들이고 표현하는 접촉의 자리, 감각과 흐름을 표현하는 모든 중첩 지대, 기호, 제스처, 표정을 비롯한 영상, 사진, 행동, 습관, 모든 행동과 배치들을 포함한다. 심지어 핸드폰과 같은 비인간 요소들을 활용한 표현도 포함한다.

분열분석에서 표현이 중요한 이유는 변형을 만들어 내기 때문이다. 표현의 반복은 사람을 변화시킨다. 이렇게 언표를 통해 변화하는 것을 가타리는 '비물체적 변형'이라고 불렀다. 언표가 물체를 변형시키지는 않지만 물체가 아닌 것, 즉 에너지를 변형시켜서 결과적으로 물체에 영향을 준다는 의미이다.

예를 들어 판사가 선고를 하면 사람이 피고에서 죄인이 되는 경우를 생각해 볼 수 있다. 판사가 그를 죄인으로 선고하기 전까지 그 사람은 피고로서의 몸체를 갖고 있었다. 그런데 판사가 "너는 죄인이다"라고 선언을 하는 순간부터 그는 피고에서 죄인이 된다. 그래서 사복을 입고 밖을 나다니던 사람이 그 선언과 동시에 죄수복을 입고 감옥 안으로 들어가게 된다. 혹은 결혼식장에서 주례자가 "두 사람은 부부가 되었음을 선언합니다"라고 선언하는 순간 두 사람이 남남에서 부부 혹은 가족이 되는 경우를 생각해 볼 수도 있다. 또 승객이 편안하게 비행기를 타고 가다가 납치범이 등장해서 "꼼짝 마"라고 외치는 순간, 승객이라는 몸체가 인질이라는 몸체로 변형되는 경우도 있다. 이것이 비물체적 변형이다. 물체가 변형되는 건 아니지만, 물체에 강력한 영향을 주는 변형을 만든다.

이렇게 판사의 선고가 피고를 죄인으로 만드는 비물체적 변형은 법적 권력의 지표를 갖고 있기 때문이지 언표 때문이 아니라고 생각할 수 있다. 주례의 선언도 문화나 관습을 토대로 권위 있는 주례자가 하객들 앞에서 압도하는 약속과 선언을 하기 때문에, 그리고 그 관습의 힘 때문에 비물체적 변형이 일어난 것이지 말의 힘이 아니라고 생각할 수 있다. 승객에서 인질이 된 것도, 납치범이 들고 있는 총 때문이지 말 때문이 아니라고 생각할 수 있다.

그러나 말 혹은 표현이 아니면 이러한 권력의 지표들이 드러날 수 없다. 더구나 법적 권력이나 관습의 힘이 아니어도 비물체적 변형은 일어난다. 남남이었던 혹은 그냥 친구였던 사이가 "나 너 사랑해"라고 하는 고백, 그리고 "나도"라고 하는 대답에 의해서 둘은 친구에서 연인이 된다. 좀 더 장기적으로는 부모가 지속적으로 칭찬하며 키운 자녀는 자존감이 높은 아이로 자라고, 계속 혼나기만 하면서 자란 아이는 자존감이 낮은 아이로 자란다. 이런 것도 비물체적 변형의 한 예가 될 수 있다.

표현은 이렇듯 신비로운 관계들을 만들고 새로운 것들을 생성하기도 한다. 이런 새로운 것의 생성이 사람과 사람의 대화에서 나타난다. 마치 "사랑해"라는 말을 통해서 연인이라고 하는 새로운 관계가 발생한 것처럼, 모든 언어는 연인처럼 크고 아름답고 극적이지 않더라도 어떤 변형을 가져온다. 타자를 향한 언어도 명령어로서 비물체적 변형을 일으키는데 나를 향한 언어는 어떨까? 나를 향한 언어도 비물체적 변형을 만들 수 있다. 내가 나에게 하는 말이 아니라 내가 타자에게 하는 말도 나에게 비물체적 변형을 일으킨다. 이 모든 비물체적 변형의 원리에 기호의 에너지화가 있다. 내용을 내용으로만 두면 상호작용에 있어서 그 내용은 결국 없는 것과 마찬가지다.

텐서와 시냅스
① 텐서

변화의 접촉 경계면에서는 반드시 텐서가 발생한다. 텐서(Tensor)는 '팽팽하게 하다, 긴장하다'라는 의미로, 단어 자체만 보면 오히려 변화하지 못하게 할 것처럼 느껴질 수 있다. 하지만 물리학이나 수학에서는 텐서가 여러 차원에서 작용하는 힘, 변형, 또는 상호침투를 나타낸다.

가타리는 수학적 의미의 텐서와 긴장이라는 의미를 융합하여 텐서를 분열분석적 용어로 사용한다. 분열분석에서 텐서란 정신적 혹은 신체적 장면에서 감지되는 정동적 전위, 즉 한 층위에서 다른 층위로의 이동을 유발하는 압력의 지점 혹은 강도의 지점이다. 텐서는 긴장을 통해 힘과 움직임을 다른 차원으로 전달하고 상호침투하는 과정을 발생시킨다. 분열분석은 이질적인 것들을 반복하여 자기실존화하는 과정이기 때문에 결국 텐서를 어떻게 다루느냐가 중요할 수밖에 없다.

텐서는 상담 장면에서 미시적으로 발견되기도 한다. 한 내담자가 매번 상담에서 "그땐 그냥 제가 멍청했죠"라고 웃으며 말했다. 하지만 어떤 세션에서는 그 말을 하다 중간에 멈추고 잠시 침묵한 뒤에 눈을 피하며 "사실 그 순간이 아직도 자주 생각나요"라고 말했다면, 이 멈춤과 전환이 바로 텐서다. 여기서 텐서는 언표에서 신체 반응으로의 이행, 기호화된 방어 언어의 붕괴, 새로운 정동의 흐름을 유발한다.

또 다른 내담자는 평소엔 말로 잘 표현했지만 '아버지'라는 특정 주제가 나오면 목을 만지고 어깨가 수축됐다. 그러나 그는 아무 말도 하지 않았다. 이 신체의 수축은 언표 이전의 정동 텐서로 작동한다. 분석가는 여기에 주의를 기울이며 "지금 뭔가 떠오르셨던 걸까요?" 혹은 "몸이 작아지시는 느낌이에요"처럼 비기호적 흐름을 통해 다른 층위의 언표적 장을 열어 주는 것이 텐서를 활용하는 방법이다.

게슈탈트 치료에서 신체와 언어의 불일치를 관찰하도록 요청하는데 이것도 분열분석적 텐서의 일종이다. 한 내담자가 "별일 아닌데요"라고 말하면서 눈물을 흘렸다. 말은 일상적인 구조를 유지하고 있지만 몸과 표정은 언어를 넘어선 강도의 충돌을 보여 준다.

상담자가 주의해야 할 텐서의 징후들은 예를 들어 살펴본 것처럼 말이 멈추는 때, 침묵이 생기고 시선이 흐려질 때, 의미 없이 반복되는 표현이 문득 형태를 바꿀 때, 신체가 수축·긴장 반응을 보일 때, 농담처럼 흘리는 말이지만 분위기가 순간적으로 무거워질 때 등이다. 이러한 순간들에는 정동의 과잉, 무언의 힘, 새로운 접속의 잠재성이 숨겨져 있다.

이렇게 미시적인 텐서도 있지만 큰 변화와 탈영토화 혹은 재영토화 과정에서 나타나는 텐서도 있다. 이럴 때 나타나는 텐서는 존재론적 배치 전체가 이동하는 대전환의 순간이고 강도적 에너지의 응축점으로서 강력하게 작용한다. 이는 단순한 감정의 변화가 아니라 욕망의 좌표, 언표의 형식, 정체성의 리듬이 다른 계열로 넘어가는 접힘의 순간이다.

어떤 내담자가 분열분석을 만나기 전에 정신분석을 하면서 수년간 꿈을 꾸고 글을 써 왔다. 자신의 글을 그저 '감정의 분출'로만 여겨 왔다. 그러다가 분열분석을 진행하면서 자기참조적 글쓰기를 하던 어느 순간, 내담자는 자신의 글이 하나의 패턴, 언어적 리듬, 구조적 감응장을 만든다는 사실을 자각했다.

"제 글은 단순한 감정 표현이 아니라, 변화하고 있어요. 초기에는 불만과 슬픔만 가득 써 놨는데 요즘엔 만족감도 종종 표현해요."

이 순간이 감정이 자기생성 원리로 도약하는 지점이다. 여기서 텐서는 감정적 몰입을 기호적으로 구성할 수 있다는 가능성으로 작동한다. 즉 내담자는 '느끼는 자'에서 '생성하는 자'로 실존적 배치를 옮긴 것이다.

또 다른 내담자는 알콜 중독 회복 과정 중 몇 달간 몸의 리듬과 감각, 안전한 공간을 중심으로 상담을 이어 오다가 어느 날 갑자기 "이제 일하고 싶어요. 예전처럼 돈을 벌고 싶어요. 하지만 다시 회사로 들어가는 순간, 내가 무너질까 봐 두려워요"라고 말했다. 여기서 일하고 싶어진 마음과 무너질까 봐 두려워하는 마음이 모두 텐서다. 이 접점에서 텐서는 단순한 두려움이 아니라 다른 리듬, 다른 기계적 배치가 신체에 접속되려는 순간의 정동적 전위로 작동한다. 이 텐서를 잘 다루지 못하면 회귀가 발생할 수 있으며, 잘 포착하면 새로운 주체성 생산 혹은 분열화가 가능하다.

텐서는 변화 전후의 상호침투를 매개하는 힘이다. 텐서는 차이와 갈등에서 발생하는데, 이를테면 욕망의 흐름이 기존의 영토성에 의해 억압될 때 긴장이 발생한다. 이 긴장은 단순히 흐름을 차단하는 것이 아니라, 새로운 연결과 변형을 위한 동력을 제공하는 것이다. 그래서 새로운 관계와 가능성을 탐구하게 만들고, 새로운 배치를 조직하며, 연결을 위한 조건을 제공하여 변화 이전의 나와 변화 이후의 나가 서로 대립하거나 배타적인 관계가 되도록 만드는 것이 아니라 상호 보완적인 과정으로 발전하게 한다.

이렇듯 차이에서 생기는 긴장이 오히려 연결을 만들기 때문에 텐서가 변화 전후의 상호침투를 매개한다고 볼 수 있다. 텐서는 주로 에너지의 기호화, 현행화에서 가장 뚜렷하게 나타난다. 내가 처음에 〈바바 알피사마〉를 교회 공동체 앞에서 부를 때, 예하와 〈영화로운 작음〉을 만들 때, 모두 텐서를 다루는 상황이 있었다.

텐서는 긴장 - 해소 - 연결의 과정을 갖는데, 음악을 만들 때 서로 차이가 나는 음들이 만나 시작되며 각기 다른 음을 새로운 화음으로 전환하여 음악적 흐름을 이어 가는 것처럼, 텐서는 변화를 매개하여 새로운 흐름과 배치를 창출한다. 그래서 텐서는 분리와 연결을 동시에 작동시키며 연결성과 다차원성을 강조하는 분열분석의 핵심 개념인 리좀을 가능하게 한다.

텐서는 변화에서 발생하는 갈등과 차이를 매개하여 새로운 관계와 배치를 형성하기 때문에 이러한 갈등과 차이의 긴장을 다루지 못하면 배치 변화의 상호작용을 만들지 못하고 각자에게 강화된 자기에만 머물러서 분열분석을 통한 자기생성과 주체성 생산을 불가능하게 만든다. 프랙탈화 과정에서 욕망의 흐름이 주체적이지 않고 차단과 억압의 반복으로 가는 것을 발견한다면 이는 대체로 텐서의 문제이다. 텐서를 잘 다루면 프랙탈화 과정이 원활하지만 텐서를 잘못 다루면 프랙탈화를 진전시키지 못하고 좌절하거나 원점으로 회귀한다.

사람에 따라 텐서가 발생하는 곳이 다르다. 어떤 사람은 안정성이 강하고, 어떤 사람은 정동적 반응이 강하고, 또 어떤 사람은 새로움을 추구하고, 또 다른 사람은 자유롭다. 변화 이전에 그 사람이 어떤 영토성에 있었든지 간에 그 사람이 원래 갖고 있던 욕망과 코드들을 무시해서는 안 된다. 어려움이 있었다 할지라도 그 사람을 몇 년 혹은 수십 년 동안 살게 했던 질서였다. 그러니 변화를 만드는 데 텐서가 작동하는 것은 당연하고 변화 이전의 욕망이 강했을수록 텐서도 강하게 작동한다.

② 시냅스

시냅스는 뉴런과 다른 세포 간의 정보 전달이 일어나는 접합부로, 뉴런은 시냅스를 통해 정보나 기억과 같은 지적 능력을 전달하는 중요한 역할을 한다. 분열분석에서 시냅스는 텐서를 통과해서 서로 다른 배치를 연결시키는 전달점 혹은 접합부를 의미하는 용어로 사용된다. 즉 한 기계에서 다른 기계, 한 배치에서 다른 배치로 변형될 때 통과하는 연결점이다.

시냅스만으로도 변형 과정을 거치지만 일반적으로 텐서를 거쳐서 시냅스가 나타난다. 텐서가 배치가 변환될 때 내부에서 구성되는 구조적 장이라면 시냅스는 외재적 연결을 만드는 접합부이다. 예를 들어 다른 사람의 부탁을 거절하지 못하던 사람이 번아웃이 와서 이제는 거절해야 한다고 결심했을 때 거절하겠다고 결심하는 것, 거절하기 전에 부담을 느끼는 것, 다른 사람들의 시선으로 인한 중압감을 느끼는 것, 그 중압감을 이기고 거절할 용기를 갖는 것이 텐서라면, 그 텐서에 직면하고 웃으면서 "제가 오늘은 바빠요"라고 말하는 것이 시냅스이다.

텐서에서 시냅스로 연결하지 못하면 변화를 만들기는 어렵다. 시냅스는 간단한 말일 수도 있고, 사소하고 미시적인 행동일 수도 있고, 복잡한 기계적 관계망일 수도 있다. 그래서 시냅스를 다루기 위해서 생활 전반을 재조립, 재배치해야 하는 상황이 발생하기도 한다. 텐서의 장을 잘 다루면 시냅스가 자연스럽게 열리지만 텐서의 중압감이 거대하여 잘 다루지 못하면 시냅스가 충동적이고 폭발적이어서 연결한 재배치가 아수라장이 될 수도 있다.

시냅스에는 이원적 시냅스와 삼원적 시냅스, 그리고 사원적 시냅스가 있다.

이원적 시냅스(Binary Synapse)는 두 개의 기계가 연결되는 경우이다. 감정의 변화 없이 피난처에서 안정성을 누리며 살다가 이질적이고 새로운 감정을 받아들이기 시작하면서 피난처에 변화를 주기 시작하는 과정이 이원적 시냅스이다.

예를 들어 쥐스킨트(Patrick Süskind)의 소설 『비둘기』의 주인공 노엘이 아무 변화 없이 살아가다가 어느 날 날아든 비둘기 때문에 삶에 변화가 생기는 것이 일종의 이원적 시냅스이다. 어린 시절 말더듬증이 있던 내담자가 어느 날 말문이 트이며, "나는 내 목소리가 들려요"라고 말한다면, 자신의 신체가 사회적 언어 흐름에 접속되면서 자아 정체의 자리가 형성되는 이원적 관계가 드러난 것이고 이때 말문을 튼 것이 이원적 시냅스이다.

삼원적 시냅스(Ternary Synapse)는 두 개 이상의 텐서가 유입되고 하나의 시냅스로 유출되는 과정이다. 주로 셋 이상의 변화가 동시에 발생하여 텐서 수위가 높은 상황에서 하나의 시냅스로 한 번에 해결하는 경우로, 흐름을 전체적으로 전환하거나 상황을 재해석하며 하나의 탈주선을 만드는 상황에서의 시냅스를 의미한다. 대체로 탈영토화로 나타나며 제3의 기계 혹은 중재자나 매개자가 등장하는 경우가 많다.

예를 들어 예술가인 어떤 내담자가 꿈에서 반복적으로 나타난 '파란 문'의 이미지를 그림으로 구현했다. 그리고 그것을 상담 현장과 여러 지인들에게 말하면서 구체화했다. 결국 그 이미지가 후에 본인의 전시 콘셉트와 창작의 주제가 되었다. 이때 꿈속 정동 이미지와 지인들과 구체화한 과정, 반복되는 기호화로 인한 그림의 구체화가 사회적 생산물로 변환되는 것이 삼원적 시냅스이다. 꿈에서 본 정동적 직관이 기호적, 사회적 차원과 접속되며 한 존재 양식이 다른 계열로 접속된 것이다. 이 시냅스는 무의식적 정동, 예술적 형식, 사회적 실천이라는 세 개의 텐서를 동시에 통과하는 다층적 접속점이 되었다.

분열분석이 가장 추구하는 것은 사원적 시냅스(Quaternary Synapse)이다. 다차원적 텐서들이 유입되고 다차원적으로 유출되는 시냅스이다. 복합적으로 변화가 발생하고 복합적으로 텐서 반응이 이루어지는 상황이다. 사원적 시냅스의 경우에는 텐서를 통해 변이된다기보다 서로 상호작용하며 역동하는 특징을 갖는다. 심리치료 상황에서는 처음에 이원적 시냅스로 분석을 시작하지만 깊게 들어가면 대체로 사원적 시냅스인 경우가 많다.

분열분석 연구 참여자이자 심한 PTSD를 가진 한 내담자와 장기간의 작업을 했었다. 그 내담자는 신체감각훈련을 통해

PTSD로 인해 돌보지 않았던 신체감각을 되찾았다. 또한 오랫동안 무의식에서 반복된 유일한 감정이었던 억울함이라는 정동적 이미지들을 기호화하여 해소하고, 억울함을 준 대상에게만 억울함을 표현하고 다른 대상들과는 새로운 여러 정동을 만들어 갔다. 그러면서 삶에 억울함만이 아니라 기쁨도, 슬픔도, 연민도 있다는 것을 다시 향유하게 되었다. 억눌렸던 슬픔을 적극적으로 기호화하면서 자기 안에 매몰되어 있던 것은 사실 억울함이 아니라 슬픔이었다는 것에도 직면했다.

그 결과 자기 삶의 패턴과 언어적 양식을 다양화하고 억울할 때 억울해하고, 슬플 때 슬퍼하고, 기쁠 때 기뻐할 수 있게 되었다. 이 외에도 단절했던 외부 삶의 구조와 새로운 관계 맺기, 직업 선택, 정체성 만들기 등에서 나타난 여러 텐서들을 다루기 시작했다. 그렇게 함께 작업하던 어느 날, 내담자는 갑작스럽게 말했다.

"내가 살아 있다고 느껴요. 이제 나라는 사람이 다시 만들어지고 있는 느낌이에요. 그동안은 그냥 누군가의 그림자였어요."

이렇듯 다양한 시냅스들을 통해 변형이 일어나는 것을 사원적 시냅스라고 한다.

숨거나 양보하기만 했던 내가 주장을 펼치고 의견을 전개하기를 반복하다 보면 종종 낯설다고 생각한다. 그러나 그 표현에 따른 정동과 욕망이 분명히 생성되고 강화된다. 이때 나타나는 낯설음이 텐서 반응이다. 텐서 반응은 이질발생에서도 나타나지만 특이화와 그 이후 과정에서 가장 강하게 나타난다. 특이화 이후 과정에서 텐서를 잘 다루지 못하면 다시 텐서가 강하게 작동해서 회귀로를 타고 원래의 자리로 돌아가기도 한다. 이때 텐서를 잘 다루기 위해 시냅스를 잘 찾아야 한다.

처음에 환향 증상이 나타난 것은 남수단 청소년들이 군대로 끌려갔다는 소식을 들었을 때였다. 텐서가 가장 강하게 발생하는 자리는 남수단 소식이 일어나는 상황이라고 생각했다. 그리고 다시 환향이 나타나길 기대했지만 환향은 사라진지 오래였다. 언제부터 환향과 환촉이 사라졌는지 정확이 파악이 되지 않는다. 분열적 글쓰기 혹은 가상적 글쓰기를 할 때였는지, 특이화를 진행하기 위해 가족들과 남수단 노래를 하고 교회와 남수단 후원을 실행할 때였는지, 예하와 남수단 다큐멘터리 〈영화로운 작음〉을 만들 때였는지 알 수 없다. 어쩌면 내가 PTSD 상담을 진행한 것도 하나의 치료제로 작용했을 수도 있다. 분명한 것은 텐서가 가장 강력하게 발생할 것이라고 예상한 자리에서는 텐서가 작동하지 않고 오히려 의외의 장소에서 텐서가 작동했다.

나에게 나타난 텐서는 '목사가 자기의 욕망을 교우들에게 말해도 될까?'라는 생각, '환촉이나 환향이 다시 나타나면 어떻게 하지?'라는 생각, '내가 투사로서의 이미지로 적극적으로 움직이면 사람들이 나를 이상하게 보지 않을까?'라는 생각, '부탁을 거절해도 되나?'라는 생각 등 나의 역할과 성격, 이미지의 변화에 대한 주변의 반응을 걱정하는 것과 내 PTSD 증상의 재침투에 대한 두려움, 무엇보다도 죄책감과 슬픔 이외의 감정을 향유하는 것에 대한 미안함이었다. 텐서는 오히려 해결할 것이 무엇인지를 알게 해 주는 중요한 소재가 되었다.

이 텐서들을 통해 자기생성을 할 수 있도록 연결해 준 시냅스는 가족과 교회의 연결접속과 지지체계, 상담, 울컥하는 감정, 분열적 글쓰기, 가상적 글쓰기, 저서 작업이었다.

먼저 나는 글쓰기 등을 통해 내가 환향과 환촉 증상을 보이기 전에 감정을 단절한다는 것을 발견했다. 아니, 더 정확하게 표현하면 대체로 감정을 단절하고 살았다. 그것도 나의 PTSD 증상들 중의 하나였다. 감정을 차단했다. 원래 잘 울던 사람이었는데, 그리고 우는 것을 좋아하기까지 했는데 울기 어려웠다. 그런데 분열적 글쓰기를 통해 내 감정이 다시 살아났다. 그리고 울컥하는 감정이 나타날 때 억누르지 않고 일부러 울려고 노력했다. 그러면서 다시 예전처럼 잘 울 수 있는 상태가 되었다. 교회에서 한 교우가 아프리카 영상을 틀어 주었을 때부터가 시작이었던 것 같다. 울컥하는 감정을 시작하고 감정적 해소가 가능해지자 환촉과 환향은 확실히 줄었다. 이런 울음이 중요한 시냅스로 작동했다.

그리고 남수단 이야기를 할 수 있는 가족들이 중요한 시냅스 역할을 했다. 남수단에서 돌아온 초기에는 간증을 위해서나 강의를 위해서 남수단 이야기를 하기는 했어도, 가족들과 깊게 나누지는 않았다. 그런데 어느 순간부터 남수단 이야기를 본격적으로 하기 시작했다. 먼저 남수단 이야기를 꺼내기 시작한 것은 아내였다. 아내가 비폭력 대화 연습 과정에서 남수단 이야기를 하면서 울음을 쏟아 낸 이야기, 남수단 꿈을 꾼 이야기 등을 하면서 나도 하나씩 꺼내기 시작했다.

그러다가 예하가 〈영화로운 작음〉을 만들 때 즈음, 나는 용기를 내서 내가 남수단에서 가족을 지키기 위해 얼마나 헌신했는지, 얼마나 힘들었는지 말하기 시작했다. 나는 열흘 가까이 잠을 자지 못하고 가족을 지켰다. 아무 일이 안 일어나는 것처럼 보이기 위해서, 마음 안에 공포와 긴장이 가득했지만 가족 앞에서는 웃으며 놀았다. 밤에는 가족을 지켰고, 낮에는 탈출로를 알아보러 다녔다. 이런 일들을 가족에게 말하고 가족으로부터 고맙다며 인정하는 말을 들은 것이 나의 중요한 시냅스가 되었다.

또한 〈울림〉이라는 기독교 온라인 신문에 남수단 이야기를 올린 것, 그 기사를 보고 남수단에 대해 관심을 보여 준 교회도 아주 중요한 시냅스로서 작동했다. 함께 남수단에 대해서 이야기하는 사람들이 많아질수록 내 PTSD는 안정화되었고 증상은 사라져 갔다.

2.
비가역화

탈주와 포획장치

나를 편집적으로 만드는 이념과 몰입된 하나의 욕망에 저항하고 분열된 욕망을 현행화하는 것은 텐서의 작동으로 다시 회귀하게 만들 수 있다. 비가역화(Irreversibilization)[25]를 위해, 고른판을 만들어야 한다. 고른판(Plane of Consistency)은 모든 흐름, 배치, 존재가 차이의 연결을 통해 공존하는 평면으로 중심 없이 모든 요소가 상호 연결된 네트워크이다. 고른판은 나무형 연결에서 벗어난 리좀적 연결이자 모든 배치와 흐름이 차이를 초월하는 궁극적인 연결이다.

고른판을 만든다는 것은 다양한 흐름, 요소, 연결을 하나의 비위계적이고 유동적인 장으로 조직하는 것을 의미한다. 모든

---

25   비가역화: 원래 상태로 돌아가지 않음을 의미한다.

것이 동일하거나 균일해진다는 의미가 아니라, 서로 다른 요소들이 조화와 지속 가능성을 유지하며 함께 작동하는 장을 만드는 것을 가리킨다. 고른판은 욕망, 기계적 흐름, 배치 등이 얽혀 있는 복잡한 네트워크를 단순화하거나 제한하지 않으면서도 새로운 가능성과 창조를 지원하는 환경을 구축한다.

이를 통해 고른판은 창조적 과정에서 필수적인 연결, 다양성, 비위계성을 강조한다. 이를테면 선교사적 소명과 비난슈와 통화하고 싶은 욕망을 동일 선상에 놓는다. 고른판을 만들기 위해서는 왜곡된 재영토화를 피해야 한다. 왜곡된 재영토화를 만드는 것은 ①억압으로의 회귀, ②정체와 고착, ③배타성, ④무생산성, ⑤욕망의 도구화이다.

비가역화를 위한 분열적 욕망의 흐름은 고정된 배치에 머물지 않고, 새로운 흐름을 지속적으로 생성한다. 기존의 배치를 벗어나 욕망이 지속적으로 새로운 배치와 연결망을 창출하기 때문에 욕망적 흐름이 고정되지 않고, 끊임없이 변형과 확산을 통해 새로운 가능성을 열어 간다. 이 단계에 오면 욕망과 배치의 다차원적 상호작용을 이해하고 창조적 실천으로 전환하기 때문이다. 비가역화는 욕망적 흐름과 배치의 생성 과정에서 최종적 단계로 작동하며, 더 이상 기존 구조에 억압되거나 되돌아가지 않는다.

트라우마 상태에 돌입하면 현재 PTSD 상태가 바로 비가역적이라고 여긴다. 한 번 사랑하고 나면 그 사랑 이전의 나로 돌이킬 수 없듯이, 설사 그 사랑과 헤어졌어도 그 기억을 되돌릴 수 없듯이, 기억을 되돌릴 수 없는 것처럼 트라우마를 경험한 사람들은 PTSD 상태가 돌이킬 수 없는 비가역적 상태라고 여긴다. 그러나 트라우마적 기억에 이미 이질적인 정동이 발생했고, 미래를 향한 욕망이 트라우마적 기억을 재료로 활용하기 시작했기 때문에, 트라우마적 기억은 역동 중이고 그 위에 새로운 지층들이 쌓이고 있다. 새롭게 개입한 이질발생적 정동과 욕망적 흐름이 트라우마의 배치를 넘어서, 지속적인 과정과 흐름으로 새로운 자기생성에 통합되도록 한다. 그리고 욕망의 운동을 표현하며 주체성을 생성한다.

새로운 배치가 연결되는 지점은 잠재성에는 존재하고 있었으나 현실화되지 못했던 욕구, 욕망, 정동들로부터 시작된다. 탈주가 탈영토화의 완결이 아니고 탈영토화가 분열분석의 완결은 아니다. 탈영토화는 새로운 배치와 연결할 과제를 안고 있다. 탈영토화는 아직 완결되지 않은 분열분석의 과정이다. 탈영토화는 새로운 배치와의 연결을 향하기 때문에 모든 탈영토화는 리좀적이다. 즉 수평적이고 다중적인 연결을 통해 기존의 위계적 체계를 거부한다.

기존의 억압적 배치를 넘어 새로운 배치와 흐름을 연결하고 지속적인 변화를 추구하는 생성의 과정이 분열분석이다. 다양한 요소들과 재결합하기 위해, 다른 배치나 욕망의 흐름과 새롭게 연결되면서 창조적 변형을 이루어야 한다. 고정된 중심이나 시작점이 없이 다양한 연결망 속에서 새로운 주체가 생성되며, 이는 주체의 흐름이 지속적으로 재생되고 변형될 수 있음을 의미한다.

영토성은 영토성 자체를 지키고자 하기 때문에, 탈영토화하는 과정에 잔재한 영토성에서 여전히 탈주선의 흐름을 잡아 두고자 하는 포획장치[26]가 나타난다. 영토성은 탈주의 과정을 '위협'으로 간주하고 사회적 조직의 작동 방식에서 주체적 욕망의 흐름을 억압하는 포획장치를 발동시킨다. 욕망의 흐름을 규칙,

규범, 이데올로기의 특정 코드에 맞게 제한하거나 사회적, 정치적, 경제적 구조가 욕망을 포섭하고 기존 질서에 동화시키는 메커니즘으로 자본주의 시스템, 규범적 가족 구조, 종교의 이데올로기 등이 포획장치의 역할을 한다.

이를테면 자본주의는 욕망을 '소비 욕구'로 코드화해서 자본주의적 욕망과 개인의 욕망을 혼동하게 하거나, 탈주하려는 욕망을 억압하거나, 기존 시스템 내에 통합하게 만드는 시스템이다. 포획장치는 탈주선을 기존 질서의 억압으로 회귀시키는 것을 목표로 하기 때문에 스스로는 탈주했다고 생각하지만 결과적으로 다시 원래의 영토로 회귀하거나 탈주선을 포기하도록 유도한다.

포획장치와 탈주선의 관계는 항상 대립적이지만, 동시에 상호작용을 통해 서로를 변화시키기도 한다. 모든 제도 안에는 포획장치가 있기 때문에, 탈주선을 형성할 때 포획장치를 분석하고 어떻게 상호작용할지 생각해야 개인의 욕망을 가장 생산적이고 예술적인 방식으로 생성할 수 있다. 오롯이 포획장치를 배격하거나 저항하기만 하는 방식은 오히려 포획장치를 강화할 가능성이 높다. 탈주선은 포획장치와의 상호작용을 통한 대결 속에서 더욱 창조적이고 혁신적인 흐름을 만들어 낼 가능성을 지닌다. 탈주선의 목표는 이러한 포획장치의 억압적 작동을 분석하고, 탈영토화가 자유롭게 흐르도록 새로운 배치를 설계하는 데 있다.

포획되지 않기 위해서는 영토의 억압 구조를 분석하고 대비

---

26 포획장치는 국가, 권력, 자본이 개인을 제어하는 의미의 억압적 포획과, 개인이 새로운 배치를 위해 연결할 대상을 포획하는 생산적 포획이 있다. 이 책에서 비가역화를 위해 다루는 포획장치는 억압적 포획을 의미한다.

해야 한다. 영토성에서 벗어나려고 하는 이유는 나의 자율성이 해당 영토 안에 없기 때문인데, 재영토화한 영토성 또한 나의 자율성이 없고 내가 다른 사람의 권력 내에 존재한다면 이전의 영토성과 다름없거나 더 큰 문제가 발생할 수 있다. 예를 들어 방학 때 집에서 공부하려고 하는데, 아빠나 엄마가 공부 시간을 관리하는 것이 힘들어서 사감이 있는 기숙 학원에 들어가서 통제 받으며 공부한다면, 생산성은 높아질지 몰라도 내가 주체가 아닌 삶은 여전한 것이다. 이것을 미리 알고 목표를 생산성에 두고 결정했다면 문제가 아닐 수 있으나 통제가 힘들어서 나가서 새로운 통제로 들어가는 것이라면 잘못된 탈주이다.

분열분석은 지속적으로 자신을 생산할 수 있는 유동적인 주체성을 지향한다. 탈영토화 후에 구성한 영토성이 여전히 자율성을 막고 고착된다면 암적인 영토성을 만드는 결과를 초래한다. 고착과 정체를 피한다는 것이 리좀 공존을 위한 의무를 가치 없는 것으로 간주한다는 것은 아니다. 분열분석은 욕망의 주인이 나라는 의미에서 고착과 정체를 비판하지만, 이는 욕망의 흐름이 자유롭고 생산적으로 작동하지 못하고 억압적 구조에 고정되었을 때의 상태를 지적하는 것이지 '의무' 자체를 부정적으로 간주하는 것은 아니다.

의무는 고착이나 정체와 동일시되지 않는다. 오히려 의무는 욕망의 흐름을 어떻게 조직하고 연결하는가에 따라 그 가치가 결정된다. 예술가가 창작의 책임감을 느끼고 새로운 작품을 만들어 내거나 공동체에 의무감을 갖고 봉사하다가 새로운 관계와 집단적 흐름을 생성하는 등 의무는 새로운 가능성을 열어 주고, 욕망이 더 풍부하고 생산적으로 흐를 수 있도록 돕는다. 고착과 정체는 의무와 달리 이러한 생산과 생성을 못하도록 욕망의 흐름을 막는 것을 의미한다.

분열분석에서의 흐름은 연결과 유동성이 가장 중요한 요소이다. 그런데 가타리가 쓴 책『분자혁명』등에 나타나는 이미지 때문에 분열분석을 사회장에 대한 저항이라고 여기는 경우들이 있어서 자칫 배타성을 중요한 가치라고 생각하기도 한다. 그러나 이것은 매우 잘못된 견해이다. 분열분석은 배타성을 경계할 대상으로 간주한다. 탈영토화를 위해 이전의 코드에 대해 배타적인 자세를 취하는 경향이 있으나 그것도 배타적이 아니라 유동적으로 대응하는 것이다. 그래서 분열분석 과정에서 탈영토화하며 문제가 발생했을 때 이전의 영토로 돌아갈 수도 있다.

사회적 흐름이 요구하는 생산성에 몰입해서 주체적 욕망을 생산하지 못하고 사회적 욕망만을 생산하는 것은 분열분석이 지양하는 생산이지만, 탈영토화의 결과로 아예 아무것도 생산하지 않는 상태는 사회적 욕망의 생산을 하던 이전의 코드보다도 못한 상황을 초래한다. 이와 마찬가지로 분열분석의 결과가 내 주체적인 흐름을 만드는 것이 아니라 다른 주체의 도구화가 된다면 그것도 탈영토화를 하지 않는 것이 차라리 낫다. 주체적인 생산이 아니라면 차라리 이전의 질서로 돌아가는 것이 좋다. 아무것도 생산하지 못하는 결과를 초래하거나 다른 주체의 도구화가 되는 것은 분열분석 과정에서 가장 경계해야 할 부분이다.

분열분석을 통해 새로운 주체성이 생성되었다 할지라도 그 이전에 내가 유지했던 질서도 내 안에 잠재되어 있기 때문에 다시 과거의 질서로 회귀하고자 하는 포획장치가 작동할 수 있다. 나는 작은 방을 피난처 삼아 숨는 것에 능했던 사람이기 때문에 또 문제가 발생하면 작은 방으로 들어가 안 나올 여지가 충분히 있는 사람이다. 더불어 내가 경험한 트라우마는 인류가 가장 무섭다고 인정하는 전쟁이기 때문에 다시 PTSD 안으로 숨어도 모두가 이해해 줄 수 있는 조건 속에 있다. 그래서 벽에 부딪히면 "난 전쟁 트라우마를 경험한 사람이야!"를 외치며 다시 숨을 가능성이 충분히 있었다.

내가 얼마나 수고하며 남수단에서 가족들을 지켜 냈는지 가족들은 잘 알고 있다. 그래서 지금도 여전히 내가 좀 부족한 부분이 있어도 매우 위험한 상황에서 가장 역할을 했기 때문에 나를 이해해 주고 긍정적으로 받아 주는 부분이 있다. 그럴수록 나는 "난 트라우마를 경험했어. 난 전쟁 트라우마 피해자야"라는 말을 상담적 장면이나 가족들과 치료적 이유로 사용하는 외에 변명으로 사용하지 않기로 결심했다. 이것은 나와의 약속이었다. 더불어 가족들에게 "내가 가족을 위해 목숨을 걸고 남수단에서 탈출한 걸 몰라?"라고 외치며 트라우마적 상황에서의 헌신을 현재 협상의 도구로 사용하거나 도피의 도구화를 하지 않기로 결심했다.

다만 내가 가족들에게 "그때 내가 이렇게 고생했어. 그만큼 가족을 사랑했어"라며 자기참조적 확언으로, 우리 가족을 더 끈끈하게 만들기 위한 수단이나 나를 인정해 달라고 인정 자극을 요청하는 대화의 방법으로만 사용하는 것으로 한정했다. 똑같은 내용이지만 표현의 형식이 달라지면 다른 내용으로 등록된다. "난 트라우마를 경험했기 때문에 숨어도 돼"는 사회적 의미화에 의해 발생한 죄책감의 발로로 자기참조적 욕망의 반대로 가는 언표이다. 그러나 "내가 이렇게 가족을 사랑했어"는 자기참조적 욕망인 구원자적 욕망의 가장 핵심적인 언표이다.

    나는 내 트라우마를 근거로 과도한 배타성을 지닐 위험에 항상 노출되어 있었다. 배타성은 결국 다시 정동을 원점으로 돌려서 부정적으로 만들기 때문에 정체나 고착과 다름없는 포획장치이다. 나는 남수단을 폄훼하는 사람들, 내가 남수단에 후원하는 것을 이해 못하는 사람들을 만났을 때 내가 트라우마를 경험한 사람이기 때문에 언제든 과도해질 수 있는 조건 속에 있다는 것을 늘 염두에 두었다. 이런 사람들은 종종 나타났다. "한국에도 어려운 사람들이 많은데 왜 굳이 남수단에 후원하는가?"라고 말하는 사람들을 수도 없이 만났고, 남수단을 습관적으로 "후진국"이라고 표현하는 사람들도 만났다.

    그럴 때마다 내 마음에서 분노가 올라오는 것을 느꼈다. 그러나 과도한 배타성을 보이지 않기로 결심한 것을 떠올리며 '그럴 수 있다'고 생각했다. '이 사람들은 나와 같은 경험을 한 사람이 아니다'라고 생각하며 의도적으로 웃음으로 대하려고 했다. 그리고 그에 대한 적절한 대답을 만들었다. 어느 날 영상 하나를 봤는데, 연예인 선도 이와 같은 질문을 자주 받았다고 한다. 그의 대답은 "우리나라도 한때 도움을 받는 나라였습니다. 우리나라가 그때 도움을 받지 않았다면 현재와 같은 우리나라는 없었을 겁니다"였다. 나도 그와 비슷한 대답을 만들어서 하곤 했다.

    가끔 이 대답으로도 대화가 안 되는 사람들이 있었다. 고아원을 운영하는 사람이었고, 나에게 후원을 요청하며 아주 정확하게 "한국에도 어려운 사람들이 많은데 왜 굳이 남수단에 후원하냐?"라고 했다. 선과 같은 대답을 해도 1시간 이상 나를 답답해하며 나라를 생각하라는 말만 반복했다. 결국 내가 한 말은, "내

돈이니 내 맘대로 쓰겠다"였다.

　이런 말들보다도 나를 더 배타적으로 만드는 것은 나보고 "왜 돌아가지 않느냐"거나 위험으로부터 도망간 소시민을 무시하거나 욕하는 반응들이었다. 영웅이 아닌 사람들은 욕먹어야 하는 것일까? 영웅이 아니라고 욕먹는 사람들을 보면 내 처지와 오버랩되어서 욕하는 사람들에 대한 배타성이 극에 달했다.

　처음에는 이런 사람들을 향해 조목조목 내 생각을 표현했다. 내가 왜 남수단으로 돌아가지 않는지, 왜 더 이상 선교지에 갈 수 없는지, 트라우마적 공포와 더불어 이제 나는 더함공동체교회 목사라는 것도 더해서 설명하려고 노력했다. 실제로 "당신이 후원해 준다면 언제든 갈 생각이 있어요. 초기 정착금 5천만 원과 매월 생활비 3백만 원이 필요해요"라고 말한 적이 있다. 선교는 믿음으로 가는 것이라는 말에, "그 정도 믿음이 없나 봐요. 당신처럼"이라고 답하기도 했었다.

　그러나 이것도 결국 과도한 배타성을 만들었다. 나는 어느 순간부터 이런 사람들을 그냥 이해하고 대답하지 않았다. 지나치며 말할 때는 대답하지 않고 집착적으로 물어볼 때에는 자세히 설명해 주었다. 그럴 때는 처음에 이 말을 붙였다. "그렇게 생각하실 수 있죠." 그리고 나서 내 상황을 설명했고 그래도 계속 물어 오면 더 이상 이야기를 이어 가지 않았다. 그렇게 한 이유는 배타적이어서가 아니라 배타적이지 않기 위해서였다. 배타성이 강화되면 분열적 자기실존화를 하기보다 오히려 다시 편집적인 욕망으로 견고해진다. 배타적이지 않고 유동적인 상태를 유지하는 것이 분열적 자기실존화를 가능하게 한다.

연접, 이접, 통접

분열분석은 이질적인 것과 익숙한 것, 잠재적인 것과 드러난 것, 나와 타자, 한국과 남수단을 모두 연결시키고 상호침투하는 과정이다. 분열적 자기실존화와 비가역화를 위해 배타성을 거부하고 연결접속하는 리좀적 인간이 될 필요가 있다.

내 안에는 남수단으로부터 피하고자 했던 욕망과 남수단을 기억하고 다시 연결하고자 하는 욕망이 충돌했다. 남수단이 아름답고 추억 어린 곳이라는 기억과 전쟁과 폭력이 서린 곳이라는 기억이 충돌했다. 남수단에 대한 친근하고 뿌듯한 감정과 공포스럽고 무서운 감정이 충돌했다. 이러한 충돌들은 연속적으로 내 안에 교차하면서 지속적인 이질감을 만들었다. 아내의 말과 행동, 교회와의 상호침투, 분열분석과의 만남, 예하의 영화 활동 등 우연한 연결들과 접속하면서 선택하고 통합하며 새로운 것들을 생성해 나갔다. 분열분석은 이렇게 상이한 것들의 충돌, 이질적인 것들과 외부 환경의 침입으로 인한 자극 그리고 다층적인 욕망과 정동들이 상호침투하게 했다.

이렇게 충돌하는 것들을 접속하는 연결은 크게 세 가지 종류로 생각해 볼 수 있다. 연접, 이접, 통접이 그것이다.[27] 연접(Connection)은 비슷하거나 이질적인 것들이 변형 없이, 있는 그대

---

[27] 번역자에 따라서 접속, 이접, 연접으로 번역하기도 하고, 접속, 이접, 통접으로 번역하기도 한다. 나는 연접, 이접, 통접에 이미 접속이라는 의미가 들어가 있고 이접과 통접도 접속의 의미를 필요로 하기 때문에 연접, 이접, 통접이 가장 적합한 번역이라고 보았다. 이전의 저서들과 논문들에서도 지속적으로 연접, 이접, 통접으로 사용하고 있다. 물론 'Connection'을 접속이라고 번역하는 번역자들의 의도를 잘 알고 있고 그 또한 존중한다. 다만 내 연구의 결과와 저서들에서는 연접, 이접, 통접으로 사용할 것이다.

로 이어지는 연결이다. 이접(Disjunction)은 이질적인 것들의 만남으로 둘 중 하나가 포기되거나 흡수 혹은 통합되는 연결이다. 통접(Conjunction)은 서로 다른 것의 만남이든 유사한 것의 만남이든 전혀 새로운 것으로 재탄생하는 연결이다.

연접을 통한 접속은 만남이며 그 자체로 변형 없이 공존하는 방식의 종합을 발생시키고, 만남으로 인해 생산이 발생한다. 연접은 만남을 통해 생성되기 때문에 만남 자체가 생산물이다. 연접은 분자적으로 접속할 수도 있고, 몰적으로 접속할 수도 있다. 분자적 연접은 접속해야 할 최소 단위가 그 자체로 자유롭게 접속되는 것을 의미한다. 이를테면 '나와 비난슈의 만남' 같은 것이다. 몰적인 연접은 구조화된 정체성과 체계로서의 연결이다. 사회적 부류 혹은 역할을 통한 접속을 의미한다. 예를 들면 한국인인 나와 남수단인인 비난슈의 만남이다.

전쟁이 나기 전까지 나는 분자적인 연접으로 부족민들과 연결되어 있다고 생각했다. 그러나 전쟁이 나고 나서 나는 몰적인 연접의 선에서 접속을 시도했고, 결국 나는 남수단과 연접이 아닌 이접으로 전환할 수밖에 없었다. 이처럼 분자적인 접속이 자유롭고 유동적인 반면, 몰적인 접속은 원활하지 않을 경우 이접으로 전환할 수 있고, 연접을 한다고 해도 위계나 갈등의 과정을 가질 수 있다.

이접은 이질적인 것들을 등록하는 연결이다. 이접은 한 번 연결이 되면 이전의 모습으로 환원될 수 없는 특징을 취하며, 전혀 새로운 것을 등록하는 연결이기 때문에 고착화를 극복하고 새로운 진실을 드러낸다. 이접에는 양자택일을 요구하는 배타적 이접과 이질적인 채로 공존하며 하나가 다른 하나를 포함하는 포함적 이접이 있다. 포함적 이접이 연접과 비슷해 보일 수 있으나, 연접은 비슷한 것의 만남이지만 포함적 이접은 이질적인 것들의 공존이라는 의미에서 다르다. 그렇다고 연접은 좋고 포함적 이접은 나쁘다고 볼 수는 없다. 이질적인 것과 공존할 때 오히려 다른 것으로부터 영향을 받고 변화해 갈 수도 있기 때문에 포함적 이접이 연접보다 고통스럽더라도 결과적으로 긍정적일 수 있다.

통접은 공존과 조정을 통해 공명을 일으키고 이전의 실체들을 소비하여 새로운 것을 생성한다. 통접이 연접과 다른 점은 종합되는 두 지층이 유사하든, 다르든 상관없이 새로운 생성을 향해 출발한다는 것이며, 이접과 다른 점은 둘 중 하나를 선택하거나 하나가 다른 하나를 포함하는 것이 아니라 공명을 통해 새로운 것을 창조한다는 것이다. 통접이 포함적 이접과 다른 점은 창조성에 있다. 포함적 이접은 이질적인 것을 통해 '하나의 그것'이 발전하는 것이라면 통접은 둘이 융합하여 새로운 것을 창조하는 것이다. 연접이 '그리고' 이접이 '이것이나 저것'이라면 통접은 '그리하여' 혹은 '그러므로'에 해당한다. 통접의 출발은 이접처럼 이질적이고 결과는 연접처럼 생산적이다.

통접은 자유로운 유목적 통접과 구조화하여 통합하는 유기체적 통접이 있다. 유목적 통접은 유목민이 이동하며 사는 것처럼 자유롭게 이동하며 배치를 새로 구성하여 소비와 생성을 지속한다. 유기체적 통접은 조직화된 닫힌 구조에서 전체성을 가진 유기체로서 통접해야 하기 때문에 통접의 과정에서 이접적인 갈등이 발생한다. 유목적 통접은 자유로운 소비가 가능하지만 유기체적 통접의 경우, 구조화의 벽을 넘어야 한다.

이 세 연결은 종합이라고 불리며 의식될 수도 있고 의식되지 않을 수도 있다. 의식된 종합을 능동적 종합이라고 한다면 무의식적 종합을 수동적 종합이라고 한다. 능동적 종합과 수동적 종합의 구분과 정리는 후설(Edmund Husserl)에 의한 것이지만, 들뢰즈가 자신의 차이의 철학을 중심으로 수동적 종합을 다시 정의 내렸다.

후설은 의지를 중심으로 능동적 종합과 수동적 종합을 정의했다. 즉 주체가 의지적으로 수용하는 종합을 능동적 종합이라고, 타자와 환경에 의해 수용되는 종합을 수동적 종합이라고 했다. 그러나 들뢰즈는 의식을 중심으로 능동적 종합과 수동적 종합을 정의했다. 의식할 수 있는 종합은 능동적 종합이고 무의식적 종합은 수동적 종합이다. 그것이 의식적이든 무의식적이든 종합은 욕망을 생산하는 기계적 작용의 결과이다. 그렇기 때문에 종합을 분석하기 위해서는 욕망을 탐색할 수밖에 없다.

들뢰즈는 『안티 오이디푸스』에서는 서로 다른 것이 연결될 수 있다는 의미에서 이접과 통접을 가치 있게 평가했으나, 『천개의 고원』에서는 연접을 가장 가치 있게 평가했다. 연결의 방법에 있어서 누구나 원하는 것은 연접일 것이다. 서로 변형 없이 있는 그대로의 코드를 유지하면서도 연결되기 때문이다. 그러나 분열분석의 상담적 실천에서는 통접을 많이 활용한다. 나 또한 분열분석을 나에게 적용하면서 연접보다는 이접과 통접을 더 많이 활용했다. 연접보다 더 어려운 과정이지만 통접 이후에는 더 주체적이 된다는 장점이 있다. 통접의 성격을 갖는다는 것은 상호 의존적이면서도 상호 간의 변화를 각오해야 한다는 의미이다.

내가 남수단과 처음 연결할 때는 연접을 기대했다. 초반에 남수단과 우리 가족의 연결은 아주 훌륭한 연접이었다. 남수단 부르파얌은 학교가 없었고, 학교를 필요로 했다. 우리는 학교를 세워 주며 신앙적인 욕망과 보람을 성취했고, 부르파얌은 아이들을 교육할 수 있는 기회를 얻었다. 그런데 전쟁이 발발하면서 더 이상 연접이 아닌 이접적인 연결이 되었다. 우리는 남수단에 남아서 함께 고통을 받거나 혹은 탈출하거나 둘 중의 하나를 선택해야 하는 이접적인 상황에 놓였다.

이전과 같은 연접적인 관계는 아니더라도 포함적 이접으로 우리가 남수단을 품는 연결은 가능했다. 그러나 우리는 배타적 이접을 선택했다. 후설의 개념에서 수동적 종합은 수동성에서 끝나지만 분열분석은 이렇듯 모든 연결을 능동적 종합으로의 전환을 추구한다. 마치 우연히 발생한 사건으로 내가 한차례 변했지만, 의도적으로 다시 사건을 발생시켜서 다시 변할 수 있는 것과 같다. 분열분석은 이렇듯 우연성을 받아들여 의지와 필연성으로 만들어 가고, 수동성을 받아들여 능동성으로 만들어 간다.

개인의 의식은 종합의 과정을 겪는다. 외부의 정보들은 불규칙적이고 잡다하게 펼쳐져 있다. 그 불규칙적인 정보들이 개인의 의식으로 들어오며 개인이 갖고 있는 인식틀과 해석틀에 의해 규칙이 부여되고 질서가 생긴다. 상관없던 정보들이 하나의 개념으로 종합된다. 이렇듯 불규칙적이고 잡다한 정보들을 종합하는 데 익숙한 인간의 의식은 경험하는 모든 생활과 사회, 문화를 자기의 인식틀과 해석틀을 기반으로 종합한다. 이 종합은 능동적이기도 하지만 대체로 수동적이다.

불규칙적이고 잡다하던 정보들이 하나의 개념으로 종합되듯이 사람들은 상호 간에도 서로를 종합한다. 그렇게 종합되기 전까지는 모든 것이 낯설고 어렵다. 그 낯선 것들을 자기에로 종합하는 과정은 연접, 이접, 통접의 의식 종합 과정과 다름없다. 스마트폰이라는 낯선 사물이 처음 등장했을 때에는 모두 신기해하면서도 당황했다. 그러나 이제 이 사회에 없어서는 안 될 사물이 되었다. 낯선 사물이 코드화에 따라 자기의식 속의 개념으로 자리 잡듯이 낯선 것들은 자기의식 속의 어떤 개념으로 어떻게든 자리 잡는다. 이것이 연결이다. 이 연결을 무엇과 하느냐에 따라 새로운 생성을 만들어 낸다.

사람들은 문화 안에서 각각 자기가 외부를 연결하는 과정을 코드로 갖고 있다. 각 개인은 자기가 능동적이고 주체적으로 이 코드를 구성한다고 생각하지만, 코드는 문화에 녹아 있으며 그 코드에 익숙한 각 개인은 문화가 원하는 대로 수동적으로 종합할 뿐이다. 수동적 종합은 각 개인이 종합하는 과정을 편리하게 만든다. 익숙하고 안정적인 삶을 누리게 한다. 그러나 코드에 익숙하지 않은 개인은 수동적으로 그 코드를 따라 종합할 수가 없다. 모두가 익숙하게 수동적으로 종합하고 있을 때 그 코드에 익숙하지 않은 사람은 혼자 우뚝 멈춰 선다. 그러면 코드는 멈춰 선 사람을 인식하고 대처한다. 소멸시키거나 흡수하거나 코드 자체가 변화를 일으키며 재코드화한다.

연접은 서로 같거나, 다르더라도 충돌하지 않는 것이 서로 연결접속하여 서로에게 도움을 주는 것을 생산하는 결과를 만들어 낸다. 내가 분열분석을 만난 것이나 교회와 함께 남수단을 후원하는 것 등이 연접에 해당되는 일이었다. 이것들은 서로 충돌하지 않고 그리고… 그리고… 그리고로 연결접속되었다.

이접은 서로 반대되는 것들이 충돌하는 접속을 하고 둘 중의 하나만 선택하거나 충돌하는 둘이 그 자체를 유지하면서 공존하는 방법을 모색하는 것이다. 아내가 적극적으로 남수단을 기억하는 것과 내가 도피하는 것이 충돌하는 상황 등이 이접에 해당되는 일이었다. 나는 아내와의 충돌에 있어서는 내 방식을 포기하고 선교단체와 접촉하며 겪는 갈등에 있어서는 선교단체와의 접촉을 포기하는 방법으로 이접적인 접속을 결정했다. 이것 아니면 저것, 또는… 또는… 또는…으로 이어지는 선택의 기로들의 연속이었다.

통접은 충돌하는 것이든 서로 도움을 주는 것이든 결과적으로 그 자체로 있지 않고 통합하여 새로운 것을 생성하는 결과를 도출하는 방식이다. 나의 이접과 연접은 대체로 통접으로 발전했다. 분열분석과의 만남으로 트라우마를 치료하는 것뿐 아니라 분열분석을 한국에 잘 정착시키고자 하는 꿈을 꾸는 새로운 생성을 만들기도 했고, 교회와 서서히 남수단을 공유하는 것이나 아내와 함께 남수단을 적극적으로 기억하는 작업을 하면서 예하가 다큐멘터리를 만들거나 남수단에 방문하는 결과를 생산하기도 했고, 이 책을 출간하는 작업도 하나의 통접적인 생성물이다. 그러므로…라는 과정들을 통해 새로운 것들이 생성되었다.

나는 분열분석을 하며 남수단을 향한 새로운 희망과 열정과 같은 이질적인 정동들을 새롭게 생성했다. 내 안에 잠재되어 있던 것들과 새롭게 만난 이질적인 것들을 내 삶 속으로 적극적으로 끌어들이면서 수동적이고 평화적이던 나는 능동적이고 투사적인 면모를 갖게 됐다. 에니어그램 검사를 수차례 해 봐도 나는 늘 9번 평화주의자였고, 지금 해도 여전히 평화주의자로 나온다. 실제로 특이화 과정을 밟기 전의 나는 주로 적극적 경청을 하거나, 교우들과 내담자들에게 끌려다니거나, 상대방에게 져 주는 것이 일반이었다.

그러나 지금의 나는 여전히 에니어그램 검사를 하면 9번 평화주의자가 나오더라도, 끌려다니기보다 갈등을 중재하고 내가 정한 선을 분명히 지키며 물러서지 않는 방식으로 평화를 유지하는 경향을 보인다. 사회적 흐름과 외부 환경으로 인해 차단당하면 우회하거나 포기하던 자세에서 외부 환경을 이용하고 뚫고 나가는 결정을 하기도 한다.

필요화

필요화(Necessitation)는 어떤 일이 꼭 반드시 일어날 수밖에 없었던 것을 의미한다. 즉 그 일이 일어날 수밖에 없었던 배치와 규칙, 기계적 조건들이 필요화에 해당한다. 예를 들어 해가 동쪽에서 뜨고 서쪽으로 지는 것처럼, 변하지 않는 것에 대한 법칙이다. 분열분석이 지속적 변화를 추구하지만 그 변화의 과정에 필요화를 통해 안정성을 확보하는 흐름이 필요하다.

필요화는 아직 국내에 출판된 저서에서는 등장한 적 없는 개념이다. 이 책의 번역이 첫 시도이기에 어떤 단어로 번역할지를 두고 고민했다. 처음에는 필연성으로 번역하려고 했지만 분열분석에서는 하나의 성질로서만 사용하지 않고 필연적인 것으로 만들어 가는 변화와 운동성의 의미를 갖고 있기 때문에 '필요화'라고 번역했다. 필연화로 번역하는 것이 어떠냐는 제안도 있었으나 필연화보다 필요화가 더 능동적인 의미여서 분열분석 용어로는 필요화가 더 적절하다고 판단했다. 분열분석에서의 필요화는 안정성을 목적으로 한다. 안정성을 갖기 위해 반드시 갖추는 배치와 규칙들을 필요화라고 부른다.

어떤 배치와 규칙들을 갖췄을 때, 그 배치와 규칙에 해당하는 일들이 반드시 일어난다. 매일 아침 학교에 가면 친구들과 선생님을 반드시 만난다는 것이 아주 기본적인 의미의 필요화이다. 그리고 이런 반복되는 경험을 통해 우리는 일관성을 느끼면서 안정성을 확보한다. 즉 필요화는 우리가 매일 반복적으로 경험하는 것들과 법칙들을 통해 이해 가능한 세상 속에 있다고 생각함으로 안정성을 확보하는 것이다.

가타리는 필요화를 설명하기 위해 몇 가지 예를 든다. 먼저 집 안에서는 따뜻하고 안전한 느낌이 들지만 집 밖에 나가면 다른 공기를 느낄 수 있다. 어떤 사람이 8백 미터를 걸어 나가야 진짜로 집을 떠났다고 느낀다면, 그 사람의 필요화는 집에서 8백 미터 거리까지 들어와야 확보되는 것이다. 8백 미터 밖으로 나갈 때 몸과 마음이 주변 환경을 통해 '여기가 진짜 밖이구나' 하고 느낀다면, 필요화를 위해 이 사람이 취할 행동은 집에서 8백 미터 거리 안으로 들어오는 것이다.

혹은 어떤 행동을 자기가 하지 않아도 자동적으로 당연히 발생하는 배치와 흐름도 필요화라고 부른다. 예를 들어 사춘기가 되면 호르몬 때문에 몸과 마음이 변하는 것은 어쩔 수 없이 일어나는 변화, 즉 필연적인 일이다.

반복적인 행동으로 내 몸처럼 익숙해지는 것도 일종의 필요화이다. 타자기 치기, 자동차 운전, 악기 연주를 계속 연습하면 점점 익숙해진다. 처음에는 어렵지만 반복하다 보면 자연스러워지면서 안정성을 갖는다. 필요화는 이처럼 안정성, 필연성, 규칙성을 갖는다. 힘든 일이 있을 때 늘 듣던 음악을 들으면 마음이 안정되는 것도 일종의 필요화이다. 집이나 방처럼 안정감을 주는 실제 공간, 힘들 때마다 반복해서 보는 좋아하는 드라마나 게임, 매일 아침에 하는 나만의 루틴, 열정을 다할 수 있는 직업도 모두 필요화이다.

필요화는 가장 근본적인 요구와 결합된 기계적 과정의 지속적 반복을 통해 표현의 본질적 강도와 실존적 일관성을 정의하는 개념이다. 필요화는 크로닉적 필요화와 아이오닉적 필요화를 구분한다. 크로닉과 아이오닉은 시간에 대한 개념이다.

크로닉적(Chronic) 시간은 그리스·로마 신화에 나오는 제우스의 아버지인 크로노스(Cronos)의 시간을 의미하는 것으로 운명의 시간을 피할 수 없으며 연속적, 순차적, 선형적, 인과적 시간으로 나타난다. 아이오닉적(Aionic) 시간은 동일한 그리스·로마 신화에 나오는 아이온(Aion)의 시간으로 영원성을 담고 있으며 인간 시간의 흐름과 관계없이, 특정한 순간이 무한히 지속되거나 과거 - 현재 - 미래가 동시에 존재하고 운명적 시간이 반복되거나 변형될 수 있다.

크로닉적 필요화는 안정성을 위해 변화와 차이를 거부하고 운명적으로 작동한다. 아이오닉적 필요화는 안정성을 동반하지만 변형의 반복을 추구하며 배치에 있어서 스스로 이외에 어떤 기반도 갖지 않는다. 분열분석이 추구하는 필요화는 아이오닉적 필요화로 안정성은 외부의 조건이 아니라 순수한 실존적 자기 확언이다. 실존적 자기 확언은 분명 외부와 타자들과 연결되지만 그것들이 자기에게 인과적인 영향을 주지 않는다.

아이오닉적 필요화를 추구하면 동일화하는 존재가 아니라 강도적 존재 혹은 차이적 존재로서 확립하며 자기를 기관화하지 않고 실존적으로 자기를 분자화한다. 얼마나 작은 단위로 분자화하든 그 분자적 자기는 전체를 담고 있다. 반복하는 질서를 갖되 그 반복은 외부에서 부여하는 의미의 상수나 담론적 특징의 반복이 아니라 자기 실존적 변화의 반복이다.

나는 필요화를 위해 다음과 같은 배치들을 만들었다.

① 관계로 연결하기

더함공동체교회가 남수단에 후원하는 것을 멈춘다 할지라도 내 삶에서 남수단을 지속적으로 연결하기 위해 SNS 등에 내가 갖고 있는 남수단에 대한 생각과 남수단 소식을 지속적으로 올렸다. 그리고 교회에서도 선교적인 방향성을 갖도록 선교에 관한 설교를 했다. 내가 PTSD를 치료한 후에도 남수단과의 연결고리를 지속할 수 있는 방편을 만들기 위함이었다. 이렇게 치료적인 접근으로서 생성한 것들을 다시 되돌리지 않고 지속하기 위해서 조치를 취했다. 교회는 나의 설교나 수시로 하는 말들에 반응해서 선교, 전도, 사회참여를 모두 할 수 있는 팀을 구성하기로 결정했다.

더불어 남수단과의 연결고리를 확장했다. 교회 관리를 맡기며 윌리엄에게만 후원하던 것을 청년과 청소년 양육을 위해 비난슈에게도 확장했다. 그래서 한 달에 비난슈와 두 번, 윌리엄과 두 번, 총 네 번의 통화를 시도했다. 물론 통화가 안 될 때가 더 많았다. 윌리엄은 부족 마을에서 나와 현대화된 마을에서 살기 때문에 통화 연결이 더 자주 됐지만 비난슈는 부족 마을에서 살기 때문에 연결이 어려웠다. 비난슈는 나 때문에 전화를 만들었고, 내가 요청해서 은행 계좌를 만들었다. 애초에 은행 계좌를 어떻게 만드는지도 몰라서 내가 남수단에서 계좌 만드는 법을 알려 줘야 했다.

　윌리엄과 비난슈는 후원받은 돈으로 자기 가정도 꾸리고 마을도 도왔지만 주로 교회를 유지하기 위해 사용했다. 윌리엄은 교회에서 장년과 유년부를 맡아서 가르쳤고, 비난슈는 청소년과 청년들을 가르쳤다. 우리가 만들었던 교회 장소를 사진으로 찍어서 보냈다고 했는데, 나는 받지 못했다. 잘못 보냈을 수도 있고, 데이터 부족으로 안 왔을 수도 있다.

　나 개인이나, 교회의 재정 상태가 좋아지면 그만큼 남수단을 향한 후원도 늘리고 연결고리를 더욱 확장할 계획이다. 이러한 작업은 다시 과거로 돌아가지 않기 위한 것들이다. 교회에서 선교팀이 만들어지고 윌리엄과 비난슈가 연결되어 있는 한, 내 치료적 생산들은 비가역화 상태를 유지할 것이다.

② 치료를 넘어서기

　분열분석을 시작한 것은 자가 치료를 위해서였지만, 자가 치료적 수준에서 머물지 않았다. 치료 과정에서 생긴 분열분석에 대한 욕망을 외부로 확장했다. 나 스스로에게 6년에 걸쳐 분열분석을 적용하고, 연구 참여자 30명을 모집하여 분열분석 사례를 만들었다. 그리고 지금은 분열분석을 통해 PTSD와 조울증, 불안증, 강박증, 부부 및 연인들의 갈등 중재, 이혼 숙려 기간 상담을 진행한다. 임상 과정에서는 언어 분열분석과 더불어 분열극과 분열적 글쓰기, 마이너시네마 등의 예술적 분열분석 방법을 활용한다.

　분열분석은 연극치료와 잘 맞는 분석 이론들이 많아서 연극치료 기법과 분열분석의 융합이 임상적 적용에 유리한 부분이 많다. 내 박사 논문은 라캉의 정신분석에 관한 것이고, 나는 교류분석 슈퍼바이저이기 때문에 정신분석과 교류분석이 내 심리치료의 가장 주요한 이론이지만, 지금은 분열분석을 상담에 가장 많이 사용한다. 나의 PTSD 치료를 넘어 다른 내담자들을 위한 치료 방법으로 분열분석을 사용하고 있다. 상담 과정 자체가 나에게 또 다른 치료가 되기도 한다.

③ 노마드 되기

분열분석의 가장 좋은 결과는 유목민, 즉 노마드가 되는 것이다. 언제든지 다른 새로운 것이 될 수 있다. 분열분석적 주체성이란 결국 자율성이다. 내가 나의 정체를 바꿀 수 없다면 그것은 온전한 주체가 아니다. 나의 구원자 욕망에 따라 남수단을 후원하는 사람이 되기도 했다가, 가끔은 남수단을 위해 싸우는 투사가 되기도 하고, 또 가끔은 남수단과 전혀 상관없는 아빠가 되거나 친구가 될 수도 있는 유동적 인간, 그것이 노마드다.

남수단에서 돌아온 지 얼마 안 되었을 때는 나와 아내 둘 다 24시간 남수단에 묶여 있었다. 잠 잘 때도 남수단에서 전화가 오지 않을까 하여 핸드폰을 머리맡에 두고 자고, 일주일에 가장 중요한 행사가 남수단에 돈을 보내는 일이었으며, 매일 남수단 기사를 보는 것이 일과의 시작이었다. 다른 사람들의 대접으로 비싼 음식을 먹을 때도 좋은 호텔에서 잘 때도 우리 가족은 남수단 이야기를 했고, 남수단 사람들의 삶과 비교했으며, 우리가 누리는 풍요로움은 고스란히 죄책감으로 남았다.

그러나 지금 내 삶은 남수단에 묶여 있지 않고 아주 유동적이다. 여행할 때는 남수단 사람들의 기아를 전혀 모르는 사람처럼 자유롭게 여행하고, 비싸고 맛있는 음식을 먹기도 했다. 그러면서 PTSD를 겪을 때보다 더 자주 남수단과 통화하며 더 많이 후원하고, 더 열정적으로 앞으로의 남수단을 위한 사업들을 구상하고 만들기도 한다. 나는 전쟁 트라우마를 겪은 권요셉에 고정되지 않고, 갈등을 중재하는 상담사로, 한국에서 일상을 살아가는 성도들에게 설교하는 목회자로, 아빠와 남편으로, 친구들의 친구로 다양한 역할을 자유롭게 넘나들며 유동적 인간으로 살아간다.

이렇게 유동적 인간이 되기 위해 상담사로서의 내 삶을 코딩하고, 목회자로서의 삶을 코딩한다. 아빠로서, 또 남편으로서의 삶을 코딩한다. 그리고 내가 원하면 그 코드들을 변주하고 변환한다. 상담사 같은 아빠였다가 친구 같은 상담사가 되기도 한다. 각 역할들의 코드를 알기 때문에 내가 원하면 그 코드들을 변주하고 변환한다.

종종 PTSD의 코드가 내 삶에 침입하려고 하면 그것도 거부하지 않고 받아들인다. 그리고 "그래, 이제 그다음은 이렇게 되겠지"라고 PTSD를 겪고 있는 나를 이해한다. 사회적 흐름이 나를 차단하려 하면 그 차단 뒤에 내 욕망이 어떻게 우회할지, 무엇으로 변주될지 잉여현실을 통해 상상하고 어떤 감정을 생산할지 결정하고 그 감정을 생산한 기호들을 반복한다. 글이든, 음악이든, 영화이든, 연극이든, 수다이든. 분열분석이 내 삶에 들어오고 내 삶을 코딩하고 변주, 변환할 수 있으니 나는 얼마나 주체적이고 자율적이며 유동적 인간인가.

④ 몸과의 접속과 배치

내가 분열분석을 연구하며 가장 많이 작업한 것은 내 신체에 대한 탐구였다. 나는 인문융합치료를 전공했기 때문에 이미 신체의 중요성은 잘 알고 있었다. PTSD를 치료하기 위해 나비포옹법을 비롯한 신체감각훈련을 받기도 했고, 대학에서 신체감각훈련을 강의하기도 했다. 신체감각훈련은 단지 치료를 위해 하는 것이 아니다. 신체는 정신을 만드는 중요한 배치 중 하나이다. 분열분석이 연극치료나 동작치료처럼 신체 훈련을 어떻게 해야 하는지 기법으로 정리한 것은 없다. 그러나 내 몸의 에너지 흐름과 감각블록, 몸으로 전달해 오는 감정의 파동을 느끼는 작업은 분열분석의 핵심 요소 중 하나이다.

무엇보다 코드 변환할 때 텐서를 가장 확실히 감지하는 건 신체이다. 회사에서 집으로, 집에서 교회로 이동할 때마다 신체를 감지하고 내 텐서를 확인한다. 그리고 텐서를 중심으로 긴장하게 만드는 요소가 무엇인지 확인한다. 스트레칭 등을 통해 신체를 풀어 주는 것도 중요하지만 어떤 에너지가, 어떤 욕망과 정동이 텐서를 만들었는지 관찰한다. 정신을 신체와 친숙하게 만드는 작업은 분열분석을 비가역화하는 데 매우 중요하다.

특히 다시 과거의 PTSD로 포획되지 않고 비가역화를 유지하기 위해서는 배치를 보는 습관을 기를 필요가 있다. 감정은 배치에 따라 달라진다. 남수단에 있을 때와 한국에 있을 때 같은 감정을 가질 수는 없다. 배치를 감지하는 습관이 들면 그 배치에서 어떤 감정이 생산될지 예측할 수 있어서 심리적 현실을 주체적으로 구성할 수 있다. 감정을 만드는 배치에는 사람이나 자연환경만이 아니라 핸드폰이나 건물 같은 요소들도 포함된다. 내가 가야 할 배치에 익숙해지거나 그 배치를 관찰해서 내가 그 배치를 어떻게 변경할 수 있는지까지 늘 생각하는 습관을 갖는다.

무엇보다 배치를 중심으로 한 내 생활의 코드와 흐름을 늘 떠올리는 습관을 갖는다. 내 머릿속에는 항상 '그다음은? 그다음은? 그리고? 그리고?'가 있다. 이런 선형적인 코드에 대한 인식은 그 코드들을 넘어선 초선형성을 만들어 낼 수 있고 결국 코드를 벗어나 오히려 다층적이고 다각적인 생각과 흐름을 만들 수 있게 도와준다. 이렇게 비가역화하는 것이 쉽지 않아 보일 것이다. '어떻게 매번 배치와 코드와 포획장치들을 염두에 두면서 살아가지?'라고 생각할 수 있다. 그러나 1년 가까이 이런 훈련을 지속하면 삶은 오히려 매우 자유로워진다. 내가 내 삶을 알고 이끌며 다양한 지도를 찾아 움직이는 습관이 든다.

⑤ 사회장과 제도분석

가장 큰 변화는 사회와 세계에 대한 관심과 이해 그리고 제도분석(Institutional Analysis) 습관이다. 트라우마가 단지 나의 개인적인 감정과 문제로 발생한 것이 아니고 사회적 배치와 관련이 있으며, 이러한 트라우마가 지속적으로 언제 어디서든 발생할 수 있다면, 사회를 보는 시선과 배치에 대한 이해는 나를 보호하는 방법일 뿐 아니라 트라우마가 가득한 세상에서 다 함께 살기 위한 방법이기도 하다. 상담·치료에서는 제도분석이 '개인 문제를 사회적 제도적 맥락 속에서 바라보기'를 가능하게 한다. 분열분석을 공부하기 전에는 상상하기 어려웠으나 이제는 한 개인의 우울이 단순히 내적 원인뿐 아니라 회사의 평가 제도, 가족의 기대, 국가의 법과 제도와 맞물려 형성된다는 것에 의심이 없다. 치료자가 내담자와 함께 그 사회적 장치들을 '가시화'하고, 욕망의 다른 배치를 실험하는 장을 여는 것이 제도분석의 실천이다.

나는 종교 이념과 가치에나 관심이 있었지, 정치와 사회에 대해서는 큰 관심이 없었다. 그러나 트라우마는 나의 관심과 시선을 바꿨다. 정치와 사회적 변화 그리고 나를 둘러싼 제도를 단순히 규칙으로 보지 않고 욕망, 권력, 사회적 흐름, 언표 체계가 얽혀 있는 배치로 이해하고 바라보면 그 사회와 정치 속에 존재하고 있는 나를 볼 수 있다. 그래서 나 개인의 정신을 분석하는 과정도 '진단'이 아니라 욕망의 흐름과 제도의 관계를 드러내고 재배치하는 실천적 과정이 된다.

제도는 헌법, 법규 같은 공식 제도만을 뜻하지 않는다. 상담실, 가족, 직장, 치료 집단, 심지어 나의 개인적 습관과 사고방식도 제도로 볼 수 있다. 따라서 제도는 불변의 '틀'이 아니라 관계와 흐름이 지속적으로 구성되는 장이다. 이제 제도가 나와 내 이웃에게 동일하게 작동되리라는 순진한 생각은 하지 않는다. 제도분석의 핵심은 욕망이 어떻게 제도 속에서 차단, 포획, 배치되는지를 살피는 것이다. 예를 들어 상담 장면에서 환자가 병원 제도 때문에 스스로 말하지 못하는 주제가 있다면, 그것이 바로 욕망의 흐름이 차단된 지점이다. 동일한 경험을 했어도 남수단의 제도와 한국의 제도의 차이가 고통을 다르게 만들듯이, 내가 독일이나 핀란드에 있었다면 또 다른 방향으로 내 증상이 흘러갔을 수 있다.

반대로 새로운 집단 활동이나 언표가 욕망의 새로운 흐름을 열어 주는 경우, 제도가 해방적 장치가 되기도 한다. 가타리는 제도분석을 통해 개인이 단순히 제도에 순응하는 객체가 아니라, 새로운 주체성을 생산할 수 있다는 것에 주목했다. 즉 내담자·환자가 제도의 억압 속에서도 새로운 발화를 하고, 집단이 그 발화를 수용하는 순간, 새로운 주체화가 이루어진다는 여러 실험들에 성공했다. 제도 속에는 언어, 행위, 실천, 물질적 조건, 사회적 권력이 함께 얽혀 있기 때문이다.

제도분석은 이 배치가 어떻게 작동하는지 해체하고 재구성하는 작업이다. 학교라는 제도에서 교실 배치(책상, 교사의 배치 등), 평가 시스템(시험, 성적 등), 학생의 발언권 등이 욕망의 흐름을 조직하는 것과 같다. 분열분석 모임을 만들고, 치료하는 PTSD 내담자들과 연대를 만들고, 정치와 사회에 대한 의견을 대중에게 밝히는 등의 활동들을 하는 것은 이전의 내 모습에서는 상상하기 힘든 것들이었다. 제도로 인해 힘들거나 어려우면 나의 언어와 실천을 통해 작은 배치의 변화만 주어도 사실상 많은 것들이 제도에 영향을 주고 변화를 가져오는 것을 경험한다. 거대한 이슈로 법이 바뀌지 않더라도, 최소한 내 주변 배치의 변화는 내가 속한 공동체의 제도는 바꿀 수 있다.

나는 교회, 회사 그리고 학교의 제도와 문화를 바꾸는 경험을 지속적으로 하며 배치 변화의 힘을 경험했다. 이런 미시적인 배치의 변화들이 결국 사회를 바꾼다는 분열분석적 실험은 나에게도 유효했다. 그리고 이러한 변화는 고정된 나의 PTSD에도 변화를 가져다주었다. 트라우마에는 분명히 욕망과 정동이 존재하고, 그 욕망과 정동은 제도적 흐름과 배치에 의해 억압 및 차단되는 지점이 있다. 그 흐름을 다른 배치로 전환하고 내 욕망과 정동이 흐르게 하는 작업이 이제는 자연스럽고 매끄럽게, 꼭 PTSD 때문만이 아니더라도 모든 일상 속에 자리 잡아 있다.

에필로그

입구와 출구는
다를 수 있다

 트라우마는 끝나지 않았다. 내가 PTSD를 극복할 수 있도록 도와준 배치들, 즉 가족과 교회와 친구들을 비롯한 지지체계가 없어지면, 나의 유동적인 흐름이 멈추고 트라우마적 현실들이 나를 다시 엄습할지도 모른다. 그래서 나의 욕망과 정동들을 계속 흐르게 해야 한다. 그러니까 분열분석도 끝나지 않았다.
 사실 이 책에 담긴 분열분석 이론은 분열분석의 방대한 양에 비해 매우 미비한 수준이다. 심지어 내가 내 삶에 적용한 것 중에서도 아주 일부만 이 책에 실었다. 내가 내담자들에게 적용한 분열분석은 책 한 권에 다 담을 수 없다. 이미 분열분석은 가타리가 만든 수준을 넘어서 후대의 학자들에 의해 더 많이 개발되고 발전했다. 처음에는 현재 완성본보다 더 많은 양의 이론과 더 학술적인 용어들로 분열분석을 설명했었다. 그러나 출판사와 동료 연구자들의 피드백을 통해 많은 이론을 빼고, 용어나 설명도 가능한 쉽게 정리했다. 그럼에도 여전히 대중이 이해하기에는 어려울 것이라는 피드백이 많았으나 현재보다 더 쉬운 용어와 문장으로 만들기는 역량이 부족했다. 오히려 더 무겁고 깊게 가야 했었나 하는 아쉬움이 여전히 남는다.

분열분석을 적용하며 나와 내 가족이 가장 크게 얻은 것은 언제나 흐를 수 있는 유동성을 얻은 것이다. 다각화, 다양화된 욕망과 우리 마음 가운데 가득 품은 정동들을 중심으로 하나가 막혀도 언제든 다른 것을 흐르게 할 수 있는 마음을 얻었다. 친근함이 없으면 애틋함으로, 친구일 수 없으면 개척자로, 혹은 오늘 친구로서의 흐름이 막혔으면 또 우회하고 흐르다가 다른 것들과 연결접속하여 언젠가 다가올 친구로, 그렇게 흐르며 산다.

PTSD가 사라진 것 외에도 우리 가족의 분위기, 삶에 대한 나의 태도가 많이 바뀌었다. "나 오늘 친구들과 사진을 찍었는데 내가 어떤 포즈를 취했는지 봐"라고 자기참조적 확언을 하고, 나의 욕망과 정동에 따라 내가 그려 낸 나를 타자들과 내가 속한 생태계에 연결하고 상호침투하며 흐름을 만들어 나간다. 오란다고 가지 않고, 가고 싶으면 가도 되냐고 묻는다. 가고 싶은데 오라면 감사하고 간다. 이전의 나는 상상하기 힘든 모습이다. 가기 싫어도 오라면 사명으로 가고, 가고 싶어도 오란 말이 없으면 감히 말하지 못했다.

욕망은 절제의 대상이지 흐름의 대상이 아니었다. 그러나 이제 나에게 욕구와 욕망은 흐름의 대상이다. 나의 욕구와 욕망 그리고 감정에 관심이 생기면 타자들의 욕망과 감정에도 관심이 생긴다. 나와 타자의 강도적 차이를 발견하고 "후드티가 멋있어요" 혹은 "슬퍼 보여요" "지금 마음이 어때요?"라고 상대의 차이를 끌어낸다. 걸림이 없고 흐른다. 최대한 연결접속하여 상호 간에 만족스럽기 위해 고민하고 행동한다. 누군가의 눈치를 봐서가 아니라 내가 사람들을 만족시키고 싶어서 한다.

분열분석으로 인해 만들어진 이런 유동성은 오직 트라우마적 사건에만 몰입되어 있던 내 정동과 욕망을 자유롭게 했다. 그러나 오늘 PTSD 증상들이 없다 해도, 사실 지금 내가 남수단에 가면 PTSD가 어떻게 될지 알지 못한다. 다시 무슨 일이 나에게 벌어질지 가늠하기 어렵다. 다만 최소한 지금까지는 대부분의 증상들, 공황장애, 환촉, 환향, 공포감, 죄책감 등이 없다. 그래서 도전해 볼 수 있다.

우리는 현재를 살지만 미래에 있을 일들을 꿈꾼다. 남수단의 평화를 위해 매일 기도하고, 남수단의 미래를 위해 예하는 영화를 배우고, 나는 돈을 벌며 남수단 사람들과 전화한다. 언젠가 어떻게든 다시 가 보게 될 거라 꿈꾸고, 그래도 며칠이라도 다녀온 예하를 부러워한다. 죽은 자들이 있고 폐허가 된 곳이 있지만, 산 자들과 연락하고 폐허를 어떻게 복구할지 고민한다.

이렇게 계속 흐르게 하지 않으면 또 무슨 일이 생길까 봐 나를 우려해서 하는 일들이 아니다. 내 욕망의 흐름을 따라, 내 정동의 흐름을 따라 만나는 곳이 거기다. 이렇게 하고 싶고 이렇게 하면 좋다. 방법이 없는 줄 알았는데 흐르다 보니 찾는다. 넋 놓고 있다가 만난 흐름들이 아니라, 아프고 땀 흘리고 울기도 하다가 우연한 일들도 일어나고 의외의 도움들도 받으며 그렇게 흘러간다. 기독교에서는 섭리라고 하고, 불교에서는 인연이라고도 하고, 가타리는 우연이라고 했다. 어찌 되었든 나는 힘이 닿는 대로 욕망을 따라 목적을 갖고 삶을 코딩하며 혹시 그 코드들을 바꾸더라도 흘러간다.

오늘 또 책을 마무리하며 하루가 흘렀다. "입구와 출구가 다를 수 있다." 가타리의 말 중 내가 가장 좋아하는 말이다. 욕망한 대로 흐르지 않은 것들도 있었지만 나는 오늘 아침 이와 비슷한 저녁을 욕망했고, 얼추 맞게 흘러갔다. 똑같을 필요는 없다. 어제는 아침에 욕망한 것과는 완전히 다른 저녁이 흘러가기도 했다. 내일 아침이 올지는 모르겠지만 오기를 욕망하며 또 오늘 밤을 흘러보낸다. 나는 그저 오늘 사랑의 지도를 제작했고 그 지도는 또 내일과 접속한다. 오늘은 어제와 같지 않았고, 내일도 오늘과 같지 않을 것이다. 그러나 변하지 않는 것처럼 보이는 것들은 분명히 있고, 그리고… 그리고… 또는… 또는… 그러므로… 그러므로… 내일은 어떻게든 오늘과 접속한다.

"6년 걸렸네. 뭔가 해 봐야겠다고 생각하기까지. 참 오래 걸렸다."

이 책의 첫 문장을 기록할 즈음에 아내가 내 손을 꼭 쥐고 이렇게 말했다. 그리고 그 뒤로 이 책의 마지막 문장을 쓰는 데 3년이 걸렸다. 정말 오랜 시간이 흘렀다. 이 책을 쓰는 데는 가족들의 지지와 더불어, 분열분석 연구 모임에 참여하는 연구자와 학생들의 관심이 절대적인 에너지가 되었다. 무엇보다 가타리의 저서들을 번역하고 나의 글을 수차례 살펴보고 많은 조언을 아끼지 않은 윤수종 교수님께 감사한 마음을 표현하지 않을 수가 없다. 훗날 보면 많은 부족함이 보일 책이다. 그럼에도, 한국에 분열분석 연구를 시작하는 시점에서 분열분석 연구자들과 PTSD로 고통받는 많은 사람들에게 작게라도 도움이 되길 기도한다.

참고 문헌

질 들뢰즈, 펠릭스 가타리(1980), 김재인 역(2001), 『천개의 고원』, 새물결.
질 들뢰즈, 펠릭스 가타리(1972), 김재인 역(2014), 『안티 오이디푸스』, 민음사.
질 들뢰즈(1964), 김상환 역(2004), 『차이와 반복』, 민음사.
질 들뢰즈(1964), 서동욱 외 역(2004), 『프루스트와 기호들』, 민음사.
질 들뢰즈(1981), 하태완 역(2008), 『감각의 논리』, 민음사.
질 들뢰즈(1970), 박기순 역(2001), 『스피노자의 철학』, 민음사.
펠릭스 가타리(1979), 윤수종 역(2003), 『기계적 무의식』, 푸른숲.
펠릭스 가타리(1972), 윤수종 역(2004), 『정신분석과 횡단성』, 푸른숲.
펠릭스 가타리(1981), 윤수종 역(2010), 『미시정치』, 도서출판b.
펠릭스 가타리(1977), 윤수종 역(2004), 『분자혁명』, 푸른숲.
펠릭스 가타리(1992), 윤수종 역(2003), 『카오스모제』, 동문선.
펠릭스 가타리(1985), 윤수종 역(2003), 『세 가지 생태학』, 동문선.
신승철(2017), 『구성주의와 자율성』, 알렙.
신승철(2022), 『정동의 재발견』, 모시는사람들.
신승철(2020), 『생태계의 도표』, 신생학술총서.
신승철(2019), 『모두의 혁명법』, 알렙.
신승철(2012), 『사랑과 욕망의 영토』, 중원문화아카데미.
신승철(2012), 『분열과 혁명의 영토』, 중원문화아카데미.
이진경(2002), 『노마디즘』, 휴머니스트.
윤수종 엮음(2004), 『욕망과 혁명』, 문화과학.

Félix Guattari(1989), Translated by Andrew Goffey(2013), Schizoanalytic Cartographies, Bloomsbury Publishing.
Baremblitt, G.(1984), The institutional unconscious, Editora Vozes.
Baremblitt, G.(1986), Groups: Theory and technique, Editora Graal.
Baremblitt, G.(1986), Schizoanalysis and schizoanalysis, Editora Graal.
Baremblitt, G.(1996), Compendium of institutional analysis and other currents: Theory and practice, Rosa dos Tempos.
Baremblitt, G.(1998), Introduction to schizoanalysis, Editora Hucitec.
Baremblitt, G.(2014), Presentation of the schizodrama, Teoría y Crítica de la Psicología.
Brito, G. T., de Jesus, L. P., Pecoraro, T., & da Cunha, R. S.(2023), A cartography of women in the periphery: Suffering and the production of happiness. Contradiction – Interdisciplinary Journal of Human and Social Sciences, 3(2), Article e044.

Johnson, F. M.(2021), The writing-machine as method: Affect, Acker, and the traumatized subject(Doctoral dissertation, University of Bristol), University of Bristol Research Portal.

Klüsener, F.(2025), Radio und Schizophrenie: Zur Radiotheorie der Schizoanalyse [Doctoral dissertation, Ruhr-Universität Bochum], Springer Berlin Heidelberg.

Klüsener, F.(2023), Schizodramaturgy: On the Phenomenology of the Future in Tetsuo Kogawa's Airwaves-art. Paper presented at the 6th EASTAP Conference, Emerging Scholars Forum, Aarhus, Denmark.

Klüsener, F.(2020), The Schizoanalytic Approach to Social Assemblages: A Study on Collective Subjectivities. Journal of Contemporary Psychoanalysis, 56(3), 245–267.

Hur, D. U.(2020), A clínica do corpo sem órgãos: Esquizoanálise e Esquizodrama. Porto Arte, 25(44).

Hur, D. U.(2021), "Estados alterados da consciência": Contribuições da Esquizoanálise e Esquizodrama. Mnemosine, 17(1), 450–477.

Hur, D. U., & Viana, D. A.(2016). Práticas grupais na esquizoanálise: Cartografia, oficina e esquizodrama. Arquivos Brasileiros de Psicologia, 68(1), 111–125.

Hur, D. U.(2023), Esquizoanálise e esquizodrama: Clínica e política (2nd ed.), Grupo Átomo e Alínea.

Hur, D. U.(2023), Esquizodrama das máquinas políticas: Klínica, estética e formação, Research Gate.

Hur, D. U.(2016), O dispositivo de grupo na Esquizoanálise: Esquizodrama e inventividade, Research Gate.